상실
그리고
치유

상실 그리고 치유

HEALING

M. W. 히크먼
이순영 옮김

after LOSS

슬픔을 건너는 매일 명상

문예출판사

Healing After Loss:
Daily Meditations For Working Through Grief

Copyright © 1994 by Martha Whitmore Hickman
All rights reserved.

Korean translation copyright © 2015, 2025 by Moonye Publishing Co., Ltd.
Korean translation rights arranged with Harvey Klinger, Inc.
through EYA(Eric Yang Agency)

이 책의 한국어판 저작권은 EYA(Eric Yang Agency)를 통한
Harvey Klinger, Inc.사와의 독점 계약으로
한국어 판권을 '(주)문예출판사'가 소유합니다.
저작권법에 의하여 한국 내에서 보호를 받는 저작물이므로
무단 전재와 복제를 금합니다.

빌과 수디에게 이 책을 바칩니다.

서문

 사랑하는 사람을 잃고 난 직후에는 가족이나 친구들과 함께 정해진 의식을 치르느라 몹시 분주하다. 곁에서 함께 눈물을 흘리며 안아주고, 음식을 권해주고, 떠난 사람을 기억해주는 친구들이 있어서 위로를 받는다. 가까운 사람들과 함께 서로 사랑하고 위로하는 마음으로 종교 의식을 치르면서 의미와 희망을 찾는다.
 하지만 모든 의식이 끝나고 친척과 친구들이 집으로 돌아가면, 홀로 남은 우리는 새롭고 낯선 땅으로 들어간다. 그 땅에는 우리 삶에 의미를 준 사람 하나가 사라져 있다.
 낮이나 밤이나 이제 우리 마음에는 빈 공간이 있다. 생각지도 않은 때에 불쑥불쑥 그 사람이 생각나면서 고통이 시작되는데, 그 고통은 어떤 날에는 사나운 파도처럼 밀려들고 어떤 날에는 물에 떠내려가는 나무 하나를 들었을 때 천천히 제자리로 떨어져 내리는 물과 모래처럼 오기도 한다.

이 과정은 아주 오랫동안 계속된다. 사랑하는 그 사람과 아주 가까웠다면 며칠이나 몇 달이 아니라 몇 년 동안 계속되기도 한다. 아이나 배우자를 잃었을 때는 끝내 '극복'하지 못하기도 한다. 하지만 우리가 지혜롭게 대처한다면, 그리고 떠난 사람이 묻힌 곳을 몇 번이고 거닐 수 있는 용기를 낼 수 있고 다행히 주위의 도움도 받을 수 있다면 상실감은 사라질 것이다. 우리는 선택할 수 있다. 그래야 한다면 위험 지역에서 돌아올 수 있고 아니면 더 강해졌다는 느낌이 들 때 그렇게 할 수도 있다. 언젠가는 물보라를 얼굴에 맞으면서도 바닷물에 빠질 것을 두려워하기는커녕 입술에 닿는 소금의 맛을 느끼기까지 할 텐데, 상실감에 아파하면서도 곁을 떠난 그 사람의 강렬한 사랑을 여전히 느낄 것이기 때문이다. 그리고 우주의 미스터리 안에서 그와 우리가 절대 풀리지 않을 사랑으로 묶여 있다고 믿을 것이기 때문이다.

"본질적인 것은 사라지지 않으며 명료하게 남아 있다"라고 손턴 와일더는 말했다. "죽은 이에게 바치는 최고의 선물은 슬픔이 아닌 감사"라고도 했다. 결국 우리는 이 특별한 '그림자의 계곡'을 헤쳐 나갈 것이다. 슬픔의 기미가 늘 남아 있을 거라 해도, 우리 내면에는 그 사람과 함께 나눈 삶에 감사하는 능력, 몸은 함께 있지 않다 해도 그가 여전히 축복해줄 미래를 기뻐하는 능력과 힘이 있음을 느낄 것이다.

우리 각자는 자신의 슬픔과 기쁨의 역사로 말하고 글을 쓴다. 작가와 한 인간으로서 나의 삶은 슬픔의 경험, 특히 우리 가족이 콜로라도 산맥에서 휴가를 즐기던 어느 화창한 여름날 오후 열여섯 살 나이에 낙마 사고를 당한 딸아이의 죽음에 커다란 영향을 받았다. 오래전 일이다. 슬픔은 제 몫만큼의 시간이 필요하고, 한동안은 우리의 시간 전부를 차지한다.

이제 삶을 온전히 다시 살아갈 수 있게 되었다는 생각에 나는 슬퍼하는 사람들을 위한 이 명상 책을 시작했다. 이 책에는 한 해의 날짜가 차례대로 실려 있지만 어느 달, 어느 날부터 시작해도 상관없다. 여기에 실린 글 모두 짤막한데, 특히 슬픔을 처음 겪을 때는 주의를 지속하는 시간이 짧기 때문이며, 장황한 논의보다는 함축적인 생각이 더 도움이 되기 때문이다.

이 책이 나올 수 있게 해준 수많은 사람들, 내가 가장 상처받았을 때 힘을 준 가족과 친구들, 나를 사랑하고 내가 누구인지, 내가 어떤 사람이 되기로 선택했는지 상기시켜주는 영적·종교적 공동체 사람들에게 감사한다.

그리고 이 책의 출간을 처음 제안해준 편집자 리사 콘시딘에게 감사를 전하며, 대화로, 편지로, 혹은 인쇄물로 자신의 말을 들려주어 이 책이 만들어질 수 있게 해준 수많은 사람에게도 고마움을 전한다. 이 지혜로운 얘기들을 보고 또 보는 것은 풍요로운 모험이었다. 슬픔에 빠진 사람들이 삶의 회복과 교정으로 가는 머나먼 길을 단호하고 용감하게, 그리고 그 길에 밝은 빛이 비출 거라 믿으면서 갈 수 있기를 바란다.

1994년 8월, 테네시 내슈빌에서

1

JANUARY

마음이 약해진 사람들을 위해,
모든 상실을 겪어야 했던 사람들을 위해
이 애정의 보고서를 기록한다....... 에드워드 히르슈

이런저런 상실을 겪다 보면 누구든 마음이 약해진다. 너무도 나약해진다. 슬픔 때문에 생긴 상처가 훤히 드러나 무엇에든 스치기만 하면 떠나버린 사람이 떠오른다. 그의 고갯짓과 웃음소리와 걸음걸이와 손길과 독특한 말투가 어느새 떠오른다. 이런 모습들은 상실이라는 목걸이에 알알이 매달린 구슬과도 같다. 우리는 가만가만 그 구슬들을 자꾸만 돌려본다. 그 구슬들을 담담히 받아들이지 못한다. 손에서 놓아버리지 못한다.

그렇게 시간이 지나다 보면, 슬픔이라는 줄은 차츰 소중한 추억이라는 줄로 변한다. 고갯짓과 웃음소리와 걸음걸이와 손길과 독특한 말투는 내 곁을 떠난 그 사람과 함께했던 삶이 준 선물, 누구도 빼앗아갈 수 없는 선물이 된다.

머지않아 새로운 날이 올 것을 알기에, 슬픔과 치유의 과정을 소중히 여기고 믿으려 한다.

엄청난 상실 앞에서 마음은 그저 먹먹해질 뿐이다. 상실의 크기가 어느 정도인지, 그 세세한 내용이 무엇인지를 마음과 기억이 제대로 알려면 몇 달, 어쩌면 몇 년이 걸릴지도 모른다. 마크 트웨인

자신의 슬픔을 어떻게든 '처리해야 한다'는 압박감을 느끼고 있다면('슬픔을 빨리 처리하면 기분이 더 빨리 좋아질 거야'), 살면서 하게 되는 수많은 중요한 경험(사랑하고, 먹고, 술을 마시고)이 그렇듯 빠른 것이 꼭 좋은 것은 아니라는 사실을 기억해야 한다. (슬픔을 치유하는 과정은 속일 수 없다는 사실을 안다면 마음이 편안해질지도 모르겠다.) 그 과정은 필요한 시간만큼 걸린다. 우리가 할 일은 마음과 기억이 보내는 메시지에 주의를 기울이는 것이다. 처음에 그 메시지들을 그냥 외면해버린다면, 결국 더 큰 대가를 치러야 한다.

저항하지 말고 모든 과정을 편안하게 받아들인다면, 슬픔은 단계마다 무엇이 필요한지 일러줄 것이다.

순간을 사랑하라. 그러면 그 순간의 에너지가 모든
경계 너머로 퍼질 것이다. 코리타 켄트

깊은 슬픔에 빠져 있을 때 마음을 치유하기 위해 우리가 할 수 있는 일 한 가지는, 어쩌다 가끔 만나는 멋진 순간들을 시간의 흐름에서 떼어내보는 것이다.

'그 사람 없이 앞으로 그 모든 세월을 어떻게 견뎌야 할까?'라고 생각하면서 우리는 매 순간, 매시간, 매일을 살아간다. 미래는 텅 빈 모습으로 보인다. 하지만 소중한 사람을 만나고, 숲속을 거닐고, 아이와 얘기를 나누고, 사과를 한입 베어 물고, 차 한 잔을 마시는 순간이 황홀하다면, 그 순간을 충분히 음미해보자.

예전에 인간관계 워크숍에 참가해 '경계 정하기'에 대해 배운 적이 있다. 워크숍 내용 중에는, 내가 투명한 지구본에 둘러싸였다고 상상하면서 사람들로 가득 찬 방 안을 돌아다니는 과정이 있었다. 그리고 그 지구본은 내가 선택한 영역이라고 상상하는 것이다. 누구와도 연결되어 있지 않다고 생각한 그 순간, 신기하리만치 자유로움을 느꼈다. 아마도 바로 그런 식으로 삶의 멋진 순간들을 소중히 품어볼 수 있을 것이다. '조금 전까지 슬펐잖아. 이 순간이 지나면 또 슬퍼질 거야'라고 생각하는 대신 이렇게 생각해보는 거다. '나는 오로지 지금 이 순간에 존재하면서 그 달콤함을 만끽할 거야.'

장기적 전망이 불필요할 때가 있다. 과거나 미래에 사로잡히지 말고 지금 경험하는 이 순간에 집중해야 한다.

**지금까지 비어 있던 공간을 채우는 것이
품위의 본성이다.** 괴테

　우리가 그 차이를 구분 못 하는 것이 아니다. 마음이 부족한 것도 아니다. 하지만 이제 곁에 없는 사람을 향한 그 모든 그리움으로 뭔가 할 수 있는 일이 있다면 마땅히 감사해야 하지 않을까? 우리가 줄 수 있는 뭔가를 필요로 하는 사람이 있어서 우리가 그 사람에게 다가가는 것은, 떠난 그 사람이 남겨준 특별한 유산, 어쩌면 은총과도 같은 것이다. 그렇게 우리는 사랑하는 사람에 대한 기억에서 새로운 힘을 얻고, 그 힘으로 다른 이들에게 선물을 주고 새로운 관계를 이루어간다.

지금 내가 필요한 사람이 있는지
찾아보려 한다.

치유할 시간이 필요할 때, 오랜 시간 느긋하게 산책하는 것만큼 좋은 게 없다. 두 발과 다리를 리드미컬하게 움직이다 보면 거미줄처럼 엉킨 머릿속이 놀랄 만큼 말끔하게 정리된다. 앤 윌슨 섀프

세상에서 가장 하기 싫은 일이 밖에 나가 몸을 움직이는 것일 때가 있다. 일어나서 움직이기 힘든 것도 힘든 것이지만, 몸을 건강하게 만들 필요를 도대체 느끼지 못하는 것이다.

이럴 때 역시 이성으로 감정을 극복해야 한다. 운동이 '내 몸에 좋다'는 사실은 다들 알고 있다. 근육을 힘차게 움직일 때, 땅을 밟으며 걷거나 물살을 헤치고 수영하는 것에 정신을 쏟을 때만은 우울한 감정에서 벗어나게 된다. 리드미컬한 움직임에 신체의 에너지를 쏟다 보면 슬픔의 에너지도 어느 정도 사라진다. 내가 볼 때, 내 몸을 책임질 수 있는 능력이 자신에게 있다는 점을 확인하는 데 이런 활동의 심리적 가치가 있는 듯하다. 그런 자신감이 온몸에 퍼질 것이다. 그리고 마침내는 슬픔에서 벗어날 것이다. 운동하는 동안 신체에 활기가 생기면서 정신도 활기를 얻는다.

한없이 기분이 가라앉을 때, 내게 가장 나쁜 적은 바로 나 자신이다. 내가 나의 친구가 되도록 해야 한다.

신을 아는 가장 좋은 방법은
많은 것을 사랑하는 것이다. 빈센트 반 고흐

    가혹한 상실의 아픔을 겪고 나면, 사랑을 지혜롭게 가꾸는 것은 고사하고 새로운 사랑을 시작하는 것 자체가 어렵게 느껴진다. 상실의 아픔에 사로잡혀 꼼짝하지 못한다. 상대에게 무엇을 줄 수 있을까? 다시 사랑을 시작했다가 같은 일을 또 겪는다면 어떻게 나를 보호할 수 있을까?

    보호할 방법은 없다. 하지만 오랜 세월 전해 내려온 지혜를 빌리자면, 삶을 되찾는 방법은 다른 창조물에 사랑을 쏟아붓는 것이다.

    어린 시절 처음 죽음을 경험하고 나서, 살다 보면 상실의 아픔을 수없이 겪을 텐데 그럴 때 망가지지 않는 가장 좋은 방법은 가능한 한 많은 사람을 사랑하는 거라고 생각했던 기억이 난다. 그렇게 하면 그들 중 한 사람이 죽는다 해도 내 곁에는 여전히 사랑하는 사람이 많이 남아 있을 테니까. 사랑의 기하학이 꼭 그런 식으로 작용하는지는 잘 모르겠지만, 초보자에게 나쁜 방법은 아니었다!

약해진다는 것은, 아주 깊이 있고 다채로운 면에서
인간적이 된다는 것이다.

후회는 끔찍한 에너지 낭비다.
후회 위에는 아무것도 쌓을 수 없다.
그 속에서 뒹굴 수 있을 뿐이다. 캐서린 맨스필드

물론 후회되는 일들이 있다. 달리했더라면 좋았을 일들이 있다. 마땅히 할 말을 했는데도 좀 더 잘할걸 하는 후회가 문득문득 일어난다. 우리가 사랑한 사람들은 분명 우리를 용서했을 것이다. 우리도 자신을 용서할 수 있을까?

미안해. 내가 널 사랑했다는 걸 꼭 알아줘.
네가 날 사랑했다는 걸 난 알아.

희망은 날개 달린 한 마리 새
영혼 위에 걸터앉아
가사 없는 노래를 부르며
그칠 줄을 모르네. 에밀리 디킨슨

그가 곁에 있어서 희망을 알게 되듯 가끔은 그가 곁에 없어서 희망을 알게 되기도 한다. 낙담해 있을 때, 희망이란 그저 환상 속에만 존재하는 듯 보일 뿐 도무지 실체를 확인할 수가 없다. 아무 의욕이 생기지 않고 꼼짝도 할 수가 없다. 아니면 그저 움직이는 시늉만 겨우 할 뿐이다. 시인들이 말하는 희망의 노래는 귀에 들리지 않는다. 하지만 육체의 의지뿐 아니라 정신의 의지 또한 삶을 위해, 심지어 열정적인 삶을 위해 필요하다. 그러고 나면 어떤 일이 일어난다. 친구가 전화를 하고, 우리는 혼자 힘으로 몸을 움직이면서 자신에게나 다른 이들에게 쓸모 있는 사람이 되려고 노력한다. 에너지가 되살아난다. 적어도 그 순간만큼은 다시 어떤 의미를 지니며, 살아가기 위해 꼭 필요한 희망의 소리가 또 한 번 우리 마음속에서 끊임없이 울려댄다.

내일은 조금 더 희망이 생길 거라는 것이
우리가 가질 수 있는 유일한 희망일 때가 있다.

오늘 아침, 전혀 예상치 못한 일이 일어났다. 그럴 만한 여러 이유로 내 마음이 몇 주일 만에 처음으로 가벼워졌다……. H만 생각하면 밀려들던 슬픔이 그 순간 갑자기 희미해지면서 그녀 모습이 어느 때보다 또렷하게 떠올랐다. 정말이지 기억보다 더 또렷하다고 할 만했다. 순간적이고 반박할 수 없는 모습이었다. 그녀를 실제로 만나는 것 같았다면 지나친 표현일지도 모르겠다. 하지만 그 순간에는 그렇게 말하고 싶은 마음이 들었다. 슬픔이 가벼워지면서 모든 장벽이 없어진 것 같았다. C. S. 루이스

슬픔에서 벗어나면, 그처럼 그리운 사람과 연결된 끈이 사라질지도 모른다는 두려움이 우리 무의식 안에 존재한다. 하지만 아이가 혼자서 걸으면 손을 놓아주어야 하듯 때가 되면 슬픔도 놓아주어야 한다. 우리가 꽉 쥔 손을 풀어준다면, 아이들은 틀림없이 제 나이에 맞는 방식으로 돌아올 것이다. 우리가 강렬한 슬픔을 놓아준다면, 사랑하는 사람과의 새로운 관계가 자리 잡을 수 있는 공간이 만들어질 것이다. 결국 우리가 원하는 것은 슬픔이 아니라 그 사람이다.

슬픔이 내게서 떠나갈 수 있도록 그것을 움켜쥔 손을 풀려고 한다. 내 곁을 떠난 사람과 나의 관계는 무엇으로도 침범당하지 않는다. 그 관계는 무너질 수 없다.

대지는 나의 자매다. 나는 대지의 한결같은 우아함과
말 없는 대담함을 사랑하며, 나 또한 그렇게 사랑받는다.
우리는 서로의 힘을, 우리가 잃은 모든 것을,
우리가 견뎌온 모든 것을, 우리가 알고 있는 모든 것을
높이 평가한다. 우리는 이 아름다움에 놀라며,
나는 대지가 내게 어떤 존재인지, 내가 대지에 어떤
존재인지 잊지 않는다. 수전 그리피스

    대지는 우리에게 도움을 준다. 땅과 나무와 물에는 엄청난 힘이 있다. 우리가 들이마시는 공기는 새로운 생명력으로 우리를 적신다. 물은 대기에 이끌려 다시 돌아와 강과 개울을 채운다. 산은 솟아오르고, 깎이고, 다시 솟아오른다. 높은 툰드라 지대에는 작은 꽃들이 눈에 띄지 않게 피어 있다. 계절의 순환은 부활의 약속으로 가득하다. 창조는 불가사의하고, 죽음도 그렇다. 하지만 그곳에는 단서와 약속이 있다. 우리는 주님의 자녀다.

죽었을 때나 살았을 때나 우리는 같은 근원에서 힘을 얻는다.

원죄의 의미를 이런 식으로 말할 수 있다.
선택할 수 있을 때, 파티에 참가하기보다는
뚱하게 있으려 한다. 로버트 패러 카폰

상실을 겪을 때, 특히 그 상실이 갑작스럽고 예상치 못한 것일 때, 사람들은 상실이 일어나기 직전의 순간에서 꼼짝하지 않으려는 유혹을 느낀다. 상실을 받아들이지 않으려 한다. 상실에 동의하지 않는다.

그렇게 해서 우리가 사랑하는 사람, 비극이 닥치기 전 우리가 알던 그 사람을 놓치지 않으려 한다. 이 역시 거부의 한 형태다. 삶으로 들어간다는 것은 일어난 일을 받아들이는 것이다. 하지만 이 일은 받아들일 수가 없다. 우리는 우주가 고개를 숙이고 마음을 바꿀 때까지, 아니 적어도 자신의 죄를 인정하고 사과할 때까지 숨을 멈추고 불복종의 상태에 멈춰 있으려 한다.

하지만 그런 일은 일어나지 않는다. 지나쳐지는 것은 바로 우리다. 가능하면 빨리, 이제 상황이 달라졌다는 것을 깨닫고 달라진 현실에서 삶을 시작해야 한다.

분노는 괜찮다. 하지만 거부는 다른 사람이 아닌
바로 나와 내가 사랑하는 사람들을 다치게 한다.

딸아이가 죽고 몇 달을 보내는 동안 나는 노트 네 권을 글로 채웠다. 하루에 한 번 쓰는 날도 있었고, 하루에 몇 번씩 쓰는 날도 있었다. 며칠 만에 한 번 쓸 때도 있었다. 그냥 내 느낌이나 그날 있었던 일, 문득 떠오르는 일을 쓰기도 하고, 슬픔이나 희망도 적었다. 그런 방법으로 슬픔을 밀어내고, 다른 곳에 내려놓고, 안 보이는 곳에 치워놓았다. M. W. 히크먼

어떤 사람에게는 글쓰기가 도움이 안 될 수도 있다. 어쩌면 친구와 이야기하는 것이 나을 수 있다. 아니면 그림 그리기나 조각이 도움이 될지도 모른다. 판화가 케테 콜비츠는 자신의 모든 작품을 아들이 죽고 나서 완성했다.

중요한 사실은, 예술적 가치가 있는 뭔가를 만들었다는 것이 아니라 돌덩이처럼 마음을 짓누르는 슬픔을 다른 곳으로 몰아냈다는 것이다.

노트에 감정을 기록하는 것의 장점은 언제든 원할 때 그 페이지를 찾아볼 수 있다는 것이다. 어쩌면 절대 다시 보고 싶지 않을지도 모르지만, 글을 쓰다 보면 머릿속에서 어지럽게 휘몰아치는 혼돈의 무게가 가벼워진다. 종이에 뭔가를 적어보자. 막연한 생각과 느낌이 정리되고 조금은 홀가분하게 삶의 다음 단계로 나아갈 수 있을 것이다.

나는 슬픔을 해결하는 새로운 방식에 마음을 열 것이다.

힘겨운 시기를 견딘 덕에, 삶은 어느 모로 보나 무한히 풍요롭고 아름다우며 사람들이 걱정하는 일 대부분이 전혀 중요하지 않다는 사실을 예전보다 더 잘 이해하게 되었다. 아이작 디네센

그것은 값비싼 대가를 치르고서야 얻을 수 있는 지혜이며, 사람들은 그런 지혜를 구할 마음이 애초에 없는지도 모르겠다. 그렇지만 큰 슬픔을 견디고 나면 더 강인해질 수 있으며, 정말 중요한 걸 배울 수 있다는 것은 엄연한 사실이다.

물론, 사랑하는 사람의 죽음을 견뎌낸다고 해서 반드시 위대한 지혜를 얻는 것은 아니다. 혼자만의 세상에 갇혀 세상을 원망하고 탐욕스러워질 수도 있다. 바로 이럴 때 우리에게는 친구와 믿음의 공동체가 필요하고, 때로는 전문가의 도움도 필요하다. 하지만 폭풍우를 헤쳐 나갈 수 있다면, 자신이 누구인지 그리고 인생에서 가장 원하는 것이 무엇인지를 더 또렷하게 인식할 수 있다. 그리고 시원한 물, 햇살과 바람, 장미꽃 향기, 지금 내가 가진 사랑과 우정을 더 소중히 간직하는 법을 배울 수 있다.

인생이 내게 주는 선물들을 시간을 들여 찬찬히 살펴보고 감사하려 한다.

울음은 가장 인간적이고 가장 보편적인
위안의 수단이다. 칼 메닝거

여자들은 오래전부터 알고 있었고 남자들은 이제 막 알아챈 것 같은 사실이 있는데, 혹시 알고 있는가? 울고 나면 기분이 아주 좋아진다는 것이다. 여기에는 그럴 만한 이유가 있다. 우는 행위는 심리적인 효과만 내는 것이 아니라 생리적인 작용도 일으킨다.

미네소타대학교 연구진은 감정에서 우러나는 눈물(말하자면, 찬바람을 맞거나 양파를 자를 때 흘리는 눈물과는 다른)에는 두 가지 중요한 화학 물질, 즉 로이신엔케팔린과 프로락틴이 함유되어 있는데 이 가운데 로이신엔케팔린이 신체의 자연적 고통 경감 물질 중 하나와 연관된다는 사실을 발견했다. 눈물은 땀이나 날숨처럼 외분비 물질인데, 그 기능 가운데 하나는 스트레스 때문에 몸에 축적되는 물질을 씻어내는 것이다.

그렇다면 남들에게 눈물을 보인다고 해서 당황할 이유가 없지 않을까? 눈물을 흘리면 다른 사람들이 불편해할 거라고 걱정할 이유도 없지 않을까? 눈물을 흘리면서 치유가 시작되는 경우가 흔히 있다.

이제 사과하지 마라. 불편해할 필요도 없다. 내 눈물은 치유를 위한 것이다. 그리고 내 눈물은 다른 사람들에게 그들도 울고 싶을 때 울어도 된다는 허락이 되어준다.

January * 15

그 아이의 삶으로 가는 문을
열어두어라. 이디스 포그 히크먼

사랑하는 사람이 세상을 떠났을 때, 슬픔 때문에 그 이름을 차마 입에 올리지 못하는 사람들이 많다. 이름을 입에 올리기만 해도 감당할 수 없는 슬픔이 밀려들 것만 같아서다. 그리고 이름을 부르지 않으면 어쨌든 슬픔을 피할 수 있을 것 같아서다.

하지만 그런 방법은 효과가 없다.

내가 딸을 잃었을 때, 당신 역시 다 키운 자식을 잃는 고통을 겪은 딸아이의 증조할머니가 우리에게 편지를 보냈다. "그 아이의 삶으로 가는 문을 열어두어라." 내 생각에, 우리는 어떤 식으로든 그렇게 했던 것 같다. 시간이 지날수록 아이 얘기를 하는 것이 차츰 덜 힘들어졌으니 말이다. 하지만 당시에는 이 소중한 여인의 지혜가 도움이 되었다.

사랑하는 사람은 떠났지만 그가 곁에 있다는 느낌과 추억은 사라지지 않았다. 그리고 시간이 흘렀을 때, 과거를 추억하면서도 그렇고 그 사람의 영혼과 함께 이 세상을 계속 살아가면서도 여전히 즐거울 것이다.

여전히 살아 있는 사랑하는 사람의 영혼을 이 모호하고
알 수 없는 삶에 마치 문을 열고 맞아들이듯 맞아들이려 한다.

어떤 시험이든 그 시험을 견뎌낸 사람이라면 얘기를 해야 한다.
그렇게 하는 것이 그의 의무다. 엘리 위젤

   사랑하는 사람을 잃는 고통을 견뎌내는 것도 일종의 시험이다. 그 얘기를 하는 게 우리의 의무라는 것은 무슨 뜻일까?

   얘기를 하는 것은 곁을 떠난 사람의 인생을 확인하는 한 가지 방법이다. 함께한 경험, 좋아하던 가족 얘기를 하는 것이다. 얘기하는 것은 또한 슬픔을 덜어내는 방법이기도 하다. 슬픔의 치유에 도움이 된다.

   또한 우리의 얘기는 다른 이들에게 선물이 되기도 한다. 사랑하는 사람과 함께한 지난 삶뿐만 아니라 죽음과 관련된 얘기도 하는 것이다. 그 슬픔을 어떻게 극복했는지, 무엇이 두려웠고 무엇이 절망스러웠는지, 무엇이 도움 되었는지, 어떻게 하루하루를 견뎠는지, 한 줄기 빛이 나타났다고 느꼈을 때 어땠는지 얘기하는 것이다.

   우리의 친구들도 머지않아 상실을 겪고 울부짖을 것이다. 아마 우리가 그들이 겪어야 하는 과정을 좀 더 편안하게 해줄 수 있을 것이다. 자, 울어도 괜찮다. 다른 사람에게 의지해도 정말 괜찮다. 혼란스러워서 어찌할 바를 몰라도 괜찮다. 그리고 빛과 희망이 보이는 순간, 기대하지 않은 지지와 믿음을 얻은 순간이 있다면, 그 얘기도 해야 하지 않겠는가.

얘기를 하면서, 내게 가장 소중한 것을 다른 이들과 나눈다.

서로의 고통스러웠던 경험을 함께 얘기할 수 있으므로
이제 우리는 진정한 친구다. 메이 사턴

슬픔을 서로 나눌 때 우정은 금세 형성된다. 딸아이가 죽고 얼마 지나지 않았을 때, 병원에 입원해 계신 어머니에게 갔다가 복도에서 어떤 간호사와 얘기를 나누었다. 두 사람 중 누가 먼저 그 일을 겪었는지는 모르겠지만, 어쨌든 우리 모두 얼마 전 사춘기인 자식을 잃고 슬퍼하는 엄마였다. 나는 평소에는 요모조모 재가면서 천천히 조심스럽게 사람을 알아가는 편이지만, 그 순간은 전혀 그렇지 않았다. 우리는 서로를 알아보았다. 서로의 마음속에 있는 고통과 의심을 알아보았다.

나는 새로 사귄 친구를 남겨두고 그 도시를 떠났다. 그러고 나서도 꽤 오랫동안 우리는 크리스마스 메시지를 주고받았다. 비록 1,500킬로미터 넘게 떨어져 살고 있지만, 내일이라도 만난다면 아마 어제 만나고 헤어진 사람들처럼 우정을 꽃피울 것이다.

우리와 같은 경험을 해보지 못한 사람들은 무슨 말로 위로를 해야 할지 잘 모를 때가 있다. 이 달라진 세상에서 내가 지금 어떤 상태인지 말해준다면 그들에게 도움이 될 것이다. 하지만 내 마음이 어떤지 말하지 않아도 알아주는 친구를 만나는 것은 크나큰 축복이다.

같은 슬픔을 겪은 당신과 있으면서
나는 위안과 휴식을 얻는다.

죽는다는 것은 사나운 바람이 몰아치는 밤이며
새로운 길이다. 에밀리 디킨슨

   사랑하는 사람을 잃고 난 후 하게 되는 아주 놀랍고 뼈아픈 경험 하나는, 우리 삶은 송두리째 달라졌는데 태양이 여전히 뜨고 지고, 신문이 계속 배달되고, 신호등이 여전히 빨간색에서 녹색으로 변했다가 다시 빨간색으로 변하는 모습을 보는 것이다. 우리가 방향을 잃고 갈팡질팡하는 것은 당연하다.
   하지만 거리에서 스쳐 가는 사람들은 자기 볼일을 보느라 바쁘다. 누군가의 세상이 뿌리째 흔들리고, 땅이 벌어져서 우리를 삼켜버리고, 우리가 불안과 변화의 세상으로 떨어진 일 같은 건 아예 일어나지 않은 듯하다.
   에밀리 디킨슨의 말대로 그것은 "새로운 길이다". 우리 곁을 떠난 사람들에게 그런 것만큼이나 분명 우리에게도 그렇다. 우리가 그 길을 걷는 법을 배우려면 시간이 걸린다. 시간을 들이고 많은 도움을 받는다면 잠깐 비틀거리고 넘어질지언정 영영 일어나지 못하는 일은 없다. 아마도 상실을 겪어본 사람들이 우리에게 가장 큰 도움을 주는 안내자가 되어줄 것이다. 그들은 언제 적절한 말을 건네야 하는지, 언제 잠자코 우리 곁을 지나쳐야 하는지, 언제 우리 손을 잡아줘야 하는지 알고 있다. 그러다 때가 되면, 이번에는 우리가 다른 사람들에게 도움을 줄 것이다.

나는 새로운 나라에 들어섰다. 스스로에게 인내심을 가지려 한다. 그리고 그 길을 함께 갈 동반자들을 찾으려 한다.

신이 주신 재능을 사용하라. 힐다

스스로에게 관심을 기울여야 하는 때는 바로 슬퍼하고 있는 그 순간이다. 아주 소중한 존재가 사라졌다. 이제 내게 무엇이 남아 있는가? 중요한 무엇이 또 남아 있는가?

슬픔에 빠진 한 남자가 영적 지도자에게 물었다. "다시 평온해지려면 어떻게 해야 합니까?"

지도자가 대답했다. "당신은 지쳤습니다. 햇살을 받으며 안락의자에 앉아 몸에서 일어나는 변화를 느껴보세요. 호흡이 당신에게 하는 말에 귀 기울여보세요. 다리의 근육을 느껴보세요. 그리고 마음이 떠도는 대로 그냥 두세요. 당신의 생각에 귀 기울이세요. 가장 위에 떠오르는 생각은 무엇인가요? 마음속에서 어떤 얘기가 들리나요?"

슬픔에 빠져 있을 때 이런 내면의 대화는 다시 '일상으로 돌아오는 데' 도움이 된다. 무척 좋아하면서도 별로 관심을 두지 못한 취미가 있는가? 나중에 하려고 미뤄둔 일이 있는가? 한때는 예배에 즐겁게 참석했지만 언제부턴가 멀어지지는 않았는가? 한쪽으로 치워놓은 중요한 실 몇 가닥을 집어 든다면, 다시 삶을 고르게 짜는 일을 앞당길 수 있다.

오늘, 신이 주신 특별한 재능을 사용할 방법을 찾아보려 한다.

사람들을 이해하고 유대감을 느끼기도 하지만, 그건 고통이 끝나고 나서야 깨닫는 사실이다. 고통은 혼자 겪는 것이다. 다른 사람이 고통받는 모습을 지켜본다는 건 그 사람이 그와 나 사이에 장벽을 쳐놓았음을 깨닫는 것이다. 고통은 혼자서만 겪을 수 있다. 이디스 해밀턴

당연히 모든 사람이 슬픔을 겪는다. 하지만 상실의 고통을 겪을 때면 이 세상에서 오직 나만 그런 고통을 겪는 것 같다. 그리고 그 생각은 옳다. 친구들은 좋은 마음으로 "네 기분 알아"라고 말하지만, 우리는 속으로 발끈하며 그 말을 부인한다. "아니, 절대 그렇지 않아. 내가 어떤 기분인지 넌 절대 알지 못해."

가장 가까운 가족조차도 나와는 다른 감정을 느끼며, 때로는 서로 부딪히기도 하고, 상대의 가슴을 아프게 하기도 하며, 같은 사람 때문에 슬퍼하는 것이니 서로의 마음이 같을 거라고 지레짐작하다가 상처받기도 한다.

그렇지만…… 그렇다고 해도…… 다른 어떤 때보다 이런 아픔을 겪을 때 우리에게는 다른 사람들이 필요하다. 내면의 공간을 귀하게 보호하는 것과 곁에서 우리를 사랑으로 감싸주고 고통을 이해하고 격려해줄 사람들을 찾는 것 사이에 적절한 균형을 이루어야 한다.

친구들에게 말하고 싶다. "내가 슬픔에 잠겨 집에서 나오지 못할 때, 너희가 손을 내밀어 창문을 열어줘. 그러면 나는 소중한 삶을 놓치지 않을 거야."

애통하는 자는 복이 있나니
그들이 위로를 받을 것임이요. 〈마태복음〉 5장 4절

위의 글은 예수님이 제자들에게 전한 아홉 가지 인생 가르침 중 두 번째에 해당하는 구절이다. 애통해하는 것은 모든 사람에게 삶의 한 부분이며 그 결과는 분명하다. 애통해한다는 것은 위로받는 것이다.

하지만 우리는 할 수만 있다면 한시라도 빨리 애통함에서 벗어나고 싶다. 애통함 그 자체가 위로가 되는 것은 절대 아니다.

예수님의 가르침에서 약속하는 것은 그런 게 아니다.

여기에서 약속하는 것은, 애통해할 수 있는 용기를 가진 사람은 그 과정 끝에 신비한 은총을 발견한다는 것이다. 모든 걸 받아주는 대기에 슬픔을 표현하고 고통을 풀어놓으면, 삶의 중심에 있는 어떤 사랑의 존재가 애통해하는 사람을 품에 안고 이렇게 말하는 것 같다. "자, 자, 내가 너와 함께 있으면서 네 말을 다 듣고 있어. 네 마음을 알아. 다 잘될 거야."

어둠 속에서 나는 한 손을 내밀 것이다. 삶이 내게 다가와
슬픔을 이겨낼 위안과 힘을 줄 거라고 믿으면서.

죽은 사람과 새로운 관계를 이루는 것, 생텍쥐페리가 말하는 '진정한 사우(死友)'를 만드는 것은 (부활) 과정의 한 부분이다. 임신의 과정이 그렇듯, 이 과정 역시 더디고 비밀스러우며 아무 말도 오가지 않는다. 이 과정이 진행되는 동안 인간은 극도로 약하다. 그는 자기 안에서 자라는 새로운 생명을 어린아이 돌보듯 지키고 보호해야 한다. 앤 모로 린드버그

    그 사람이 살아 있을 때 맺은 관계에서 이제는 세상을 떠난 그와 맺는 관계로 가는 여행, 이 여행은 흔들리는 땅 위를 걷는 것과 같다. 앞으로 어떻게 될지 모르며, 내가 지금 무엇을 찾고 있는지 모를 때도 있다. 우리가 죽은 사람과 관계를 맺을 수도 있다고 생각하면서 자신을 속이고 있는 건 아닐까?

    아마도 처음 부모가 된 사람의 심정이 조금은 비슷할 것이다. 그는 혹시라도 뭐가 잘못되지나 않을까 불안해하며 몇 번이고 가서 아기를 확인한다. 아기는 다 괜찮은 건가? 숨은 제대로 쉬는가? 편안하게 잠을 자는가?

    그러다 시간이 지나면서 조금씩 마음을 놓는다. 아기는 분명 그곳에 있고 안전하지만, 다른 기적들이 그렇듯 탄생의 기적 역시 익숙해져야 하는 과정이다. 새 생명이 탄생하는 미스터리를 서서히 확신하게 되듯, 죽은 이와 계속 관계를 맺는 일이 가능하다는 확신도 서서히 생긴다.

어떻게 그럴 수 있는지 당장은 알 수 없다 해도, 사랑하는 사람이 지금도 내 곁에 있다고 기꺼이 믿으려 한다.

인생은 우리가 가진 힘을 요구할 뿐이다. 우리가 이루어야 하는
위업은 단 하나다. 도망치지 않는 것. 다그 함마르셸드

가끔 스스로를 비난할 때가 있다. 왜 더 잘하지 못하는가? 우리가 신앙을 갖고 있는 사람일 때 특히 그렇다. 왜 믿음의 힘으로 현실을 차분하게 받아들이고 마음을 고요히 하지 못하는가?

우리는 인간이고 상처받기 때문이다.

우리가 상실의 고통 때문에 몸을 가눌 수 없을 정도라고 털어놓는다 해도, 인격을 갖춘 사람이라면 그런 우리를 하찮게 보지 않을 것이다. 우리가 아주 의연하게 행동하면 사람들 눈에 대단해 보이기도 하겠지만, 그래도 솔직한 모습을 보일 때 그들은 친근감을 느낄 것이다(그리고 나중에 그들이 슬픔을 겪을 때 감정을 더 솔직하게 표현할 수 있을 것이다). 여전히 진행되는 주변 삶을 놓치지 않으려고 노력할 때라도, 내 몸에 흐르는 슬픔은 그대로 두어야 한다.

슬픔이 내 몸을 흐르도록 놔두는 것, 바로 그것이 가장 중요할 때가 있다. 함마르셸드가 말했듯, 그 일은 그저 할 수 있는 일일 뿐만 아니라 엄청난 용기가 필요한 일이기도 하다.

'슬퍼하는 사람의 바람직한 모습'에 맞게 행동하려 애쓰면서
자신을 억누르는 짓은 이제 그만두기로 한다.
내가 가진 강점은 나 자신이 될 수 있다는 것이다.

웃지 않고 보낸 날은 놓쳐버린 날이다. 프랑스 속담

지금도, 아니 지금이니까 더더욱 우리 삶에는 유머가 필요하다. 잠깐의 기분 전환으로 긴장을 풀고 하루를 충만하게 보낼 수 있다.

아버지의 임종을 앞두고 우리 남매들이 다 같이 대기실에 모여 있던 때가 기억난다. 남동생이 어딘가에서 들었다며 재미있는 얘기를 해주어서 모두 웃음을 터뜨렸다. 동생 덕에 잠깐 긴장을 풀 수 있었을 뿐 아니라, 그 힘겨운 시간에도 웃을 만큼 우리가 서로를 믿고 의지한다는 사실도 확인할 수 있었다.

아버지가 돌아가시고 나서 집으로 배달된 케이크도 생각난다. 어찌나 진한지 우리 과학자 아들이 '중성자별 케이크'라고 이름을 붙일 정도였다. 우리는 사랑과 감사의 마음으로 그 케이크를 먹었다. 케이크 자체도 감사했지만, 그 덕분에 잠깐이라도 마음이 가벼워진 것 역시 감사했다.

사별의 슬픔으로 몸을 제대로 가누지 못하는 삼촌을 어린 조카가 멋모르고 우스운 모양새로 흉내 내던 것도 기억난다.

버릇없는 것일까? 아니면 매정한 것일까? 그렇지 않다. 그 순간은 슬픔이 가득한 하루에서 웃음을 만들어낸 축복의 순간이었다.

웃음 만세. 나를 웃음으로 인도하라!

시간은 수선을 전문으로 하는
재봉사다. 페이스 볼드윈

변화는 삶의 질서이지만, 우리는 그 변화에 저항한다. 세월이 지나 되돌아보면, 그저 놓아주는 것만으로도 새로운 모험, 새로운 통찰력, 새로운 만족을 경험하기도 한다는 사실을 알게 된다.

남편의 그늘에서 아내와 엄마의 의무를 다하며 살다가 남편을 잃은 어떤 여성이 있었다. 그녀는 남편이 죽은 뒤에 여러 교회와 시민 모임에 특별 연사로 나섰다. 언젠가 그 여성이 내게 말했다. "남편이 죽고 나서야 내 능력을 발휘할 생각을 했다는 건 부끄러운 일 아닐까요?"

우리 삶은 여러 장으로 이루어져 있다. 결혼 초기에 그 여성에게 옳았던 일이 남편이 죽고 나서는 그렇지 않았다. 아이들이 어렸을 때는 집안일과 아이들을 다른 사람 손에 맡기고 싶지 않았을 것이다.

힘겨운 변화라 해도 그 변화가 놀라운 선물이 될 수 있다는 사실을 알면 조금은 위로가 된다. 지금은 절대 그럴 리가 없다는 생각이 든다 해도, 다음 방에서 우리를 기다리고 있을지도 모를 좋은 것으로 가는 문을 너무 빨리 닫지는 말자.

늘 두 눈을 뜨고 있으려 한다. 바로 내일 놀랍고 즐거운 일이 일어날지도 모르니까. 아니면 그다음 날이거나.

형제의 배가 강을 건너도록 도와줘라. 아! 어느새 당신의
배도 강 건너편에 이르렀다! 힌두교 속담

    치유 모임이 큰 효과를 내는 이유 중 하나는 그 안에서 사람들이 서로 도울 수 있기 때문이다. 굳이 말하지 않아도 상대의 고통을 아는 사람들끼리 서로 돕고 위로하는 과정에서 어려움을 극복하는 근육이 튼튼해진다.
    남을 돕다 보면 지금 온 마음을 사로잡고 있는 문제를 잠시나마 잊을 수 있다. 내가 혼자가 아니라는 사실을 깨달을 때 얼마간 균형 잡힌 사고를 할 수 있다.
    비슷한 문제를 가진 사람들끼리는 상대를 금세 이해하며, 같은 길을 여행하는 사람들이 그렇듯 끈끈한 유대감을 느낀다. 그들 앞에서는 나를 설명할 필요가 없다. 말하지 않아도 상대는 안다. 그 사람도 지나온 과정이기 때문이다.
    이런 식의 짝짓기에서, 처음에는 우리가 더 많이 도움을 구하는 쪽일 것이다. 그 과정을 먼저 겪은 상대가 우리의 안내자가 되어 주고, 우리는 그를 보며 희망을 얻는다.
    그렇게 시간이 좀 지나면, 이번에는 우리가 안내자 역할을 할 것이다. 우리가 상대에게 삶의 희망을 주는 것이다. "자 보세요. 나도 이겨냈잖아요. 그러니 당신도 할 수 있어요." 그럴 때, 여전히 우리 마음 한편에 남아 있던 슬픔 역시 줄어들 것이다.

내게 손을 내밀어주는 사람이 고맙고, 내가 다른 사람들에게
손을 내밀어야 하는 때가 있다는 것이 고맙다.

이렇게 복잡하고 분주한 세상에서, 작고 약한 존재 하나가 없어졌다고 누군가의 마음에 이런 공간이, 너무도 깊고 넓어서 영원과도 같은 길이와 넓이로만 채울 수 있는 공간이 만들어지는 것이 어떻게 가능할까! 찰스 디킨스

어떻게 그럴 수 있을까! 내게는 많은 친구와 많은 관계가 있다. 지금은 떠나버린, 사랑하는 그 사람에게 내 시간 대부분을 쓴 것도 아니다.

그런데도 지금 이 순간, 온 세상이 그의 부재를 소리 높여 외치는 것 같다. 심지어 혼자 있고 싶을 때 가곤 하던 곳, 그러니까 혼자 가던 쇼핑몰이나 혼자 산책하던 공원까지도 그의 부재와 외로움을 이야기한다. 우리는 행복한 표정으로 함께 걸어가는 사람들을 보며 생각한다. '왜 나는 그럴 수 없는 걸까?'

그런 곳에 가면서 슬픔을 집에 두고 갈 방법은 없다. 하지만 애초에 존재하지 않던 뭔가를 그리워하며 슬픔을 더 크게 만드는 일은 적어도 피할 수 있다!

예전에는 혼자 있는 것이 그런대로 만족스러웠다.
아니, 더 좋을 때도 있었다. 그러니 혼자 있는 것이 좋을 리는 절대 없다고 상상하면서 슬픔의 주술에 빠져서는 안 된다.

기분이 조금씩 나아지면서…… 남편을 배신하고 있는 듯한 느낌도 함께 들었다. 언제까지나 슬픔에 빠져 있는 건 병이라는 걸 머리로는 알면서 말이다. 슬픔이 죽은 사람의 대체물이라 생각하기 때문에, 떠난 사람을 애도하는 동안 슬픔에서 벗어나는 것이 가장 힘든 일이 되기도 한다. 메리 제인 모펏

처음에는 이런 감정 때문에 혼란스러울 수 있다. 분명 우리는 슬픔 그 자체와 슬픔의 대상을 구분할 줄 안다.

하지만 머리로 알 뿐 감정으로는 그 둘을 서로 혼동한다. 사랑하는 사람은 떠났다. 그 사람을 온종일 생각한다고 해서 그를 되찾을 수는 없다.

그런데도 계속 슬퍼한다. 한동안은 온통 슬픔에 빠져 산다. 끝도 없이 슬픔만을 느낀다. 지금 느끼는 이 슬픔이라는 필름을 통해 곁을 떠난 그 사람을 찾으려 한다. 우리는 슬픔에 익숙해져 있고 슬픔에서 좀처럼 돌아설 수가 없다. 하지만 돌아서야 한다. 그렇게 하지 않으면, 사랑하는 사람의 죽음에 꼼짝 못 하고 들러붙어서 그의 삶을 제대로 기억할 수가 없다.

어떤 여성이 아버지가 돌아가시고 많은 세월이 흐르고 난 뒤 이렇게 말했다. "드디어, 아버지의 죽음이 아닌 아버지의 삶을 기억할 수 있게 되었어요."

우리가 사랑한 사람의 삶의 모습이 더는
그의 죽음과 연결되지 않는 날이 오길 기다린다.

적막함이라는 세상 또한 탐험해야 하는
세상이다. 실비아 타운젠드 워너

적막함이라는 세상에는 들어가고 싶지 않다. 그런 세상은 바라지 않는다. 할 수만 있다면 돌아서고 싶다. 하지만 어느새 우리는 그 세상 속에 있다. 그리고 많은 사람이 우리와 함께 그곳에 있다.

아이를 잃은 어느 여인이 도움을 구하려고 부처에게 갔다가, 슬픔을 치유하고 싶으면 슬픔을 전혀 모르고 살아온 가정을 찾아가 겨자씨를 얻어 와야 한다는 얘기를 들었다. 여인은 온 나라를 헤매고 다녔지만 그런 가정은 찾을 수 없었다. 대신 이해와 연민, 우정, 진실을 찾을 수 있었다.

적막함의 세상은 수많은 사람이 가야만 하는 세상이다. 그 세상을 피해 돌아갈 방법은 없다. 치유와 새 삶을 찾으려면 그 세상을 통과할 수밖에 다른 도리가 없다. 그곳은 탐험할 가치가 있는 세상이며, 아이를 잃은 여인이 발견한 바로 그것, 이해와 연민, 우정과 진실을 우리에게 선사해줄 세상이다.

진실을 피한다면 아무것도 얻을 수 없다. 삶이 암울할 때,
나는 그 암울함을 마주하고, 암울함이 가르쳐주는 것을 배우고,
그 암울함을 헤쳐 나갈 것이다.

외로움 속에서 치유는 불가능하다. 치유와 외로움은 서로
반대말이다. 흥겨움이 치유다. 치유받기 위해서는 모든 다른 존재와 함께
창조의 축제로 나와야 한다. 웬델 베리

　이런 말은 선뜻 받아들이기 힘들다. 슬픔에 빠져 있을 때 대부분의 사람은 다른 이들과 떨어져 있으려 하기 때문이다. '나의 세상이 산산이 조각났는데 사람들은 여전히 아무렇지 않게 살아가고 있어. 그런 사람들이 어떻게 날 이해하겠어? 그것도 그렇고, 내가 슬퍼하면 그들이 불편해할 수도 있잖아?'
　혼자만의 생각에 잠기고 슬픔을 가늠해보고 휴식을 취할 수 있는 고독의 시간도 물론 필요하다. 하지만 혼자 있으면 좀처럼 위안을 얻을 수 없다. 가족 안에서 자신의 자리로 돌아가고, 자신이 세상의 중심이 아니라는 사실을 깨닫고, 친구들의 애정 어린 관심에 파묻혀보는 것이 필요하다.
　우리의 슬픔 때문에 불편해하는 사람들이 있다면, 화제를 바꿀 수 있다. 혹은 그럴 용기가 있다면, 상황을 있는 그대로 인정할 수도 있다. '그래, 내가 지금 분위기를 망치고 있다는 거 알아. 그래도 밖으로 나와 사람들과 같이 있어야만 했어.'
　대부분 이런 태도는 사람들을 편안하게 해준다. 상황이 어색해지는 것은, 사람들에게 내 기분을 다 드러내면서 절대 말로는 표현하지 않아서일 때가 많다. 파티에 처음 보는 사람이 왔는데 아무도 그를 소개하지 않는 것처럼 말이다.

사람들 속으로 가는 일이 어려울 때가 있다.
하지만 다른 이들과 교류해야 내 삶이 지속될 수 있다.

신은 우리가 어떻게 지내는지 진지하게
알고 싶어 하신다. 윌리 S. 티그

랍비 해럴드 쿠슈너는 그의 베스트셀러 《착한 당신이 운명을 이기는 힘When Bad Things Happen to Good People》에서, 어린 아들이 절망적인 병을 앓다 결국 세상을 떠났을 때 고통받는 그와 가족 곁에 계시던 신에 대해 이야기한다. 신은 그 고통을 만들지 않았지만, 어떤 식으로든 그 고통을 함께 나누었으며, 곁에서 위로를 해주고 버텨나갈 힘을 주셨다.

친구 하나는 어느 날 혼자 차를 몰고 가는데 신이 자신을 보호하고 있다는 확신이 퍼뜩 들더라고 했다. "신은 정말로 나를 사랑하셨어. 나는 차창을 내리고 노래를 불렀지." 친구는 뜻밖의 은총에 어리둥절해하면서도 감사의 미소를 지었다.

그 말을 들으면서 나도 감사했다. 그래, 그렇다. 나도 그렇게 느낄 때가 있었다.

창조가 아무렇게나 우연히 이루어진 게 아니라는 걸 어느 정도로 느끼든, 신이 우리를 보호하고 계시다는 사실은 분명하다. 나라도 그처럼 중요한 존재를 창조했다면 세심하게 살필 것 같다. 그 존재가 어떻게 살고 있는지 알고 싶을 것 같다.

캄캄한 어둠 속에 있을 때, 모든 창조물을
염려하고 사랑하는 존재가 나를 품고 있다는 믿음이 든다.
항상 그런 것은 아니지만, 때때로 그렇다.

2
FEBRUARY

산을 움직인 사람은
작은 돌을 들어내는 일부터 시작했다. 중국 속담

극심한 상실을 겪고 나서 다시 인생을 시작하려 할 때, 어떻게 삶의 조각들을 모아야 할까?

새로 큰일을 시작하기는 당분간 어려울 것이다. 하지만 한 걸음씩 시작한다면, 이제 끝도 없는 슬픔이 아닌 삶을 향해 나아간다는 사실을 깨닫게 된다.

친구 하나가 말하길, 자신을 위해 새 옷을 만들면서 기분이 한결 나아졌다고 한다. 그것은 삶으로 나아가는 시작이었다.

나 역시 어느 날 슈퍼마켓에 갔다가, 몇 주일 동안 침울한 얼굴로 돌아다녔지만 이제부터는 밝은 표정을 짓자고 결심한 때가 기억난다. 아주 작은 시작에 불과했지만 분명 중요한 일이었다. 그렇지 않다면 스무 해 가까이 지난 지금까지 내가 기억하고 있을 리가 없을 테니까.

한 번에 한 걸음씩 내딛으려 한다. 사랑하는 그 사람이
고개를 끄덕이며 응원해주는 모습을 아마도
마음의 눈으로 볼 수 있을 것이다. "그래, 그렇게 하는 거야.
넌 할 수 있어. 내가 곁에 있어줄게."

그녀는 시련을 견뎌내는 인간의 힘이 얼마나 강한지 지금껏 전혀 모르고 있었다는 생각이 들었다. 그녀는 고통을 겪어낸 모든 사람, 심지어 고통을 이겨내지 못한 사람들까지도 사랑하고 존경했다. 제임스 에이지

슬픔을 겪으면 감성이 확장된다는 것은 맞는 말이다. 나와 비슷한 상실을 겪은 사람들을 보면 바로 동지 의식을 느낀다. 에이지의 이야기에 나오는 얼마 전 남편을 잃은 여인처럼, 우리 역시 엄청난 고통을 마주하고서도 꿋꿋이 살아가는 힘을 자신의 내면에서 발견하고 경외감을 느낄지 모른다. 세상의 많은 슬픔을 지금까지 용케도 모른 채 살아왔다는 걸 깨닫자, 근심 걱정 없는 날을 충분히 누려보지도 못하고 너무 젊은 나이에 엄청난 슬픔을 겪어야 했던 사람들에게 마음이 간다.

처음 슬픔을 겪을 때는 이 모든 감정이 어떤 놀라움으로 밀려든다. 그 순간은 마치 차가운 물속에 뛰어들 때처럼 숨이 턱 막힌다. 그 충격으로 우리의 인식 전체가 달라진다. 그러고 나서 익숙해진다. 체온으로 물이 따뜻해지면, 우리는 그 안에서 수영을 한다.

고난을 견뎌내는 과정에서 나도 몰랐던 힘이
내 안에 있었다는 걸 알게 된다.

침묵은 내면의 삶을 강하게 만든다……. 삶을 침묵으로
채운다면 희망 가운데 살게 될 것이다. 토머스 머튼

사람들을 사귀는 것과 고요하게 혼자 있는 것 사이에는 적절한 균형이 이루어져야 한다. 사람들을 너무 많이 만나다 보면 힘겨운 진실에서 도망치고 싶은 유혹을 느낄 수 있다. 지나치게 고독 속에 파묻혀 있다 보면 우울하고 내성적이 된다.

하지만 짚고 넘어가야 하는 사실이 있다. 침묵한다고 해서 다 고독한 것은 아니다. 퀘이커 교도의 예배 모임에서는 대체로 모두 침묵한다. 사람들 사이에서 침묵할 때 상대와 가장 가까이 있다는 느낌이 들기도 한다.

그렇다 해도 침묵할 때는 대부분 혼자 있을 때이며, 그 침묵의 가치를 인식할 필요가 있다. 조용한 명상이 몸에 미치는 영향에 대해서는 오래전부터 많이들 얘기해왔다. 혈압을 낮추고, 심장 박동을 늦추고, 때에 따라서는 치유를 하기도 한다는 등이다. 어떤 환경에서든 잠시 침묵하면서 영혼을 살찌울 수 있다는 것도 우리는 알고 있다.

그러므로 슬픔의 상처를 치유하려 할 때, 충분히 오래 침묵한다면 자신의 영혼 깊숙이 들어가 쉬고 평화를 찾는 데 도움이 될 것이다.

가만히 있는 걸 두려워하지 않으려 한다. 침묵이 주는
새로운 힘을 즐기려 한다. 아마 내가 사랑하는 사람의 영혼도
그곳에서 나와 함께 즐길 것이다.

나는 미치지 않았다. 미쳤다면, 바로 여기가 천국이겠지.
미친다는 건 나 자신을 잊는 것이다. 아, 날 잊을 수 있다면
슬픔도 잊을 수 있을 텐데! 윌리엄 셰익스피어

아닌 게 아니라 사람은 슬픔 때문에 미칠 지경이 되기도 한다. 가끔 이런 생각을 해봤을 것이다. '차라리 미칠 수 있다면…… 이 끔찍한 상실감에서 벗어날 수 있을 텐데.'

다행히 그런 순간은 지나간다. 혹시 정신적으로 병들기 직전까지 가 봤다면, 그런 상태가 된다고 해서 고통을 유예받지는 않는다는 걸 알 것이다.

그리고 스트레스가 극에 달해 이성과 현실에 대한 자신의 안전장치가 희미해지는 듯한 경험을 해보았다면, 약과 술에 빠져 사는 것이 슬픔을 이겨내는 올바른 방법이 아니듯 현실 도피가 마음의 평화로 가는 길이 아니라는 사실도 알 것이다.

하지만 우리는 그런 충동을 알고 있다. 그래서 비슷한 감정을 느낀 사람들의 이야기를 들을 때면 감사하는 마음으로 이해하고 고개를 끄덕인다.

내가 힘겨워할 때 곁을 지켜주는 사람이 있다면
어려움을 헤쳐 나가는 데 도움이 된다.

> 내가 슬퍼하는 모습이 다른 사람들에게 어떻게 보일지 생각한다면,
> 노상 울고 헛소리를 하면서 돌아다니고 싶은 마음이 들지 않는다.
> 하지만 상대를 믿고 마음을 솔직하게 표현하는 것은 우리가 그들에게
> 주는 선물일 수도 있다. 그렇게 하면 나중에 그들도 자신의 감정을
> 좀 더 편안하게 표현할 것이다.   M. W. 히크먼

'용감해지고' '이를 악물고 버티거나' 혹은 '슬픔에 맞서 침착하고 냉정해져야 한다'는 믿음은 '잘못된 가르침'이다. 마음이 무너지는 일을 겪었는데 어떻게 담담할 수 있을까?

그런데도 우리는 남들 앞에서 슬픔을 내보이지 않는 사람들, 마치 즐거운 일요일 오후의 대화를 나누듯 조문을 받는 사람들을 입이 마르게 칭찬한다. "그 여자는 정말 씩씩하더라. 대단해 보였어. 아주 꿋꿋하더라니까."

누구를 위해 그처럼 감정을 억누르며 버텨야 하는가? 슬퍼하는 사람 자신을 위해서일까? 아니면 조문하는 사람들, 자기 차례가 되면 슬픔을 어떻게 처리해야 할지 모르는 채 그 슬픔에 휩쓸릴까 봐 두려워할 사람들을 위해서일까?

친구 하나가 내게 말했다.

"어떤 사람이 내 앞에서 울면, 나는 그걸 선물이라고 생각해."

이제는 억지로 눈물을 참느라 내 짐을
더 무겁게 하지 않으려 한다.

끝없이 깊은 바다에서 이끌려 나온 것들이
다시 고향으로 돌아갈 때,
일렁임조차 잠든 듯 충만한 물결에
파도 소리도 물거품도 일지 않기를. 앨프리드 테니슨

테니슨의 이 시는 창조를 지속하는 규칙적인 변화를 강조한다. 우리는 바다의 물결, 달의 인력, 별과 행성의 규칙적인 순환을 잘 알고 있다. 그리고 달의 변화와 지구의 공전에 따라 라마단, 부활절, 유월절 같은 성스러운 축제를 정하는 우리 역시 세상을 지탱하는 규칙적인 흐름의 한 부분이다.

흔적을 남기며 자연계를 관통하는 이 규칙이 한때 우리가 사랑했고 지금은 세상을 떠난 그 사람을 우리의 감각과 이성으로는 알 수 없는 곳에서 당분간 데리고 있는 거라고 믿을 수도 있지 않을까?

그리고 테니슨이 말하는 '고향'을, 제아무리 운이 좋은 사람도 경험해보지 못했을 정도로 유익하고 안전하며 성장의 가능성이 큰 곳으로 상상할 수 있지 않을까?

우리 모두를 관통하는 그 규칙 속에서 나는
희망과 약속을 발견한다.

어두워져야 별을 볼 수 있다. 찰스 비어드

별이 가장 잘 보일 때는 대개 춥고 긴 겨울밤이다.

생명을 위협하는 사건, 예를 들어 자동차 사고나 태풍, 심각한 질병 등을 겪은 사람들은 그 사고로 자신의 관점이 어떻게 변했는지 이야기한다. 마찬가지로, 사랑하는 사람을 잃는 고통을 겪고 나면 무엇이 중요한지 더 명료하게 알게 된다.

딸아이가 죽고 나서 몇 년 뒤 집에 도둑이 들었다. 여러 세대를 거쳐 물려받은 골동품 몇 점과 결혼반지까지 도둑맞았다.

당연히 화가 났다. 하지만 곧이어 이런 생각이 들었다. '그냥 물건일 뿐이잖아.' 딸아이가 죽기 전에 도둑이 들었더라면 그렇게 침착할 수 있었을까. 아마 아니었을 것 같다.

별은 더 밝아질 뿐 아니라 더 아름다워진다. 고대의 항해사들은 별을 보며 항로를 찾았다. 그러므로 상실의 경험으로 우리는 중요한 것이 무엇인지 명확하게 알게 될 뿐 아니라 우리가 지금 어디에 있고 어떤 방향으로 가고 싶은지도 분명히 알게 된다.

완전히 캄캄할 때 나는 고개를 들어 별을 볼 것이다.

회복은 우리가 마음대로 할 수 있는 과정이 아니다. 작은 고통을 수없이 경험하고 중요한 기념일들을 지내면서 정체성이 확실해지고 자연스럽게 '나'라고 말할 수 있을 때 회복은 이루어진다. 메리 제인 모펏

사랑하는 사람이 죽고 나서 처음 몇 주 동안 혹은 몇 달 동안 어땠는지 기억하는가? 슈퍼마켓에 처음 갔을 때 어땠는가? 처음 보일러 필터를 교환할 때는? 처음 극장에 갔을 때는? 뭐 하나 대충 흘려보낼 만큼 사소한 것이 없다. 그리고 당연히 생일이나 크리스마스 같은 중요한 행사들은 벌써 몇 주 전부터 큰소리로 경고를 해댄다.

그러면서 몇 달 혹은 몇 년이 지나고 나면, 우리는 다시 온전한 인간이 된 기분을 느낀다. 상처는 여전히 남아 있지만 어느새 우리 내면의 일부가 되었다. 나라는 존재의 한 부분이 찢겨나가면서 생긴 상처에 온갖 것이 부딪치는 듯한 아픔을 더는 느끼지 않는다.

"아이가 몇이에요?"라는 질문을 받자마자 "아들만 셋이에요"라고 대답하고 나서 "딸이 하나 있었는데 죽었어요"라는 말을 덧붙일 필요를 못 느꼈을 때, 내게 중요한 변화가 일어났다는 걸 알았다. 그 일은 여전히 내 마음속에 남아 있지만, 매번 얘기할 필요는 없었다.

때가 되면 회복의 과정이 시작될 거라고 믿는다.

가벼운 슬픔은 얘기할 수 있다.
거대한 슬픔은 아무 말도 못 한다. 세네카

건강을 생각해서라도 '그 일에 관해 얘기해야 한다'는 충고를 흔히들 한다. 하지만 얘기할 수 있을 때가 있고 얘기할 수 없을 때가 있다.

얘기할 수 없는 상태가 아주 오래 지속된다면, 사실 좋지 않은 상태라 할 수 있다. 하지만 슬퍼하는 과정에서 대개 그렇듯, 마음은 우리에게 무엇이 필요한지 안다.

그러므로 슬픔에 빠져 '말을 제대로 할 수 없는데도' 억지로 계속 말을 할 필요는 없다. 분명히 얘기하는데, 다른 사람들의 마음을 편하게 해주려고 끊임없이 말할 필요는 없다. 다른 사람의 기분보다 자신의 기분을 먼저 살핀다고 해도 전혀 잘못이 아니다.

언젠가 파티에 갔을 때가 생각난다. 평소에는 누구보다 적극적으로 대화에 끼어들었지만 그날은 슬픔에 짓눌려 도저히 그럴 수가 없었다. 엄마가 아이에게 어떤 일을 안 해도 된다고 허락해주듯, 나도 분위기를 부드럽게 만들 '의무' 같은 건 지지 않아도 된다고, 그냥 주변에 서서 대화의 구경꾼이 되어도 좋다고 나 자신에게 허락했다. 사람들은 나 없이도 잘 어울렸다. 잠시나마 내 작은 심리적 보호막 속에서 쉬면서 속으로 안도의 한숨을 쉬었던 것이 지금도 기억난다.

지금 당장은 나 자신을 보호하는 것도 괜찮다.

겨울의 한가운데서 누구도 정복할 수 없는
여름이 내 안에 있음을 알았다. 알베르 카뮈

행복? 만족? 기쁨? 이런 말이 낯설기만 하다. 그런 감정은 어쩌다 생겼다가 마는 것임을 안다. 계속되지 않을 것임을 안다.

노래나 기도를 할 때 혹은 멋진 하늘을 보거나 들판에 핀 데이지 꽃을 발견했을 때처럼 잠깐 기쁘고 행복한 느낌만 그런 것이 아니다. 이 모든 일을 겪고도 어떻게든 다시 행복해질 거라는 느낌도 그렇다! 누가 그런 생각이나 할 수 있을까?

다시 행복해질 거라는 확신이 사라질 수 있다. 그렇지만 다시 돌아올 것이다. 하루하루 시간이 지날수록, 이상한 변장을 하고 찾아오는 타인 같은 느낌이 차츰 사라질 것이다. 아니, 모든 것은 실재한다. 만물의 생명력, 길어진 낮, 온기, 여름 저녁의 아름다움은 실재한다. 겨울과도 같은 고통과 절망 속에서도 우리는 여름이 올 것을 믿는다.

여름에도 폭풍우가 있다. 하지만 지나간다. 폭풍우가 지나가면 대기가 깨끗해지고, 우리는 맑고 상쾌해진 세상을 다시 한번 바라보게 될 것이다. 그런 식으로 삶은 우리를 부른다. "자, 너는 나의 것이야. 믿든 말든, 너를 위해 수많은 경이로움을 품고 있어. 난 너를 기다릴 거야. 필요한 곳이라면 어디에서든. 눈 아래서든, 폭풍우 너머에서든."

겨울의 한복판에서도 나는 여름이 올 거라는 믿음을
잃지 않을 것이다.

죽음이 남기는 문제는 그 사람의 부재다. 로저 로젠블랫

스스로를 위로도 해보고 죽는다는 게 뭔지 이해해보려고도 하고, 그렇게 이런저런 노력을 다 해보고 나면, 인생이라는 옷감에 거대한 구멍이 남는다. "네가 보고 싶어. 네가 보고 싶어. 네가 보고 싶어."

그다음에는 어떻게 될까?

그의 부재가 점점 익숙해지고, 마음에 난 구멍은 차츰 작아지다가 아마도 메워질 것이며, 어느 순간부터는 그 사람의 죽음이 만들어놓은 어마어마한 심연에 걸핏하면 빠지지 않고도 살아갈 수 있을 것이다.

시간이 흐르면, 그의 부재가 다른 종류의 존재가 되기도 한다. 누군가 얘기하기를, 세상을 떠난 아이는 살아 있는 아이가 할 수 없는 방식으로 나와 함께 있는 거라고 했다. 어떤 점에서 그 말은 옳다. 그리고, 그래, 위로가 된다. 아이들만 그런 것은 아니다. 부모님도 그렇고, 우리가 사랑하는 다른 사람들도 그렇다. 그들은 죽어서도 우리가 어디에 있든 늘 함께 있다.

아마도 그들은 우리의 수호천사, 저세상과 우리를 연결해주는 존재가 될 것이다. 하지만 그러려면 먼저 삶과 타협해야 한다. 그들을 놓아주어야 한다. 그리고 그들을 늘 그리워하다 보면, 앞으로 다가올 우리 자신의 죽음도 가끔은 꽤 괜찮아 보인다.

나는 내가 알고 있던 모든 존재의 일부이며,
앞으로도 늘 그럴 것이다.

우리가 사랑했고 이제는 세상을 떠난 그 사람을 그만 생각하려면 의지만으로는 안 된다. 어깨를 축 늘어뜨리고 두 발을 한데 모은 그의 모습에서 나는 그걸 알 수 있었다. 그는 단단히 결심하고 온 힘을 다해 노력해보았다. 하지만 생각을 멈추려면 그 정도로는 어림없을 것이다. 세상을 살아가면서 아무리 새로운 아름다움을 보더라도 한참 동안은, 아니 평생 추억을 떨쳐내버리지는 못할 것이다. 조지핀 험프리스

처음 한동안은 곁을 떠난 사람을 거의 온종일 생각하는 것밖에는 달리 어쩔 도리가 없다. 매 순간 그 사람을 기억하고, 그가 살아 있는 동안 함께 겪은 일들과 기분을 떠올려보고, 이제는 존재할 수 없는 것들을 생각하면서 살아간다. 단 한순간도 우리가 겪은 상실을 잊지 못한다.

그러다가 어느 날, 몇 시간 동안 아니 어쩌면 온종일 딴생각을 하고 있었다는 걸 깨닫고는 깜짝 놀란다. 우리는 치유되기 시작한다.

그렇다고 해서 사랑한 사람에 대한 기억을 잃을까 봐 걱정할 필요는 없다. 기억해야 할 필요가 있는 것은, 기억할 것이다. 그리고 때때로 '새로운 아름다움들'을 발견하고는 곁을 떠난 그 사람과 이 기쁨을 함께 나누는 걸 상상할 때, 사랑하는 사람에 대한 추억은 오히려 더 밝게 빛날 것이다. 거기에는 고통도 있겠지만, 사랑하는 사람의 존재에 대한 새로운 느낌 또한 있을 것이다.

사랑하는 사람에 대한 기억은 영원히 내 삶의 일부다.

슬픔은 한 번 더 사랑하라고
우리를 부추긴다. 테리 템페스트 윌리엄스

  어떻게든 사랑의 밸브를 잠가서 다시는 이렇게 깊은 상처를 받지 않기는 쉬울 것이다. 그렇지 않은가?
  아니, 그렇지 않을 것이다. 아마 잠시 동안은 무감각한 상태로 지내면서 우리를 강타한 그 충격을 피하며 살아갈 수 있을지도 모른다. 하지만 친구들과 가족의 사랑이 없다면 이 슬픔의 시간을 절대 견뎌낼 수 없다.
  그리고 사랑은 사랑을 소리 높여 부른다. 사랑은 슬픔에 빠진 우리를 불러내고, 우리는 그 사랑으로 치유될 것이다.
  그런데 사람들 속으로 들어가지 않는다면, 우리를 사랑해주는 사람들에게 사랑으로 답하지 않는다면, 우리는 치유받지 못할 것이다.
  그래, 다시 사랑하기 위해서는 용기가 필요하다. 그것은 온전하게 인간적이 되려는 용기이며, 곁을 떠난 사람과 나눈 사랑을 확인하려는 용기다.

때가 되면, 나는 준비를 갖출 것이다.

범사에 기한이 있고 (…) 헐 때가 있고 세울 때가 있으며 울 때가 있고
웃을 때가 있으며 슬퍼할 때가 있고 춤출 때가 있으며 (…) 〈전도서〉 3장 1~ 4절

   슬퍼하는 사람들이 한 가지 알고 있는 게 있다면, 기분이 시시때때로 변한다는 것이다. 비교적 마음이 차분해지고 기분을 조절할 수 있고 슬픔을 참을 수 있을 것 같다가도, 다음 순간 감정이 격해지면서 평정심은 산산조각이 난다.

   향기, 노랫말, 상실을 떠올리게 하는 신문 기사, 봄의 첫 신호 등 어떤 것에도 마음이 울컥한다. 사랑하는 사람은 이제 그것을 함께 나누지 못한다. 밸런타인데이 같은 사소한 기념일에도 마음이 어지러워진다.

   그러다가 또 어떤 때는 아무 근심 걱정 없이 순간을 즐긴다. 눈의 아름다움, 불의 온기, 따뜻한 코코아의 위로, 곁에 있는 친구들 때문에 마음이 즐거워진다. 그러면서 기분이 왜 이처럼 심하게 왔다 갔다 하는지 의아해한다. 내 정신이 멀쩡한지 궁금해지기도 한다. 언제쯤 좀 더 진정이 되어서 걸핏하면 감정에 휩쓸리고 절망의 늪에 빠지는 일이 없어질까 생각한다.

   우리 삶은 상실로 산산이 조각났다. 그 조각들을 원래 모양으로 붙이려면 당연히 시간이 필요하다.

슬퍼지는 때를 그대로 인정하고, 내가 치유의 과정에 있다고
믿으면서, 스스로에게 인내심을 가지려 한다.

February · 15

영성은 아주 친밀한 것과 아주 무한한 것이
만나는 장소다. 릭 필즈

인생에서 이런 만남이 일어날 수 있는지를 열거할 때, 죽음이라는 경험은 분명 앞자리를 차지할 것이다. 한동안 그 사람이 숨을 쉬고 살아 있었는데, 다음 순간 텅 빈 육체만 남았을 뿐 웃고 울고 말하고 사랑하던 그 사람은 사라지고 없다.

어떤 사람들은 죽은 사람의 영혼이 바로 곁에 있는 걸 느꼈다고 하고, 심지어 보기도 했다고 한다. 임사 체험을 한 사람들은 자신의 몸 위를 맴돌면서 그들을 소생시키려고 정신없이 매달리는 사람들을 지켜보았다는 얘기도 한다. 어떤 사람이 숨을 거두는 바로 그 순간, 그와 몇백 킬로미터 떨어진 곳에 있는 사람이 통증이 획 하고 지나가는 듯한 증상을 느꼈다고 보고했는데, 나중에 보니 사랑하는 사람이 죽은 시간과 원인이 그가 느낀 증세와 관련된 경우도 있었다.

이런 신비로운 경험은, 아마도 우리를 향한 창조주의 선하신 의도를 우리가 아주 조금이나마 안다는 표시일 것이다. 그렇다고 해서 이별의 고통이 없어지지는 않는다. 하지만 우리가 그 이별을 영원한 이별이 아닌 잠깐의 이별로 생각할 수 있다면, 세상은 아주 많이 달라질 것이다!

지혜와 희망으로 가는 모든 길에 마음을 열어놓으려
노력할 것이다.

그의 마음이 무너져 슬픔이 쏟아져 나온다면, 그 슬픔이
온 땅에 넘쳐흐를 텐데, 그런데도 누구 하나 그 슬픔을 보지
못하는 것 같다. 안톤 체호프

슬픔에 완전히 사로잡혀 우리 존재 자체가 슬픔인 듯한 상태로 번잡한 거리를 걸어가거나 상점을 드나드는데, 곁을 스쳐 지나가는 사람들이 전혀 알아채지 못하면 이상한 기분이 든다!

세상이 여전히 활기차게 돌아가는 것이 당황스러운가? 아니면 조금 화가 나는가? 어쩐 일인지 우리는 지구가 도는 것을 멈추고 우리의 슬픔을 인정해주어야 한다고 생각한다.

그렇지만 곰곰이 생각해보면, 그저 우리와 같이 있어주려고 온 세상이 엉망이 되는 건 우리가 정말로 바라는 것이 아니다. 우리에게는 질서 잡힌 세상이 주는 안정감도 필요하다. 스쳐 가는 사람들이 내 마음속의 혼란과 슬픔을 모른다 해도 괜찮다. 그들 또한 마음속에 무엇을 담고 있는지 누가 알겠는가?

내가 혼자 슬퍼할 공간을 가질 수 있다면, 다른 사람들 모두가
내 슬픔에 빠져들 필요는 없다.

삶에서 모든 경이로운 것들은 너무도 단순해서,
사람들은 더는 만질 수 없을 때가 되어서야
그 경이로움을 깨닫는다. 조니가 내 곁에서 삶의
경이로움과 아름다움과 기쁨을 누릴 수 없어
슬픈 이 순간, 나는 그 어느 때보다도 강렬하게
그 모든 걸 느낀다. 프랜시스 건서

인생이 얼마나 허망한지 떠올리다 보면 이런 생각을 하게 된다. '삶이 주는 선물들을 너무도 당연하게 생각했구나.'

우리가 새롭게 알게 된 이 선물들을 사랑하는 그 사람은 누리지 못한다는 사실이 가슴 아픈 깨달음으로 다가온다. 이제부터 두 사람 몫의 세상을 경험해야만 할 것 같다.

어쩌면 우리가 세상의 아름다움을 이전보다 더 생생하게 느끼는 건 떠나간 사랑하는 사람이 주는 선물일지도 모른다. 그리고 임사 체험을 했다는 사람들이 저 너머 세상을 놀라울 만큼 아름답고 밝은 곳으로 끊임없이 얘기하는 걸 보면서 위로를 받을 수도 있다. 아마도 이 세상의 아름다움은 저세상 아름다움의 맛보기에 지나지 않을지도 모른다.

세상의 경이로움을 만끽하면서, 나는 내 사랑이
곁에 있음을 느낀다.

지금은 납의 시간,
살아남는다면 기억되리라,
얼어 죽어가는 사람이 눈을 기억하듯
처음에는 냉기를 느끼고,
다음에는 혼미해지다가,
다음 순간 놓아버린다. 에밀리 디킨슨

에밀리 디킨슨의 이 시구절보다 더 무거운 이미지는 좀처럼 상상하기 힘들다. 하지만 그 느낌은 친숙하다. 발걸음과 온몸이 묵직해지는 느낌, 마음과 심장이 묵직해지는 느낌.

냉기 역시 꼭 그렇다. 그러니까, 냉기가 온몸에 퍼지면서 우리는 무기력 상태가 된다. 뭘 생각하기가 힘들어진다. 물건을 어디다 두었는지, 무엇을 할 계획이었는지 잊어버린다. (바로 이럴 때 목록을 만들어야 한다.)

그렇지만 우리는 납의 시간을 살아낸다. 몸과 정신을 다잡는 것은 회복을 위해서이며, 더 나아가 성장을 위해서이기도 한데, 성장하지 않고는 회복도 할 수 없기 때문이다.

납의 시간으로 빨려 들어간다고 느낄 때도, 새로운 시간,
새로운 날이 있다는 사실을 기억하려고 노력할 것이다.

이런저런 평범한 것들의 도움으로, 그러니까 뜨거운 햇볕을 가려주는 커다란 느릅나무 두 그루, 뒷문 옆의 능소화, 식당 창가에 핀 하얀색 라일락 덤불, 현관에 놓인 편안한 고리버들 가구, 그리고 여름밤의 온갖 소리에 끼익…… 끼익…… 소리를 더하는 현관 그네의 도움으로, 나는 하루를 살아내고 또 하루를 맞았다. 윌리엄 맥스웰

　세상이 슬픔으로 산산조각이 날 때, 익숙한 물건과 일상의 힘으로 힘든 시간을 견뎌내기도 한다. 그것들은 예전과 똑같은 모습으로 이야기한다. "있잖아요, 당신은 모든 걸 잃은 게 아니에요. 그대로인 것들도 있잖아요." 익숙한 그 물건들은 아무것도 요구하지 않는다. 그저 제자리에 있을 뿐이다. 어느 날 갑자기 혼돈 속에 빠져버린 세상에서 그것들은 안정감을 나타낸다. 우리는 말이 안 된다는 걸 알면서도, 그것들을 소중한 친구인 양 받아들이고 고마워한다. 사실, 힘든 시간을 보낼 때 그것들은 소중한 친구다.

어지럽고 혼란스러울 때, 익숙한 것들이 주는 위안이 감사하다.

마음속 고통을 기록하는 것은
그 고통의 심장부로 들어가는 것이며,
거기에서는 필연적으로
부활이 이루어진다. 수 몽크 키드

어떻게 기록해야 하는가? 그리고 왜 기록해야 하는가?

어떤 사람들은 일기를 쓴다. 일기 쓰기는 어떤 경우에도 유익하지만, 아마도 지금, 혼란스러운 감정으로 살아가야 하는 때 특히 더 그렇다. 내 마음을 온통 사로잡고 있는 사건, 추억의 조각들, 매일의 슬픔과 혼동의 이야기를 글로 적으면, 지금 내게 일어나고 있는 일을 명확히 알고 정리하는 데 도움이 될 뿐 아니라 그 모든 것을 안전한 장소에 기록해놓았다가 언제든 마음이 내킬 때 다시 들춰볼 수 있다. 모든 내용을 적어놓는다면, 스물네 시간 머릿속에 그 일을 넣어서 다닐 필요가 없다.

사랑하는 이의 인생 이야기를 기록하는 사람들도 있다. 내 소중한 친구는 아내가 죽고 나서 몇 달 동안 65년도 더 된 두 사람의 연애 이야기를 기록했다. 그렇게 해서 아름다운 이야기, 가족에게 두고두고 보물이 될 이야기가 남았을 뿐 아니라, 그 친구의 말을 빌리면, "아내와 늘 함께 있을 수 있었다"고 한다.

마음속 이야기를 기록할 때, 슬픔으로 겪는 혼란을 정리할 수 있으며 그 대가로 보물을 얻기도 한다!

당신이 밤을 견디도록 해주는 것이면
나는 뭐든 좋다. 프랭크 시나트라

누구나 고통을 이겨내는 자기 나름의 방식을 가지고 있으며, 사람들은 대부분의 방식을 받아들인다. 이럴 때 이성은 대개 별 역할을 하지 못한다. 가구 제작자였던 사랑하는 남편이 인생의 전성기에 갑자기 세상을 떠난 어떤 여인은, 신이 세상에서 가장 훌륭한 가구 제작자를 데려가고 싶으셨던 거라고 생각하고 나서야 남편의 죽음을 받아들일 수 있었다고 한다. 이성으로는 이런 생각을 절대 설명할 수 없다. 하지만 무슨 상관인가? 그런 생각은 그녀에게 도움이 되었고, 다른 사람들에게 아무런 해도 끼치지 않았다.

우리 딸이 죽었을 때, 얼마 전 아버지를 잃은 한 친구가 내게 이런 글을 써서 보냈다. "우리 아버지가 메리를 보살펴주실 거야." 그 말은 엄청나게 큰 위안이 되었다.

슬픔에 빠진 우리에게 안정과 평화를 주는 거라면 무엇이든 선물이다. 따뜻한 찜 요리, 카드, 꽃처럼 우리가 살아가는 데 도움이 되고 힘을 주는 거라면 뭐든 그렇다. 이성으로 설명할 필요는 없다. 죽음과 슬픔을 이겨내려면 직관과 상상력으로 뛰어드는 것이 필요하다. 우리는 새로운 영역으로 들어섰다.

영혼이 안내하는 이 모든 미스터리에 내 마음과 정신을 연다.

성실하게 살아야 하고, 받아들이는 진실 그대로를 표현해야 하며, 우리가
드리는 것을 사용하시는 신의 능력을 믿어야 한다. 엘리자베스 J. 캔햄

그런데 지금 드려야 할 것이 오직 고통뿐이라면 어떻게 할까?
자, 그렇다면 고통을 드리자. 고통과 슬픔이 우리가 처해 있는 현
실이라면, 그 현실을 인정해야 한다. '끊임없이' 다른 쪽을 보면서
얼버무리려고 해봐야 누구도 속이지 못하며 특히 자신을 속이지
못한다. 공기와 빛을 쐬지 못하는 상처처럼 우리의 상처는 더디게
치유될 것이고, 결국 더 많은 대가를 치러야 할 것이다.

그렇다고 해서 매일 매 순간 슬픔에 젖어 있어야 한다는 의미는
아니다. 우리 심정이 꼭 그럴 때라도 말이다. 자신을 위해 그리고
주위 사람들을 위해 잠시라도 슬픔을 참고 좀 더 의연하게 세상을
대하고 싶을 때도 있을 것이다.

하지만 슬픔이 생생하게 우리를 짓누를 때, 그것이 우리가 받아
들이는 진실이며, 그 진실을 그대로 표현하는 것은 자신을 위하는
일일 뿐 아니라 주위 사람들에게 슬픔은 있는 그대로 존중하고 받
아들여야 함을 증명하는 일이기도 하다. 슬픔을 지나는 길에는 다
양한 경치가 펼쳐지지만 완전한 우회로는 없다.

지금은 슬픔이라는 짐만으로도 충분히 무겁다. 내 본모습을
감추려고 노력하는 짐까지 거기에 더하지는 않으려 한다.

성스러운 나무의 작은 뿌리가
아직 살아 있기를
그 나무가 자라서 잎이 나고
꽃이 피고 노래하는 새들로
가득 차기를. 블랙 엘크

캄캄한 어둠 속에 있을 때, 어떤 희망의 불빛이 곁에서 계속 깜빡이는가? 사랑하는 사람의 영혼이 주위를 맴돌면서 "난 괜찮아, 걱정하지 마"라고 말하는 것인가? 삶과 죽음에는 인간의 이해 범위를 넘어서는 뭔가가 있으며, 죽음은 끝이 아닌 다른 세상으로 가는 문이라는 우리의 직관인가?

혹은 캄캄한 시간 속에서도 끓어오르고, 꽃을 피우고 노래하는, 억제할 수 없는 삶의 본성인가?

아들아이를 먼저 떠나보낸 친구가 있다. 그 친구가 얘기하기를, 나무가 우거진 숲속 작은 공터에서 이전에는 보이지 않던 새 한 마리가 높은 나뭇가지에 앉아 한 줄기 빛을 받으며 노래를 했다고 한다. 노래를 했다는 거다. 그 이후에도 많이 외로운 건 여전했지만 아들이 제 엄마 곁에서 사랑을 보내고 있다는 것, 결국에는 아들과 다시 만날 수 있으리라는 것을 다시는 의심하지 않았다고 그 친구는 말했다.

이 순간, 그 성스러운 나무를 보고
새들의 노랫소리를 들을 수 있기를.

시간이 지나면 슬픔도 덜해질 거라고 사람들은 말한다.
걱정하는 마음으로 위로하는 것이지만 그런 말을 들으면
우울해진다. 우리는 슬픔이 없어지기를 원하지 않는다.
그 슬픔은 사랑과 연결되어 있고, 애정을 도둑맞지 않는 한
애도하는 마음을 그칠 수 없기 때문이다. 필립스 브룩스

   시간이 흘러가는 대로 두고, 기다릴 만큼 기다린다면, 당연히 슬픔은 누그러진다. 처음의 강렬한 슬픔과 황량함이 영원히 남아 있기를 바라는 사람은 없다. 우리가 두려워하는 건 그것이 아니다.
   곁을 떠난 사람에 대한 강렬한 사랑을 잃을까 봐 두려워하는 것이다.
   처음에 이 슬픔과 사랑은 아주 강하게 연결되어서 우리는 그 둘을 분리할 수가 없다. 사랑을 절대 잃지 않기 위해 슬픔에 필사적으로 매달린다.
   아마도 슬픔과 사랑은 어느 정도는 늘 동전의 양면처럼 연결될 것이다. 하지만 시간이 흐른 뒤 동전을 튕겨보면, 위에 오는 것은 대부분 사랑이다.

내가 사랑한 그 사람은 내 몸을 키우는 공기와 음식과
물처럼 삶의 한 부분이다. 그러므로 나의 일부였고 또 일부인
그 사람을 잃을까 봐 두려워하지 않을 것이다.

그녀는 툭하면 웃음을 터뜨렸다. 젊은 사람처럼 새된 목소리로 깔깔거리면서 눈물이 맺힐 만큼 웃어댔다. 그러고는 쪼들리는 살림에 네 아이를 키우는 엄마이면서 점잖지 못하게 굴었다며 한탄하곤 했다. 터져 나오는 웃음을 억지로 참으며 "제발, 이제 그만!"이라고 소리치고 자신을 매섭게 다그쳤다. 그러다가 콧잔등의 안경이 들썩이도록 또 웃음을 터뜨렸다. 콜레트

우리가 자신에게 줄 수 있는 가장 훌륭한 선물 하나는, 사랑하는 사람과 보낸 즐거운 시간을 기쁘게 웃으면서 기억하는 것이다. 그리고 그럴 수 있을 때 비로소 중요한 단계를 지나왔다는 것을 깨닫는다.

처음에는 웃을 마음이 좀처럼 생기지 않는다. 그러다가 자신도 모르게 웃고 나서는, 죽은 사람에게 해서는 안 될 짓을 한 것 같아 죄책감까지 느낀다.

하지만 생각해보자. 우리가 사랑한 그 사람은 어떨 때 더 기뻐할까? 우리가 슬퍼하는 모습을 볼 때일까? 아니면 함께 보낸 유쾌하고 행복했던 시간을 기억하며 즐거워할 때일까?

마음의 즐거움은 양약과 같다. _<잠언> 17장 22절

마음이 고통스러워지면서 예전의 울음이 다시 올라온다.
아 신이여, 왜입니까? 아, 신이여, 얼마나 오랫동안입니까?
그 울음 뒤에 침묵이 온다. 짐 코터

　며칠 동안 꽤 잘 해왔다는 생각이 들고, 미래도 당당히 맞을 수 있다는 자신감이 생긴다. 그러다가 또 며칠 밤낮을 캄캄한 방에 혼자 틀어박혀 보낸다. 철저하게 버림받았다는 느낌이 들고 우주가 거대하고 냉정한 곳인 것만 같다. 기분이 괜찮았을 때가 언제였는지 기억나지 않고, 앞으로 나아질 것 같지도 않다. 그야말로 '캄캄한 영혼의 밤'에 들어섰다. 오랜 세월 동안 수많은 사람이 이런 절망을 겪었음을, 이런 황량함 속에 있을 때도 우리에게는 성자와 순례자 그리고 같은 고통을 겪는 무수한 사람이 함께 있음을 기억한다면 도움이 되지 않을까? 우리가 아무도 이해 못 할 고통을 겪고 있다 해도, 우리가 사랑한 그 사람은 이 세상에 하나밖에 없는 사람이었다 해도, 수많은 사람이 우리가 걷고 있는 이 길을 걸었다는 사실을 기억한다면 조금은 위안이 될 것이다.

　더 환해질 날을 대비해 할 수 있는 일들(가령 충분한 휴식을 취하고, 제대로 먹고, 책을 읽고, 기도하고, 사람들과 이야기를 나누는 등)이 있긴 하지만, 그저 견디고 기다린다면 어두운 밤은 지나갈 거라는 것이 일반적인 지혜다. 그런 밤이 영원히 지속되지는 않는다. 어느 날, 아마도 깜짝 선물처럼 구름이 걷힌 걸 보게 될 것이다.

오늘 마음이 울적하다 해도, 영원히 그럴 거라는 의미는 아니다.

제쳐두었다고 생각한 그 문제가 조금씩 형태를
바꾸어 다시 나타난다. 뮤리얼 루카이저

그 사람을 기억나게 하는 것이 도처에 있다. 일주일, 한 달, 생일, 일주년 같은 기념일뿐만 아니라 낯선 사람의 흔들리는 어깨, 광대뼈의 윤곽, 고갯짓도 그렇다. 함께 참석했던 행사, 함께 들었던 노래, 함께 좋아했던(혹은 싫어했던) 음식 모두가 마음을 울컥하게 한다. 툭 건드리기만 해도 우리를 슬픔 속으로 던져버리는 기억 버튼이 사방에 가득하다.

이처럼 기억을 떠올리게 하는 것들을 한동안은 그대로 인정할 필요가 있다. '그래, 인정할 거야. 그래, 널 보면 내가 겪은 상실이 떠올라.' 하지만 점점 강해지면서 이런 문제에 어느 정도 선택권을 발휘할 수 있다. 처음 얼마간은 이런저런 것들을 보며 마음을 다치지만, 나중에는 잃어버린 사랑과 별개로 생각할 수 있게 된다.

딸아이가 죽고 몇 달이 지났을 때, 딸아이 것과 비슷한 체크무늬 재킷을 입은 아가씨를 보았다. 그녀에게서 눈을 뗄 수가 없었다. 심지어 머리 색깔과 길이도 딸아이와 비슷했다. 가서 말을 걸어볼까 하는 생각을 잠깐 했다.

하지만 그러는 대신 눈을 감고 그 낯선 아가씨를 위해, 어떤 모습이든 그녀의 삶을 위해 기도했다. 내 기도가 그녀에게 어떤 도움이 되었는지 모르겠지만, 내게는 도움이 되었다.

도처에서 내 슬픔의 그림자를 볼 것이다. 그러면서 나는 계속 앞으로 나아간다.

그들은 겨울 숲에서 뜻밖에 나비를 발견하듯 어느 날
갑자기 행복을 발견한 것 같았다. 이디스 워튼

다시 행복해질 수 있다! 죄책감 비슷한 이런 느낌이 처음에는 계시(놀라움)처럼 온다.

아마도 그런 일은 없을 거라고, 내 삶은 영원히 고통으로 얼룩져 있을 거라고, 한순간도 이 고통에서 벗어날 수 없을 거라고 생각했을 것이다.

그런 생각은 한 가지 면에서 옳다. 이전에 존재하던 인생사에서 단 한순간도 벗어날 수 없기 때문이다. 그리고 우리는 고통에서 벗어나길 원하지 않는다. 우리가 문득문득 두려워하는 일 하나는, 사랑하는 사람을 잃고 나면 그 사람에 대한 기억까지 잃을지도 모른다는 것이다. 쓸데없는 두려움이다. 그런 일은 일어나지 않는다.

그렇지만 한동안 매일 머리 위를 드리우고 있는 듯했던 어둠의 구름은 시간이 지나면서 없어지거나 혹은 우리가 거기에서 벗어날 것이다. 그건 어느 정도 우리의 선택에 달렸다. 우리는 다시 행복해지지 않기로 결정할 수 있다. 절대 다시 행복해지지 않으려면 많은 노력이 필요하겠지만, 원하면 그렇게 할 수 있다.

하지만 머리 위를 드리운 구름에서 걸어 나와 겨울의 숲속에서 나비를 만나고 그 아름다움을 볼 수 있다면 훨씬 더 좋지 않겠는가! 우리 곁을 떠난 그 사람에게 훨씬 더 큰 선물이 되지 않겠는가!

우울 그 자체는 아무 가치도 없다. 행복해지는 것이 좋다.

3

MARCH

어디로 가 버렸을까? 나를 바라보던 그 빛, 그 반짝임,
그 사랑은 어디로 가 버렸을까? 그것이 차가운
진흙과 무슨 관계가 있단 말인가? 그것은 여기, 여기,
내 마음속에 있다. 그녀는 내 안에, 내 곁에 있다.
그 진흙 속에는 아무것도 없다. 안지아 예지에르스카

호흡과 생명이 떠나고 육체만 남을 때, 그 변화는 너무도 놀랍다. 사랑받고 존경받았던 그 육체가 여전히 내 눈앞에 있지만, 이제 껍데기일 뿐이다. 그것을 지탱하던 과정은 멈췄다. 피는 아직 남아 있지만 가슴은 오르내리지 않는다.

그 사람은 어디로 갔을까? 이에 대한 해석은 종교적 믿음과 경험에 따라 다르다. 하지만 분명한 사실은, 우리가 함께 모여 떠난 사람을 애도하고 그의 삶을 기억할 때 그는 우리 삶 속에 여전히 살아 있다는 것이다. 우리가 사랑한 사람들이 단지 우리의 기억 속에서만 살아 있는 것은 아니다. 우리에게 가르쳐준 것들과 삶에 미친 영향 속에서도 살아 있다.

그래서 앞으로 몇 주, 몇 달, 몇 년을 살아가면서 어떤 특징이나 행동을 보며 깜짝깜짝 놀랄 때 우리는 미소를 지으며 생각할 것이다.

"정말 신기한걸. 그래, 이건 내 안에 살고 있는 _____의 일부일 거야."

내가 사랑한 사람이 내 안에서 여전히 살아가는 그 방식을
나는 기꺼이 받아들이려 한다.

얼마든지 화해가 가능했던 수많은 관계에서 화해가
이루어지지 못했는데, 양쪽이 용서받을 준비만 하고 용서할
준비는 하지 않은 채 왔기 때문이다. 찰스 윌리엄스

슬퍼하는 마음에서 들어내기 가장 힘든 돌이 용서를 받아들이지 못하는 것일 때가 있다. 우리 모두 용서를 바라는 일들을 죽 적어놓은 목록을 가지고 있다. 생각 없이 모진 말을 내뱉은 일, 마지못해 도와준 일, 혹은 아예 도와주지 않은 일.

누가 우리에게 보복을 하려고 할까? 죽은 그 사람이 지하 세계에서 손가락질하면서 비난하고 욕하고 있을까? 그렇다기보다, 우리를 끊임없이 질책하는 사람은 바로 우리 자신이다. 넌 어떻게 그럴 수 있었니?

"자기 자신을 용서할 때 다른 사람들에게도 용서받을 수 있다."

오랜 세월 슬픔의 여러 단계에 있는 사람들을 기록하고 위로한 엘리자베스 퀴블러 로스는 이렇게 말한다.

애절한 마음으로 그리워하는 그 사람과 대화를 한다고 상상해 보자. 그 사람이 아무 결점도 없기를 바라는가? 그건 우리가 사랑하는 사람의 모습이 아니다.

그 사람 역시 우리에게 완벽함을 바라지 않는다. 우리가 완벽하다면, 그 사람도 우리를 알아보지 못할 것이다!

죄책감과 후회의 무게를 없애기 위해 노력하려 한다.
나는 완벽하지 않다. 나는 사랑받고 있다. 사랑은 모든 걸
관대히 봐준다. 그리고 계속 사랑한다.

시계의 종이 한 번 울린다. 우리는 시간에 아무 관심도 없다.
시간이 남긴 상실에만 관심이 있을 뿐이다. 에드워드 영

시간은 쉴 새 없이 흘러간다. 하지만 사랑하는 사람을 잃고 나면 우리의 시간 감각은 완전히 달라진다. 한동안은 모든 경험을 '이전'과 '이후'로 나눈다. 죽음 이전과 죽음 이후, 혹은 병이 나기 이전과 병이 난 이후. 과거의 색은 달라진다. 지나간 일은 이제 모두 접착제로 봉한 뒤 '지난 시절'이라는 표시를 붙여놓는다. 미래로 이어지는 시간은 한동안 빈 공간으로 보이며, 상실을 끊임없이 기억하게 할 것만 같다.

그러다가, 손에 넣을 수 있는 실로 다시 삶을 짤 수 있게 되면서 아픔이 조금씩 누그러진다. 과거를 돌아보면서도 상실이 늘 고통스럽지는 않게 되며, 그와 함께 나눈 삶을 즐거워하고 감사하게도 된다. 그리고 상실과 슬픔의 이 여정을 시작하기 전만 해도 절대 상상하지 못했지만, 이제 우리와 여전히 함께 있고 앞으로도 늘 함께 있을 그의 존재를 기쁨으로 받아들인다.

고통 너머를 볼 수 있게 되면서, 슬픔과 기쁨 모두
내 인생이라는 직물의 일부임을 느낀다.

한 사람이 암에 걸리는 것이 아니라,
한 가족이 걸린다. 테리 템페스트 윌리엄스

상실감으로 힘겨워할 때, 식구들과 슬픔을 나누면 큰 도움이 되기도 한다. 함께 슬퍼하고, 모두 알고 있는 이야기를 해보고, 세상을 떠난 사람의 물건과 기념품을 다시 꺼내보면서 우리는 서로에게 가족 아닌 사람은 절대 불가능한 존재가 되어줄 수 있다.

그런가 하면, 슬픔을 겪을 때 가족이 전혀 도움 되지 않을 때도 있다.

왜일까? 가족 모두는 세상을 떠난 그 사람과 각자 다른 역사를 가지고 있으며 슬퍼하는 방식도 다 다르기 때문이다. 부모가 오래 아프다가 떠났을 때, 어떤 자녀는 자신이 제일 무거운 짐을 지고 있었다며 사납게 화를 낸다. 별로 가깝게 지내지 못한 사람은 무시당한다고 느낀다. 말이 없는 사람은 거침없이 감정을 표현하는 다른 식구들을 보며 쓸데없이 분란을 만든다고 생각한다. 죽음과 상실이 주는 무게 때문에 가족은 다른 때 같으면 얼마든지 받아들일 수 있는 서로의 차이도 참아내지 못한다. 상실감을 함께 나눈다는 것의 은총과 위험을 모두 받아들인다면, 어려운 시기를 극복해나가는 데 큰 도움이 된다.

나는 이 상실의 아픔을 겪으면서 가족에게서 힘을 얻고,
한편으로는 우리가 각자의 방식으로 슬퍼한다는 사실을
인정하고 존중한다.

믿음은
동이 트기 전에도
빛을 느끼고
노래하는 새다.
라빈드라나드 타고르

    겨울이 지나고 아직 여름이 오기 전인 이른 봄, 아침에 산책을 하다 보면 여름이 다가오고 있다는 느낌이 들 때가 있다. 아직 춥고 어둡지만, 달력의 숫자가 말해주는 것이 공기에서 그대로 느껴진다. 적어도 우리 북반구에서는 낮이 길어지고 있다. 더 일찍 동이 트고 해가 더 늦게 진다.

    예전에 장례식을 치를 때, 나는 밤새도록 잠을 이루지 못했다. 밤늦게까지 손님을 맞았고 얘기를 나눴다. 자정이 지나서야 잠자리에 들었지만 잠이 오지 않았다. 불안하고 초조했다. 그때, 새벽의 어둠 속에서 새들이 노래하기 시작했다.

    '벌써?' 나는 생각했다.

어둠과 슬픔의 계절에, 밝은 시간이 다가오고 있음을 알리는 노랫소리(가끔 깜짝 선물로)를 들을 수 있기를.

예전에는 이따금 빛이 비칠 때도 그저 슬프기만 했지만, 이제는 감정이 불안정하게 움직인다. 행복한 시간을 충분히 만족스럽게 보내다가 다시 슬픔 속으로 빠져든다. 빛이 어둠으로 변하고 어둠이 빛으로 변한다는 걸 알고 각각의 실체를 인식할 때 이런 기분 변화를 받아들이는 법도 배울 수 있다. M. W. 히크먼

기분이 차츰 나아지면서 새로운 종류의 감정이 생기는데, 그것이 죄책감일 때가 있다. 사랑하는 사람이 떠났는데 어떻게 내 기분이 좋아질 수 있을까? 그 거짓 괴물을 용케 치워놓는다 해도 여전히 감정 변화는 불안하다. 세월이 흐르면 늘 곁을 맴돌던 슬픈 배경음악도 사라지고 멋진 시간을 보내기도 할 테지만, 그러다가 또 떠난 사람이 기억나면서 작은 창문으로 떨어지는 기분을 느낄 것이다. 거의 온종일 슬플 때보다 문득문득 행복할 때가 더 당황스럽고 마음 아프다.

모두 치유 과정의 일부다. 몸에 상처가 났을 때 시간이 지나면 통증이 없어지듯 상실의 상처도 그렇다. 적어도 우리는 올바른 방향으로 가고 있다.

행복해질 수 있는 시간을 한껏 즐기려 한다. 사랑하는 그 사람도 내가 그러길 바랄 것이다.

> 고통만으로 뭔가를 배울 수 있다는 말을 나는 믿지 않는다. 그렇다면 누구나 고통을 받으니 이 세상 사람들 모두가 지혜로울 것이다. 고통에 애도와 이해, 인내, 사랑, 열린 마음 그리고 언제나 고통을 감당하겠다는 의지가 더해져야 한다. 앤 모로 린드버그

힘겨운 경험에서 뭔가를 배우는 과정을 우리는 잘 알고 있다. 물론 처음에는 선뜻 받아들이기 힘들다. 지금 내가 겪는 이 슬픔이 알고 보면 득이 될 거라는 말, 이 슬픔에서 '뭔가를 배울 수 있다'는 말을 들으면 기분이 상한다. 마음이 무너지는 데도 큰 문제가 아니라는 말처럼 들린다.

하지만 시간이 지나면, 그리고 우리가 열심히 노력하고 거기에 더해 운도 좋다면, 자신이 사실은 생각보다 더 강하고 성숙한 사람이라는 사실을 알게 된다. 하지만 처음에는 온 마음으로 그 사실을 부정하려 하기 때문에 그런 인식에 이르는 과정은 쉽지 않다. 슬픔에서 뭔가를 배운다는 건 내게 일어난 일을 인정한다는 의미로 여겨지기 때문이다.

그럼에도, 기분은 점점 나아진다. 대개는 자신도 모르게 그렇게 된다. 우리는 과거의 세상에서 현재의 세상으로 여행했고, 모든 여행이 그렇듯 이 여행에도 헌신과 결단, 적응, 도움을 주고받겠다는 의지가 필요하다.

회복의 길을 걸어갈 때, 나는 서두르지 않으려 한다.
도로 표지판을 눈여겨볼 것이다. 같은 길을 가는
다른 여행자들을 잘 살펴보면서 내게 그들의 도움이 필요하듯
내 도움이 필요한 사람들이 있는지 알아볼 것이다.

사랑하고 상실을 겪는 것이
아예 사랑하지 않은 것보다 낫다. 앨프리드 테니슨

이 글은 주로 연인들의 사랑을 말할 때 인용되지만, 사실 사랑하는 사람을 잃은 우리 모두에게 해당하는 말이다.

딸을 먼저 떠나보낸 어떤 아버지가 말했다. "내 인생에 딸아이가 아예 없었던 것보다 잠시 동안이라도 그 아이와 함께 살았던 편이 나았겠지만, 그래도 한동안은 고통을 이길 수가 없었습니다."

사랑하는 사람을 너무 일찍 갑작스럽게 잃은 우리도 이 말에 공감한다. 당연히 그 아이가 아예 없었길 바라지는 않는다. 그렇다 해도 고통이 너무 커서 다른 생각을 할 수 없을 때가 있다.

하지만 고통이 아주 극심할 때라도, 우리는 우리의 삶과 다른 사람의 삶을 절대 바꾸지 않을 것이다. 화려한 경력을 지녔지만 아이가 없었던 내 소중한 친구이자 멘토가 딸아이 소식을 듣고 편지 한 통을 보내왔다. 편지에서 그녀는 내 슬픔을 진심으로 위로하고 나서 이런 말을 덧붙였다. "잃을 보물이 아예 없는 사람들도 있어." 그 친구가 자기 얘기를 하고 있다는 생각에 마음이 아팠고, 내가 받았던 선물이 얼마나 소중했던가를 그 순간 다시 한번 깨달았다.

고통 속에서도, 나는 사랑하는 사람의 삶이 준 선물을 소중하게 간직했다.

죽은 사람들이 땅에 묻히고 불구가 된 사람들은 병원을 떠나 새 삶을 시작한 후에, 온몸으로 느끼는 슬픔의 고통이 시간이 지나면서 영혼에 영원한 상처, 육체가 있는 한 지워지지 않을 울음이 된 후에, 공포가 밤이면 꾸는 악몽과 낮이면 문득문득 떠오르는 기억이 된 후에, 모든 인간이 겪는 고통으로 맺어진 유대감이 생기며, 그 유대감에서 용서가 이루어지고, 용서에서 사랑이 온다. 안드레 더버스

갑작스레 사고로 딸을 잃고 슬픔에 잠긴 어떤 아버지가 이런 말을 했다. "인간 가족의 일부가 된 것 같아요."

인간 공동체와 하나가 되는 느낌, 서로 공감하고 사랑한다는 느낌은 힘든 과정을 거쳐 얻을 수 있는 유대감이다. 하지만 비극(어떤 성격의 비극이든)을 마주했을 때, 우리가 바랄 수 있는 가장 좋은 결말은 슬픔 속에서 서로에 대한 사랑과 이해를 이루어내는 것이다.

치러야 하는 대가에 대해 쉽게 얘기하는 건 아니다. 하지만 길고 힘겨운 시간이 지난 뒤, 어둠 속에서 모습을 드러내며 우리를, 우리마저도 끌어안는 용서와 사랑이라는 위대한 선물을 외면하지는 말자.

사람들과 하나가 될 때, 내 마음은 나와 같은 고통을 겪은 모든 사람에게로 향한다. 우리가 서로를 발견하고 서로에게 힘이 되기를 바란다.

사람이 태어나면 반드시 죽음이 오고
사람이 죽으면 반드시 새로운 생명이 탄생한다.
그러니 필연적인 일을 두고
슬퍼해서는 안 된다. 〈바가바드 기타〉

힌두교 경전에 실린 이 구절을 읽으면 평온함이 느껴지지만, 사실 우리 대부분은 여기에서 말하는 받아들임에 아직 준비가 안 되어 있다.

힌두교의 교리인 환생은 사람들을 위로하는 동시에 불안하게도 한다. 사람이 죽고 나도 영혼은 사라지지 않으며 지금의 죽음은 완벽함으로 가는 여행이라는 점에서 환생은 위로가 된다. 하지만 우리가 사랑했고 지금은 곁을 떠난 그 사람을 지금 생에서든 다음 생에서든 친구와 가족으로 다시 만날 수는 없을 거라는 점에서 우리를 불안하게 한다. 우리가 원하는 건 새로운 사람과 새로운 삶을 사는 것이 아니라, 가슴 저미게 그리운 바로 그 사람과 함께 사는 것이다!

그리고 만일 사랑하는 사람과 다시 만날 것을 의심 없이 믿는다고 해서 지금의 이별이 슬프지 않을까? 당연히 그렇지 않다.

하지만 세상과 세상의 종교에서 위안과 통찰력을 얻으려 한다면 위 구절에 담긴 평화를 느끼며 마음을 차분히 진정시킬 수 있다.

내게 꼭 필요한 말을 해주는 모든 글이 고맙다.

우리는 서로를 위해 먹을 것과 마실 것이 되어야 한다. 웬디 M. 라이트

상실로 고통받을 때 우리는 서로에게 아주 중요한 존재, 먹을 것과 마실 것처럼 꼭 필요한 존재다.

우리에게는 위로해주고, 외로움을 달래주고, 기억과 슬픔을 나눌 친구와 가족이 필요하다.

그리고 슬픔을 겪는 다른 이들에게 우리가 해줘야 할 일이 있다. 그들을 변함없이 사랑해주고, 우리가 슬픔을 이겨낼 때 그들에게서 힘을 얻었다는 걸 알게 해주고, 그들이 살아가면서 어려움을 겪을 때마다 힘이 닿는 한 관심을 기울여줘야 한다.

사랑과 우정에서 생기는 유대감을 누구나 아무 저항 없이 감사하게 받아들이는 것은 아니다. 특히 슬픔에 빠져 있을 때는 스스로를 고립시키기가 쉽다.

하지만 그래서는 곤란하다. 누구에게도 이익이 되지 않는다. 제대로 살아가는 데 필요한 영양분은 먹을 것과 마실 것에서만 얻는 것이 아니라, 내가 사랑하고 나를 사랑하는 사람들에게서도 얻는다.

내 슬픔이 내가 사랑하는 사람들과 나를 가로막는 장벽이 되게 하지는 않을 것이다. 때로 내 슬픔은 다리가 되기도 한다.

현재의 위기가
늘 최악의 위기다. 일레인 M. 프레발레트

 끔찍한 하루를 지난다. 그리고 나서 또 끔찍한 하루를 지난다. 그러다 보면 처음의 고통이 희미해지기 시작한다. 가장 지독한 고통을 지나왔다는 생각이 든다. 하지만 다음 순간 어떤 일이 일어나고(귀에 익은 노래 선율, 꽃이나 향수 냄새, 익숙한 모양으로 고개를 들고 거리를 건너는 낯선 사람의 모습) 또다시 감당하기 힘든 슬픔이 밀려든다.

 상황은 차츰 나아질 것이다. 언제 어디서든 상실을 떠올리게 하는 것들을 만나고 그때마다 슬픔이 되살아나겠지만, 그 역시 지나간다.

슬픔의 변화 과정을 받아들일 수 있길 바란다.
아직도 그렇게 나약하냐며 스스로를 비난하는 일이 아니더라도
걱정해야 할 일이 얼마든지 있다.

**내 슬픔과 같은 슬픔이
한 번이라도 있었던가?** 조지 허버트

누구나 처음에는 그렇게 생각한다. 이처럼 강렬하고 고통스러운 슬픔을 겪은 사람은 나밖에 없을 거라고. 슬픔을 질투할 수도 있다. 다른 누군가가 나만큼 슬퍼할 수도 있다는 생각을 하면 마음이 상하기도 한다.

어떻게 보면 이 생각이 옳다. 우리의 경험은 그 누구의 경험과도 다르다. 내가 겪는 슬픔이 이 세상 유일한 슬픔인 양 거기에 매달리는 것은, 그 슬픔을 속속들이 살피고 이리저리 돌려보면서 생각도 못 한 아픔에 어떻게든 익숙해지는 한 가지 방법일지도 모른다.

그렇게 시간이 지나다 보면, 다른 사람들과 기꺼이 슬픔을 나눌 수 있게 된다. 대부분의 공동체에는 이런저런 형태의 슬픔 치유 모임이 있는데, 이곳에서는 내가 얼마나 모진 고통을 겪고 있는지 마음껏 얘기할 수 있다. 갑작스레 고통을 겪으면서 특별히 힘겨웠던 순간을 이야기할 때 그곳 친구들은 고개를 끄덕인다. "그래, 무슨 뜻인지 알아." 그들은 우리가 여행을 하며 만나는 장애물과 함정을 알고 있으며, 분명히 차차 나아질 거라고 장담하면서 도움을 준다.

그리고 얼마 지나지 않아 이번에는 우리가 그런 도움을 주는 사람이 된다.

내 슬픔은 나의 것이며, 나는 인간 가족의 일부다.

지금 해야만 하는 일이 우리 앞에 명확한 형태를 갖추고 준비되어
있는 것은 아니다. 병원에서 간호를 하는 일이든 손수건을 만드는 일이든
하고 싶은 일을 하면 된다. 엘리자베스 M. 슈얼

슬픔에서 회복할 때는 모든 것이 힘겹고 부담스러워 손을 댈 엄두가 나지 않는다. 그래서 우리는 손 하나 까딱 않고 있으면서, 어떤 거대한 프로젝트나 거대한 사건이 우리를 무기력한 상태에서 구해주기를 기다린다.

하지만 그런 일은 일어나지 않는다. 설령 일어난다 해도 너무 거대해서 감당하지 못할 것이다.

그러므로 당장 할 마음이 드는 사소한 일, 그러니까 오늘 즐겁게 할 수 있는 단순한 일, 가치 있어 보이는 작은 프로젝트에 관심을 기울이는 것이 중요하다. 다시 몸을 움직일 수 있도록 뭔가를 하는 것이다. 지금은 필생의 사업을 찾아내야 하는 때가 아니다. 친구에게 전화하고, 정원 한구석을 정리하고, 소포를 보내고, 도서관에 책을 반납하는 등, 작지만 어서 해야 하는 일을 처리해야 할 때다. 능동적으로 움직이는 한 사람으로 살아가는 데 필요한 일이라면 뭐든 해야 한다.

오늘, 내가 할 수 있는 일이 뭔지 알려주는 힌트에
귀를 기울이려 한다. 그리고 그걸 하려 한다.

기억의 가닥은 하나도 빠짐없이 거기에 있다.
어느 것 하나도 없어지지 않는다. 유도라 웰티

사랑하는 사람을 잃었을 때, 대부분의 사람들이 느끼는 두려움이 있다. '내 삶이 뿌리째 흔들렸다. 도대체 뭐가 안전할 수 있을까? 또 다른 뭔가를 빼앗기는 것은 아닐까?'

그리고 이런 두려움도 있다. '혹시 내가 다 잊는 건 아닐까?' 이제는 그 사람이 곁에 없고 예전처럼 대화를 나눌 수 없으니 함께 나눈 삶에 대한 기억 또한 사라지지 않을까?

상실의 충격 때문에 당분간은 달콤하고 즐거운 기억들이 사라질 수 있다. 상실의 충격 때문에 그런 시간을 기억하기가 몹시 고통스러울 수 있다. 하지만 슬픔에서 어느 정도 벗어나고 기분이 차츰 나아지면 기억의 조각보에 생긴 공간이 다시 채워진다. 그럴 때 우리는 잃어버린 보물을 발견한 듯한 기분을 느낀다. 그 보물은 한동안 보이지 않았기 때문에 더욱 소중하다.

내가 사랑한 사람과 함께한 삶에 대한 기억은 머릿속에 그대로 쌓여 있다. 필요할 때 언제든 찾을 수 있다.

한 사람의 죽음을 생각할 때 그가 신성한 존재로 다가오는 것은 말하자면 우리가 지닌 슬픈 약점이다. 마치 삶은 성스럽지 않은 것처럼 말이다. 조지 엘리엇

당연히 세상을 떠난 사람은 어떤 면에서 성스럽다. 이제 끝나버린 그들의 삶은 완전한 안식 속에 있다. 죽음은, 우리가 사랑한 그 사람을 모두가 기억하고 엄숙하게 추모하면서 우리가 그들을 얼마나 그리워하고 슬퍼하는지를 인정하는 시간이다.

그렇지만 죽은 사람에게 지나치게 몰두하다 보면 살아 있는 사람을 소홀히 여길 수 있다. 어린아이가 관련되어 있을 때 특히 위험하다. 가족 중 한 사람이 죽었을 때의 아이들 반응을 연구한 결과를 보면, 굉장히 많은 수의 아이가 소홀히 취급받고 무시당한다는 느낌을 받는다고 한다. 자신의 슬픔이 인정과 관심을 받지 못한다고 느낀다. 이런 상황이 이해가 가지만 안타까운 것 또한 사실이다. 아이들의 감정에 조금만 더 세심하게 신경 쓰고 그들도 가족의 슬픔을 함께 나누고 있다는 걸 느끼게 해준다면 이런 상황은 얼마든지 피할 수 있다. 멀찍이 떨어뜨려 놓고 '슬픔을 피할 수 있게' 해주려는 것은 아이들에게든 가까운 누군가에게든 호의가 아니다. 그들은 보호해주기보다 포옹하고 안심시켜주길 원한다. 우리 모두 그렇다.

떠난 사람에게 마음을 쏟는 것과 살아 있는 사람, 내게서
위안과 확신을 얻고 싶어 하는 사람에게 관심을 기울이는 것
사이에 적절한 균형을 이루어야 한다.

> 다이나에게는 삶의 모든 면이 위태로워 보였으며,
> 그날그날 해야 할 일을 하면서 예전과 똑같이 살아야
> 한다는 생각뿐이었다. 롭 포르만 듀

사랑하는 사람을 잃고 나면, 특히 그런 일을 갑작스레 겪고 나면, 삶이 너무도 허약하다는 걸 새삼 실감한다. 내 삶에 이런 비극이 일어날 수 있다면 다음 차례는 무엇일까? 두려움으로 피해망상에 사로잡힐 수도 있다. 자동차 사고로 아이를 잃은 엄마는 다른 아이의 귀가 시간이 예상보다 늦으면 견딜 수가 없다고 한다. 그래서 아이에게 이렇게 말한다고 한다. "늦어질 것 같으면 전화해. 십 분이라도 늦을 것 같으면 전화해. 꼭."

세상에서 우리의 안전은 위협받는다. 우리 내면의 삶은 극심한 혼란을 겪는다. 이럴 때 하루의 정해진 일과를 차례로 해나가면 정돈된 기분을 느끼므로 사람들은 그런 방식에 매달린다.

그뿐만 아니라, 예전의 방식 그대로 살아간다면 운명의 눈에 띄지 않아 더는 예상치 못한 공포를 겪을 일도 없을 거라고 생각한다. 물론 이런 두려움은 원초적이고 비이성적이지만, 우리가 겪은 상실 또한 비이성적이다.

지금은 아니지만, 조금 더 시간이 지나면 변화에 대처할 힘과 용기가 생길 것이다.

때가 되면 내 의지와 힘이 돌아올 거라고 믿으면서 하루하루 최선을 다해 잘 살아내려 한다.

사랑은 (…) 모든 것을 참으며 모든 것을 믿으며
모든 것을 바라며 모든 것을 견디느니라. 사랑은 언제까지나
떨어지지 아니한다. 〈고린도전서〉 13장 7~8절

다른 사람을 사랑할 때는 무거운 책임과 고통이 따르며, 오해와 배신과 무관심 그리고 마지막에는 상실이라는 수많은 위험을 각오해야 한다.

하지만 그런 위험보다는 좋은 것이 더 많다. 사랑할 때 우리는 신체적·영적 온기를 나누고 교감하며, 서로를 더 잘 이해하고, 함께 뭔가를 이루며, 외로움과 고립을 견뎌낸 경험을 이야기하면서 삶이 더 풍부해졌다고 느낀다.

대부분의 사람들은 별 망설임 없이 사랑을 선택한다.

하지만 그랬더니, 사랑하는 사람의 삶에 에너지 대부분을 쏟고 났더니, 그가 떠나버렸다! 한동안 꼼짝 못 하고 지내는 것도 당연하지 않은가?

하지만 그와 함께 나눈 사랑은 우리에게 상실을 이겨낼 힘을 준다. 우리가 알고 있던 희망과 즐거움은 다시 희망과 즐거움을 맛볼 수 있을 거라는 믿음을 준다.

지금 이 슬픔이 강렬한 것은(잘 믿어지지 않겠지만, 언젠가 슬픔은 희미해질 것이다) 그 사람과 나누었던 사랑이 강렬했기 때문이다. 그 사랑은 우리 삶에서 언제까지나 빛날 것이고, 우리가 하는 일과 우리 존재 모두를 비추고 성장시킬 것이다.

사랑은 절대 끝나지 않는다. 절대.

March * 19

넓게 펼쳐진 하늘, 땅 위로 드러난 거대한 바위, 내 손안의 사사프라스 잎에 무엇이 있었을까? 난 알지 못했지만, 경외감과 고요한 기쁨으로 마음이 차분해짐을 느꼈다. 에이버리 브룩

누구에게나 자신만의 특별한 치유 장소가 있을 것이다. 예전에 들은 '명상 기술' 수업에서 지도자는 이렇게 말했다. "눈을 감으세요. 그리고 이 세상에서 가장 좋아하는 장소를 생각해보세요."

당신이 가장 좋아하는 장소는 어디인가? 내가 가장 좋아하는 장소는 어디인가? 아마도 때에 따라 다를 것이다. 어쨌거나 슬픔에 빠져 있을 때는 마음을 치유하고 평온하게 해주는 곳에 가능한 한 자주 가는 게 좋다.

그 장소가 특정한 한 곳이 아닌 같은 종류의 장소일 수도 있다. 친구 하나는 이렇게 말한다. "바다, 바다면 어디든 좋아."

일단 그곳에 가면 그 장소가 하는 말을 들어보고, '넓게 펼쳐진 하늘과 드러난 바위에', 그곳에서 뿜어져 나와 어떤 신비로운 방식으로 다 괜찮아질 거라고 내게 얘기하는 듯한 평화에 마음을 열어야 한다.

자연의 아름다움과 교감하면서, 나를 비롯해 이 세상의 모든 존재를 확인한다.

초목은 햇빛 아래서 자라는 것과 똑같이
안갯속과 구름 아래서도 자란다. 윌리엄 엘러리 채닝

사랑하는 사람을 잃고 나면 마치 삶이 멈춘 것처럼 느껴진다. 이런 일을 겪고 나서는 아무것도 계속할 수가 없다. 남은 내 삶에 어떤 의미가 있을까?

하지만 다행히도, 우리가 그 삶을 좋아하든 싫어하든, 삶은 우리를 이끌고 간다. 그러다 어느 날, 폭풍우가 지나간 것처럼 우리는 다시 빛을 볼 것이고, 어둠과 혼돈 속에 갇혀 있었다고 생각한 그 시간 내내 사실은 치유와 성장의 과정이 천천히 소리 없이 이루어지고 있었음을 깨닫게 될 것이다. 우리는 시간을 그냥 흘려버린 게 절대 아니다. 겨우내 땅속에 무기력하게 묻혀 있는 것 같지만 실은 봄날의 춤을 준비하고 있는 씨앗처럼, 우리도 겉으로 드러나진 않았지만 묵묵히 새로운 삶을 향해 움직여온 것이다. 오랫동안 어둠 속에 웅크리고 있다가 고치에서 나오는 나비처럼, 우리도 날개에서 애벌레의 먼지를 떨어내고 날아갈 수 있음을 깨달을 것이다.

온몸이 제자리에 얼어붙은 것만 같고 다시는 움직이지도
성장하지도 못할 것 같은 기분이 들 때가 있다. 하지만
그 시간 내내, 나보다 높은 곳에 있는 존재가 이 어두운 땅을
헤치며 나를 이끌고 있다.

아 슬프도다!
겨울은 오고 가 버렸건만
슬픔은 해가 바뀔 때마다
또다시 돌아온다. 퍼시 비시 셸리

   기념일! 그 기념일이 끊임없이 우리를 괴롭힌다. 봄 소풍, 부활절 여행, 독립기념일의 불꽃놀이, 추수감사절의 가족 모임 등등 휴가 때면 하던 일들이 떠오른다. 그리고 당연히 생일이나 결혼기념일, 사망일 같은 기념일들도 마음을 울적하게 한다.

   가끔은 잊기도 한다. 그러다 오후 느지막이, 왜 이렇게 기분이 처지는 걸까 생각하다 달력을 보고는 깨닫는다. 의식은 잊을지 모르지만 무의식은 오랫동안 그 기억을 간직한다.

   시간이 흐르면 지내기가 조금씩 수월해질 것이다. 하지만 기념일이 다가오면 어쩔 수 없이 그와 같이하던 일들이 떠오르면서 또다시 슬퍼진다.

   그러니 인정하라. 오늘이 그날이라고. 내 마음을 이해해주는 친구에게 얘기하는 것도 좋다. 그러고 난 다음 자신에게 조금은 너그러워져야 한다. 마음을 쏟을 수 있는 다른 일을 계획해보는 것도 좋다. 온종일 슬픔에 빠져 있지는 말아야 한다. 우리가 사랑했던 사람도 그것을 원치 않을 것이다. 당신은 잊지 않을 것이다. 내년은 어김없이 또 올 테니까……

그럴 수 있다면 내 슬픔을 기꺼이 외면하려 한다.
삶은 인내력 테스트가 아니므로.

어째서 슬픔이 그처럼 과도한 긴장감으로 다가오는지 이해할 수 있을 듯하다. 이제는 습관이 된 수많은 충동이 좌절되기 때문이다……. 나는 습관 때문에 계속해서 화살을 줄에 맞춘다. 그러다 문득 깨닫고는 활을 내려뜨린다. C. S. 루이스

처음 며칠, 몇 주, 몇 달 동안 상실의 아픔은 신체 절단의 아픔처럼 느껴진다. 팔다리가 아직 거기에 있는 것처럼 통증이 느껴진다. 특히 갑작스레 죽음을 겪고 나면 무의식적인 충동이 일어난다. 식사 준비를 할 때 옛날과 똑같은 수만큼 차린다. 영화를 볼 때 극장 좌석 수를 하나 더 계산한다. 그러다 퍼뜩 정신을 차리고는 심장을 바늘에 찔리는 듯한 고통을 느낀다.

하지만 시간이 지나면, 오랜 시간이 지나면, 비록 마음이 아프다 해도 함께했던 행복한 시간이 잊히지 않고 떠오르는 것이 반가워진다. 딸아이를 보내고 집에 들어서면서 아들아이에게 이렇게 말한 기억이 난다. "이제 이 집에서 어떻게 살지? 집 안 어딜 가도 그 아이가 생각날 텐데."

아들아이가 대답했다. "엄마, 그런 기억이 반가울 때가 올 거예요."

몇 년이 지난 지금, 딸아이가 지내던 방을 지나다 그 아이의 기억이 떠오를 때면 반가운 마음이 든다.

치유는 제 속도대로 진행된다. 한때 짐이었던 것이
어느 날 선물이 되기도 한다.

미래에 닥칠 일들 때문에 괴로워하지 마라. 그 일들과 맞닥뜨렸을 때, 필요하다면 지금 눈앞의 일들을 처리하는 데 사용하는 이성을 그대로 발휘할 수 있기 때문이다. 마르쿠스 안토니누스

슬픔에 빠진 사람들이 겪어야 하는 어려움 하나는 사랑하는 사람 없이 맞는 미래가 어떨지 예상하는 것이다.

이런 고통을 예상한다고 해서 해결되는 게 무엇일까? 아무것도 없다. 우리는 미래에 어떤 괴로움을 겪을지 예측할 수 없다. 설령 예측할 수 있다 해도, 때가 되기 한참 전부터 그 괴로움을 생각할 필요는 없다.

지금 지니고 있는 위기 대처 능력이 그때가 되면 사라질 거라고 생각하는가? 그때도 지금만큼은 유능할 것이며 어떻게 해야 하는지 다 알 것이다.

그러니 바로 지금의 사건과 불안을 처리하는 게 어떨까?

미지의 걱정은 미지의 미래에 맡기고 오늘의 염려와 걱정에 열중하려 한다.

절대 올라가지 않는 사람은
절대 떨어지지 않는다. 윌리엄 셰익스피어

사랑하는 사람을 잃고서 지독한 슬픔을 겪고 나면 이따금 이런 생각을 하게 된다. '다시 또 사랑할 가치가 있을까? 사랑하는 사람이 죽고 나면 내 세상도 완전히 무너지는 것 같은데 차라리 아무에게도 마음을 주지 않은 편이 현명하지 않을까?'

우리는 대답을 알고 있다. 그런 선택은 우리 삶을 아주 풍요롭고 인간적이게 만드는 능력, 바로 다른 사람들과 강렬하고 가까운 관계를 맺는 능력을 부정하는 것이다.

그건 부모님이 혹시라도 위험할까 봐 아이에게 아무 놀이도 못하게 하는 것과 같다. 물론 너무 위험해서 아이들이 함부로 다가가면 안 되는 놀이가 있듯, 우리 역시 위험을 각오하고 시작해야 하는 관계도 있다.

살아가는 동안 우리는 지혜롭지 못한 관계 맺기와 풍부한 인간적 교류 사이를 아슬아슬하게 오간다. 누구에게 마음을 줘야 하는가. 현명한 판단이 필요한 문제다. 하지만 상실이라는 위험이 늘 있다는 이유로 사랑하고 사랑받기를 망설인다면 넘어질 위험이 있다는 이유로 아이에게 걷는 법을 가르치지 않는 것과 같다. 아이는 넘어질 것이다. 그리고 일어나서 다시 걸을 것이다.

사랑할 때의 위험은 감수할 가치가 있다.
그것이 상실의 위험이라 해도.

누구도 오늘 하루의 짐에 짓눌리지 않는다는 말은 옳다.
사람이 견딜 수 없을 정도로 짐이 무거워지는 것은
오늘의 짐에 내일의 짐이 더해지기 때문이다. 친구들이여,
절대 자신의 등에 내일의 짐까지 얹지 마라. 조지 맥도널드

  사랑하는 사람 없이 살아야 하는 하루하루, 한 달 한 달, 한 해 한 해를 어떻게 예상해보지 않을 수 있을까?

  물론 어쩔 수 없을 때가 있다. 하지만 항상 그럴 필요는 없다. '합리적-정서적' 접근에서 권하는 방식을 따라보면 좋을 듯하다.

  하루에 삼십 분씩 슬픔에 완전히 휘말리는 시간을 자신에게 허락하는 것이다. 사랑하는 사람이 없는 먼 미래를 예상하는 것도 허락해본다. 대신 정해진 시간이 아닌 때 이런 생각이 마음의 문을 두드리면 거부해야 한다. '지금은 안 돼. 너를 위한 시간이 아니야. 다섯 시 반에 다시 와. 그러면 온전히 관심을 기울여줄 수 있어.'

  다섯 시 반이 되면 약속을 지켜야 한다. 슬픈 생각이 밀려들더라도 그대로 두어라. 삼십 분이 다 되면, 그 생각을 떨쳐내고 다른 일을 분주하게 하라.

슬픔이 오랫동안 계속되도록 하지 않으려 한다.
그렇게 내 삶이 슬픔에 잠기게 하지 않을 것이다.

당신이 예술가라면, 삶을 충만하고 온전하게 해주는 것은 바로 당신의 작품이며, 평생에 걸쳐 그렇다. 치유해야 하는 상처가 무엇이든, 창조의 순간은 모든 것이 다 괜찮으며, 사람은 여전히 우주와 조화를 이루고 있고, 내면의 혼란은 질서와 아름다움으로 변할 수 있음을 분명히 알려준다. 메이 사턴

메이 사턴은 작가로서 이 말을 하고 있다. 하지만 누구나 살아가면서 각자의 방식으로 예술 작품을 만든다. 그것은 근사한 사진이나 수를 놓은 베개, 한 끼 식사, 정원 가꾸기, 방 정리가 될 수도 있다. 중요한 것은 뭔가를 만든다는 사실이다. 단어, 색, 나무조각, 씨 혹은 음식을 의미 있고 아름다운 방식으로 배열하는 것이다. 이렇게 하는 과정에서 우리는 비록 슬픔 때문에 혼란 속에 빠지긴 했어도 결코 무너지지 않았음을 보여준다. '봐라, 나는 슬픔을, 아니 슬픔마저도 받아들여 인생이라는 직물에 짜 넣는다.'

그러니 한 발을 내딛어라. 뭔가를 만들어라. 시나 그림 등으로 슬픔을 표현할 수 있다. 어쩌면 식사 준비나 스웨터 만들기가 우리에게 더 맞을지도 모른다. 아들이 자살한 어느 친구는 자신을 위해 옷을 만들면서 인생을 다시 믿기 시작했다고 한다.

내 손으로 새로운 작품을 만들면서 위안과 삶의 의미를 발견할 수 있다.

당신의 짐이 아주 무거울 때라도 다른 이의 짐을 조금쯤 가볍게 해줄 수 있다. 당신이 신을 볼 수 없을 때라도 신에게 당신을 보여줄 수는 있다. 성스러운 실체가 사람에게 와 닿는 것은 바로 인간의 진실한 사랑과 친절을 통해서이기 때문이다. 그러니 이런 생각을 늘 간직해야 한다. 당신이 도움을 얻을 수 없을 때도 있다. 하지만 당신이 도움을 줄 수 없는 때란 없다. 조지 S. 메리엄

특히 처음 슬픔을 겪을 때면, 대부분의 사람이 자신을 위해서든 남을 위해서든 뭔가 대단한 걸 할 의지도 기운도 느끼지 못한다. 하지만 슬픔에서 조금씩 벗어나기 시작하면, 다른 사람을 위해 뭔가를 함으로써 뇌리를 떠나지 않는 슬픔에서 벗어나 편안한 휴식을 맛볼 수 있다. 그러면서 자신이 이 슬픔의 계곡에 언제까지나 갇혀 있지 않을 거라는 희망도 품게 된다. 우리가 시작하는 그런 움직임이 다른 사람에게 안도와 도움을 준다는 것은 말할 필요도 없다!

나의 근심에서 벗어나 다른 사람을 위해 뭔가를 할 수 있을 때 놀랍게도 침울한 기분이 사라진다.

슬픔은 예상치 못한 순간에 갑자기 밀려든다……. 생각지도 못한 단서 하나에 슬픔이 한꺼번에 되살아난다. 슬픔은 부서지는 파도처럼 밀려와 나를 휩쓸고 헤집어놓고는 물러간다. 그리고 나는 무너진다. 아, 뭘 먹고 싶지도, 움직이고 싶지도, 침대에서 나가고 싶지도 않다. 책을 읽고, 일을 하고, 요리를 하고, 음악을 듣고, 아이를 돌보는 일, 그 어떤 것도 내게는 의미가 없다. 이 슬픔에서 멀어지고 싶지 않다. 이대로 죽는다 해도 아무 상관없다. 그 무엇에도 관심 없다. 토비 탤벗

귓가에 들리는 노래 한 자락, 옷장을 정리하다 우연히 발견한 옛날 옷 한 벌, 눈에 익은 글씨체를 담고서 책갈피에서 툭 떨어진 쪽지 하나, 그 어떤 것에도 슬픔이 터질 수 있다. 이제 슬픔이 조금씩 덜해지고 마음이 안정된다고 생각하는 바로 그때, 아주 생생하고 강렬한 상실감에 우리는 다시 무너진다.

다른 무엇도 생각하지 못할 뿐만 아니라 생각하고 싶지도 않다. 지평선 위에 이 슬픔 말고는 아무것도 없다. 이 슬픔이 삶의 구석구석까지 차지한다. 미래를 보려 해도, 우리의 시선은 슬픔의 진흙탕에서 벗어나지 못한다. 그러니 죽는다는 게 그리 나쁜 생각 같아 보이지 않는 것도 당연하지 않은가?

이런 감정은 예고 없이 찾아와 굉장한 파괴력을 발휘한다. 그리고 지나간다. 그러니…… 그래, 그 슬픔 속에서 살아라. 그러면서 또한 기다려라.

슬픔이 밀려들면 받아들인다. 때가 되면
물러날 거라는 걸 알고 있으니까.

모든 사람에게 너그러워져라. 특히 자신에게 너그러워져라. 그러니까, 자신의 불완전함 때문에 괴로워하지 말고, 넘어지면 그때마다 용감하게 일어서라. 당신이 매일 새롭게 시작하는 것이 나는 기쁘다. 영적인 삶에서 진보하는 가장 좋은 방법은 끊임없이 새로 시작하는 것이다. 프랜시스 드 살레

슬픔에서 회복하는 일이 그처럼 힘든 까닭은 시간이 너무 '오래 걸리기' 때문이기도 하다. 그래서 우리는 마음속에 남아 있는 슬픔 그 자체에 더해 슬픔을 제대로 처리하지 못하는 자신의 무능력 때문에도 낙담하곤 한다. 나아지고 있다고 생각하는 그 순간, 아, 슬픔이 또다시 생생하게 살아나며 우리를 휩쓸어버린다.

바로 이럴 때, 자신에게 너그러워지고 어제의 낙담에 짓눌리지 않는 것이 중요하다. 매일은 새로운 날이고 새로운 시작이다.

어제의 근심과 걱정은 뒤에 남기고
오늘의 문턱을 넘는다.

편안하게 할 수 있는 정도까지 마음을 다스려라.
애써 노력하는 것이 아니라, 나를 괴롭히거나 자극하는 건 모두
내려놓는 것이다. 이것은 뭔가를 하는 것이 아니다. 흔들려
탁해진 물을 다시 맑게 만들려면 그냥 두어야 하듯 무엇도 하지
않는 것이다. 마담 귀용

이 말 역시, 우리가 매 순간을 살아야 하며 살아가는 내내 슬픔에만 빠져 있어서는 안 된다는 의미다. '슬픔은 접어두고 지금 주위에서 일어나는 일에 관심을 기울여야 한다.' 말로 하기는 쉽다. 늘 이 충고에 따라 살 수는 없으며 그러려고 해서도 안 된다. 하지만 모든 걸 내려놓은 모습을 머릿속으로 그려보는 훈련은 유익하고 노력해볼 가치가 있다.

자, 가만히 꼿꼿하게 서서, 마음속 제어 버튼을 한 번 누르면 삶의 모든 스트레스와 슬픔이 팔과 다리에서 천천히 떨어져 나가 발아래 땅속으로 스며드는 모습을 상상해보자. 마음이 얼마나 홀가분해지는가! 기억 속에 남아 있는 모든 고통을 떨어낸 두 팔은 허공으로 올라갈 것처럼 가벼워진다.

고통을 모두 떨어내버렸다고 생각하는가? 몇 발자국 걸어가서 같은 훈련을 반복해보라.

언제 슬픔이 나를 지배하게 할지
결정할 힘은 어느 정도 내 안에 있다.

> 세상을 초월해 사랑하는 사람들은 죽음으로
> 갈라지지 않는다. 친구들이 바다를 건너듯
> 죽음은 세상을 건넌다. 그들은 서로의 마음속에
> 언제까지나 살고 있다. 윌리엄 펜

죽음의 미스터리를, 넓은 바다를 가운데 두고 헤어졌지만 여전히 서로의 마음속에 살고 있는 친구들에 비유하는 것은 적절하며 또 희망을 주는 듯도 하다.

그러니까, 우리의 사랑은 우리를 둘러싼 물리적인 세계를 벗어나지 못하는 걸까? 우리가 몇천 킬로미터 떨어져 있다 해도 어떤 식으로든 서로 접촉할 수는 없는 걸까?

물론 물리적 죽음은 상대가 세상 어딘가에 있는 것과는 전혀 다르다! 사랑하는 사람이 죽을 때 우리가 경험하는 가슴 아픈 박탈감은 줄어들지 않는다. 하지만 우리의 사랑이 특정한 장소나 시간 혹은 환경과 관계없는 '세상 저 너머에' 있다면, 지금 우리가 어떤 삶을 살아가든 그 사랑은 분명 영원히 지속될 것이다.

멀리 떨어져 있는 친구들을 소중히 여기듯,
우리가 사랑한 사람에 대한 기억을 마음속에 간직한다.

4
APRIL

상실이나 거부의 상처를 뼈저리게 인식할 때에도
현실을 직시하고 내게 남아 있는 것을 지혜롭게 사용할 수
있게 해주는 것이 바로 유머다. 우는 법을 아는 사람만이
진심으로 웃을 수도 있다. 캐슬린 R. 피셔

다들 알다시피 극장에는 희극적인 얼굴과 비극적인 얼굴, 이렇게 두 개의 그림이 있다. 희극과 비극 모두 우리 삶의 한 부분이다.

'코믹 릴리프'라는 말이 있다. 비극적인 상황에 뜻밖의 희극적 장면을 삽입하는 것을 말한다.

우리가 엄청난 슬픔과 고통 속에서 허우적댈 때 이 유머는 어떤 식으로 다가올까?

처음에는 두 번 다시 그 무엇에도 즐거워할 수 없을 것만 같다. 하지만 시간이 지나면서, 슬픔을 모르고 사는 사람들에 비해 우리가 유머를 외면하기는커녕 더 감사히 받아들이고 있음을 깨닫고는 놀랄지도 모른다.

슬픔의 한가운데서 터져 나오는 웃음. 이것이 당황스러운가? '꼴사납다'는 생각이 드는가?

하지만 굶주린 사람이 배부른 사람보다 음식을 더 갈망하듯, '코믹 릴리프'는 절망에 빠져 있을 때 가장 필요하다. 웃음은 슬픔에 침수되지 않기 위한 안전밸브, 비록 슬퍼한다 해도 그 때문에 쓰러지지는 않도록 하는 안전장치다.

때로 웃음은 최고의 치료 약이다.

그 무엇보다 내게 치명적인 것은
자연에 대한 믿음을 잃었다는 사실이다.
봄도 여름도 없다. 늘 안개가 자욱하며,
눈은 알프스에서 사라졌다. 존 러스킨

극심한 상실을 겪고 나면 이런 우울한 마음이 삶 전체를 지배한다. 내가 꼼짝도 못 하고 서 있는 것만 같다. 삶은 내가 원하는 방향으로 흘러가지 않는데 세상의 다른 것들은 여전히 예전대로 움직이는 것도 못마땅하다. 내 고통에 아랑곳하지 않고 낮과 밤이 여전히 서로의 뒤를 잇는 것에 분노하기도 한다. 내 세상이 이처럼 혼란 속에 있는데 어떻게 그 모든 것이 '평소처럼 제 할 일'을 할 수 있는 걸까?

처음 슬픔과 위기를 한바탕 겪고 나서 세상과 계절과 낮과 밤에 거리를 두게 되는 것은 아마도 어쩔 수 없는 일인 듯하다. 여전히 움직이고 살아 있는 것들을 느낀다는 게 너무 고통스러워서, 말하자면 삶 전반에 무감각해진다.

그러다가 신경 말단이 조금씩 따끔거리기 시작한다. 그러지 않으려고 해도 주변의 삶을 의식하게 된다. 사랑하는 사람이 다른 곳으로 갔다고 해도, 여전히 세상은 아름다우며 바로 그 세상에서 기쁨과 자양분을 얻을 수 있다는 사실을 깨닫는다.

나의 삶은 지금 내게 있는 것이다. 다시 안개가 걷히고
산이 아름다워질 것임을 믿으려 한다.

믿을 수 있는 친구는 삶을 치유해주는 약이다. 경외 성경

딸아이의 추도식이 끝나고 난 그 주 내내, 친구 하나가 매일 아침 전화를 했다. 친구는 십 대 아들을 데리고 차로 삼십 분 거리의 시골에 있는 농구 캠프에 간다면서 나더러 같이 가겠느냐고 물었다.

얼른 대답이 나오지 않았다. 그 친구와는 안 지 그렇게 오래된 사이가 아니었다. 친구는 내가 말을 할 수 있도록 용기를 주고 싶어 했다. 내가 정말로 말을 하고 싶어 했던가? 괜히 아무 말이나 털어놓아서 창피만 당하는 건 아닐까?

친구가 나를 초대한 것이 모험이었듯, 내가 그 초대에 응한 것도 모험이었다. 그렇지만 갔다. 첫날만 간 게 아니라 그 주 내내 매일 갔다.

친구 아들과 함께 캠프까지 가는 동안은 우리 모두 별말을 하지 않았다. 하지만 돌아올 때는 자주 공원에 들러 뭔가를 마시기도 하고, 잠시 동안 나무 아래 앉아 있기도 했다. 나는 말을 했고, 또 말을 했고, 울다가 또 말을 했다. 무엇에 대해 말했을까? 상실감에 대해, 그날 있었던 자질구레한 일들에 대해, 다른 가족에 대해, 내 딸과 아직 끝나지 않은 일에 대해 말했다.

당연히 그 시간은 고통을 쏟아내고 감정이 격해지는 시간이었다. 하지만 매일 친구가 나를 우리 집에 내려줄 때마다, 나는 기분이 나아졌고 앞으로 나아갈 수 있었다. 끓고 있는 그릇의 뚜껑을 열 때 김이 빠져나가듯 내게 쌓여 있던 압력이 빠져나갔다. 그만큼 기본적이고 간단하고 명확했다.

친구는 슬픔의 물결이 계속 흘러가도록 도와주는 존재다.

신앙은 삶이 이어지는 핵심이다. 신앙이 있을 때
우리는 눈에 보이지 않는 끈인 은총에 의지해 살아간다.
신앙을 갖는다는 것은 자신보다 우월한 지혜를
믿는 것이다. 눈에 보이는 사실이 없을 때
신앙이 우리를 이끈다. 테리 템페스트 윌리엄스

우리는 알고 싶어 한다. 그렇지 않은가? 혹은 알고 싶어 한다고 생각한다. 사랑하는 사람을 잃는 등의 경험을 하고 나면, 죽음 너머 삶의 본질은 무엇인가라는 질문이 우리 삶을 채운다. 신의 본질은 무엇인가? 내가 죽으면 신(그리고 내가 사랑한 사람)을 어떻게 경험할 것인가?

당연히 이런 것들은 대답할 수 없는 질문이다. 하지만 알고 싶다는 갈망, 사랑하는 사람과 관계를 지속하고 싶은 열망이 있으니 뭔가를 해야 한다.

알지 못한다는 충격을 신앙으로 완화할 수 있는 사람, '자신보다 우월한 지혜'와 '눈에 보이지 않는 끈인 은총'을 믿을 수 있는 사람은 축복받은 사람이다.

종교가 무엇이든, 모든 사람은 자신의 믿음을 미지의 세계로 확장할 수 있다. 어쩌면 모험처럼 보일지도 모르지만, 그래도 엄청나게 큰 도움이 된다. 그리고 다른 모험과 달리 이 모험은 우리에게 아무런 해도 끼치지 않는다!

알지 못하는 채 나는 그 미지의 것을 믿으려 한다.

April * 5

우리 인간의 모습이 가장 서글퍼 보일 때는 눈앞의 현실을 좀처럼
받아들이지 못한 채 그것을 더 낫게 바꿀 수 있으며
바꿔야 한다고 믿을 때다. 그러다 철저하게 무너지고 나서야
현실을 더 낫게 바꾸기는 불가능하다는 걸 깨닫는다.
애정을 갖고 너그럽게 조각들을 모아 다시 맞추는 것이
우리가 부정하는 현실이다. 로렌스 반 데어 포스트

우리는 이미 일어난 일을 바꾸고 싶어 갖은 애를 쓴다. 만약에…… 라는 게임을 한다. '만약 여행 계획을 달리 짜서 그 휴양지에 가지 않았더라면 아이가 말을 안 탔을 텐데.' '만약 그에게 좀 더 일찍 검진을 받으라고 재촉했더라면 어땠을까?' '만약 그녀가 처음부터 담배를 피우지 않았다면 어땠을까?' '만약 그가 술에 취했을 때 운전을 못 하게 말렸더라면 어땠을까?' 이것은 자기 학대이고, 우리 역시 그걸 안다. 하지만 사실을 이렇게 저렇게 바꾸었더라면 현실이 나아졌을 거라는 생각을 좀처럼 멈출 수가 없다.

그러는 동안, 우리가 바꿀 수 없는 세상은 우리가 다시 돌아오길 참을성 있게 기다린다. 장난감 집이 무너졌다거나 친구가 못되게 굴었다며 짜증을 내고 소리를 지르는 아이 옆에서 기다려주는 부모처럼 세상은 우리를 기다린다. 그러고 나면, 위로와 확신과 포옹을 나누고 이제 무엇을 할지 생각해보아야 할 시간이 온다.

진실이 언제나 이긴다는 걸 안다. 언젠가 그 전쟁에서
벗어날 수 있을 것이다.

어느 일요일, 정치에 관해 토론하던 중 내가 해서는 안 될 말을 한 기억이 난다. 그 사실 때문에 얼마나 가슴이 아픈지 모른다. 더는 자신을 변호할 수 없는 사람에게 내가 가혹했던 것 같다……. 그 생각만 하면 견딜 수가 없다. 주체할 수 없는 슬픔이 차오른다. 삶은 다시 시작되었다. 내게 목표, 어떤 야망이 있기만 하다면 그 생각을 견디기가 훨씬 수월할 텐데. 하지만 그렇지가 않다. 마르셀 프루스트

우리는 어떻게 자신을 질책하는가? 어쩌다 보니 마음과는 다르게 퉁명스럽게 나눈 대화가 머릿속에서 떠나지 않는다. 그럴 수만 있다면 이미 뱉은 말을 거둬들이고 싶다고 생각하며 자신을 고문한다. 하지만 슬퍼하느라 심신이 허약해져서 마음속 '화제를 바꾸고' 뭔가 다른 것을 해나갈 기운을 낼 수가 없다. 그래서 자신을 질책하는 소리는 마음속에서 계속 들린다.

우리가 가슴 아파하며 기억하는 이런저런 일들은 사랑하는 사람의 인생에서 일어나 이제 내 삶의 일이 된 그 사건, 죽음이라는 거대한 사건에 비하면 아무것도 아니다. 물론 우리는 사랑하는 사람에게 상처 되는 말을 했다. 그리고 아마 앞으로도 그럴 것이다. 그것을 자연스러운 관계의 대가로 생각하라. 상대도 당신에게 한 말이 어떤 나쁜 영향을 미쳤을지 하나하나 따지길 정말로 바라는가?

우리가 그들을 용서하는 것처럼 사랑하는 사람들도
우리를 용서한다.

April * 7

가장 넓은 의미에서 영성은, 아주 간단하게 말해,
우리가 인간의 허약함과 불완전함과 한계에 부딪쳤을 때
성스러운 존재를 새롭게 인식하고 신과 관계를 맺는
삶의 한 방식이다. 에드워드 C. 셀너

사랑하는 사람을 잃는다는 것은 영적 세계를 이전보다 더 강렬하게 경험하는 것이다. 지금은 세상을 떠난, 한때 사랑한 그 사람이 영적인 형태로 존재하는지, 영적 세계와 나는 어떤 식으로 관계를 맺는지, 내가 지금 혹은 저세상에 가고 나서 죽은 사람들과 교감할 수 있는지, 우리는 이런 질문을 떠올리며 어서 대답을 얻고 싶어 한다.

만일 사랑하고 배려하는 존재로 신을 인식한다면 분명 훌쩍 앞서 갈 수 있을 것이다! 그 신이 우리 모두를 보살피며 우리가 슬플 때 함께 슬퍼해주고 우리의 선을 바라고 있다고 느낀다면, 질문에 명확한 대답을 얻을 수 없다 해도 견딜 수 있다. 오랜 세월에 걸쳐 믿음을 지닌 사람들은 그런 신의 존재를 갈망하고 확신했다.

사도 바울은 히브리인들에게 보내는 편지에서 "믿음은 바라는 것들의 실상이요, 보지 못하는 것들의 증거니"라고 말했다. 이런 것들은 '보이지 않는' 존재에게도 여전히 사실이다.

내가 낙담하고 있을 때, 아 신이여, 당신을
새롭게 인식하게 하소서.

친구들이 우리를 진심으로 걱정하면서도 정작 어떻게 도움을 줘야
하는지 모를 때가 있다. 그들은 우리의 상처를 화제에 올리면
기분을 상하게 할 수 있다고 생각한다. 그래서 그 얘기는 피하면서
다른 말만 한다. 그러는 동안, 입 밖으로 나오지 못한 얘기들이
점점 쌓여 결국은 참기 힘든 압력이 된다. M. W. 히크먼

우리 주변의 친구들은 자기 얘기를 하기도 하고 다른 사람의 인생을 두고 재잘대기도 한다. 하지만 우리가 겪은 상실과 슬픔은 입에 올리지 않는다. 내 상황을 알고 걱정하면서도 절대 말하지 않는다. 그리고 우리 역시 무언의 금기를 깰까 봐 아무 말 하지 않는다.

이런 상황이 익숙한가? 가벼운 대화나 나누면서 최선을 다해 살아가는 것이 가장 좋은 방법일 때도 있다. 하지만 그들이 가까운 친구라면, 가끔은 그 위장의 거품을 걷어내고 이렇게 말하는 게 가장 좋을 때가 있다. "내가 지금 무슨 일을 겪고 있는지 말해야겠어."

십중팔구 긴장이 풀어질 것이다. 그리고 다음 순간 친구들에게서 도움과 위로를 받는 느낌이 들 것이며, "그래, 어떤데?"라는 질문에 있는 그대로 다 말하고 싶어질 것이다. 말로 표현하지 못한 슬픔과 긴장이 우리 몸에서 빠져나가, 우리를 사랑하면서도 뭘 어떻게 해야 할지 모르는 친구들의 따뜻한 품으로 움직이는 것이 느껴질 것이다.

용기를 내서 내가 누구인지 말할 때, 나 자신과 친구들에게
선물을 주는 것이다.

> 의자에 걸려 있는 코트, 복도에 있는 모자······. 익숙한 그 물건들을 어떻게든 바라봐야 했다. 고통을 누그러뜨리려 나는 그의 물건 일부를 받아들였다. 그의 셔츠를 입었고, 그의 글쓰기 책상에 앉았으며, 그의 펜으로 몇백 통의 애도 편지에 감사의 답장을 썼다. 그의 손길이 닿았던 물건들을 확인하는 바로 그 과정에서 그를 더 가까이 느꼈다. 대프니 듀 모리에

그 물건들을 어떻게 해야 할까? 어떤 사람들에게 그 물건들은 위안과 치유의 수단이 된다. 하지만 또 어떤 사람들은 그 물건들을 바라보는 것만으로도 가슴 아픈 기억과 고통에 사로잡힌다.

각자 자신의 방법을 찾아야 한다. 일단 뭔가를 해보고, 그 방법이 효과가 없으면 다른 걸 해보는 거다. 딸아이가 죽었을 때, 우리 부부는 곧장 아이의 옷 대부분을 처분했다. 일부는 특별한 친구들에게 주고 일부는 자선 단체에 보냈다. 그리고 몇 가지는 언제든 원할 때 볼 수 있도록 남겨두었지만, 항상 눈앞에 두지는 않고 서랍에 넣어놓았다. 몇 가지 물건은 적당한 기회가 생기면 처리할 생각으로 보관해두었다. 딸아이 이름이 새겨진 보석 상자는 나중에 같은 이름을 가진 사랑스러운 아이에게 보내기로 했고, 영국 동전은 누군가 결혼할 때 신발에 넣어주기로 했다. 몇 가지 물건은 간직했는데, 딸아이가 곁에 없다는 고통이 차츰 누그러지고 가벼워질수록 그 물건이 주는 위안과 기쁨은 더 커진다.

서두르지 않고, 준비되었을 때 그 물건들을 처리하려 한다.

앞으로 나가려면 놓아주어야 한다는 사실을 우리는 인생 여정의 모든 곳에서 발견한다. 그리고 놓아준다는 것은 우리의 일부가 죽는 걸 의미한다는 사실도 알게 된다. 그 과정에서 우리는 새롭게 창조되며, 우리 존재의 요소를 새롭게 깨닫는다. 캐슬린 R. 피셔

사랑하는 사람이 죽었다는 걸 우리는 아주 잘 안다. 그런데 그 죽음과 함께 우리의 일부도 죽었다는 걸 인정하는가?

그 사람이 세상에 살아 있을 때 관계를 맺고 살던 우리의 일부는 죽었다.

이 땅에서 그 사람과 함께하는 미래를 기대하던 우리의 일부는 죽었다.

함께 만든 추억을 이야기하며 즐거워하던 우리의 일부는 죽었다.

사랑하는 이의 죽음은 커다란 상실이지만, 죽음이라는 거대한 사건이 우리에게도 일어날 수 있다고 인정한다면 그 결과를 받아들이기가 조금은 나아질 것이다.

놓아버리지 못하면 우리 삶은 해결되지 못한 죽음의 흔적에 짓눌리며 우리 몸은 완전히 망가질 것이다.

하지만 놓아버린다면, 그 죽음이 일어난 공간에 새로운 삶이 싹을 틔운다. "자연은 진공을 혐오한다"라는 말을 우리는 수도 없이 들었다. 이제 곁을 떠난 사랑하는 그 사람과 새롭게 맺은 관계 역시 새로운 삶의 일부다. 그러려면 먼저 놓아버려야 한다.

포기하기 위해 손과 마음을 열 것이다. 그리고 받을 것이다.

> 본질적인 것은 사라지지 않으며
> 명료하게 남아 있다. 손턴 와일더

엄청난 상실을 겪고 난 뒤 삶을 풍요롭게 하는 방법 하나는, 우리가 사랑한 사람의 과거를 따라가 보고 재발견하는 것이다. 그가 이제 물리적으로는 함께 있지 않으므로, 우리는 우리가 사랑한 그 사람, 이제는 세상을 떠난 그 사람의 삶을 새로운 방식으로 이해하기 시작한다. 내가 알지 못하는 그 사람의 과거는 어땠을까? 그 사람에 대해 이해하고 있는 내용과 그 사람 인생의 특정한 시기에 대해 알고 있는 약간의 사실을 이용해 추측해볼 수 있다. 그리고 조용히 앉아 자유롭게 상상의 나래를 펼 수도 있다. 그 사람의 어린 시절은 어땠을까? 옛날 사진들이 있는가? 옛날 기념품이 있는가? 그런 물건들이 뭔가를 얘기해주는가? 이 특별한 손수건은 왜 간직했으며, 이 말린 꽃은 왜 간직하고 있었을까?

그 사람, 그리고 그가 들려준 이야기에 대한 기억이 아직 생생하게 남아 있을 때, 내용을 기록해 그의 후손에게 전해주는 것도 의미 있는 일이다. 오빠를 잃은 친한 친구 하나는 조카들을 위해 사랑하는 오빠와 함께 자란 시절을 기록해두었다. 아이들에게 얼마나 소중한 선물이 될까! 그 친구에게도 아주 귀중한 추억의 여정이 될 것이다.

잃어버린 사랑을 재발견하는 일은 생각보다
훨씬 크고 깊은 위안을 준다.

나는 계절의 변화에 대해 줄곧 생각해왔다. 올봄을 놓치고 싶지 않다.
잔디가 녹색으로 변하는 순간 바로 그곳에 있고 싶다. 애니 딜러드

또다시 슬픔이 밀려든다. 한동안은 슬픔에만 모든 관심을 쏟는다. 오늘이 무슨 요일인지 생각나지 않는다. 아니, 관심도 없다. 그동안 참여해온 사회 활동도 이제 안중에 없다. 약속을 잊기도 하고, 그 사람을 어디에서 만났는지 기억하지 못한다.

처음에는 이런 반응이 불가피하고 당연하다. 이 충격적인 새로운 세계에 들어가야 하고 결국 어떤 의미에서는 '그 세계에 익숙해져야' 한다. 수영하는 사람들이 차가운 물에 뛰어들어 힘차게 수영을 하다 보면 물 온도에 익숙해지는 것처럼 말이다.

하지만 그러면서도 많은 걸 놓치지 않도록 조심해야 한다. 이 고통스러운 슬픔 너머에서 일어나는 일들에 관심을 기울이기 위해 의식적으로 노력해야 한다.

녹색으로 변하는 잔디, 등나무 냄새, 아이들의 웃음소리를 우리는 놓치고 싶지 않기 때문이다.

내가 슬퍼하고 있는 동안에도 이 세상에는
많은 일이 벌어지고 있다. 상처 치유에 도움이 되는 것들을
놓치지 않도록 관심을 기울이려 한다.

> 그는, 그의 본질은 여전히 집을 맴돌고 있었다. 내가 그곳에 있었다면 그의 존재를 감지했을까? (…) 나는 그가 어디에 있든 그를 찾으러 가겠다는 갈망과 싸워야 했다. 틀림없이 그도 나를 찾고 있었다. 떨어져 있을 때 우리는 언제나 안절부절못했다. 하지만 그에게로 가는 길은 어디에 있는가? 펄 벅

사랑하는 이를 잃어본 사람이라면 누구나 이런 당혹감을 경험한다. 아버지가 돌아가시고 몇 달이 지났을 때 엄마는 이렇게 말씀하셨다. "네 아버지는 분명 내가 볼 수 있는 어딘가에 계신다."

그로부터 일 년 뒤, 딸아이가 죽고 나서 나는 별이 빛나는 밤하늘을 올려다보며 생각했다. '저기, 저 별들 사이에 아이가 있을지도 몰라.'

어떻게 보면 이런 추측을 한다는 건 가슴 아픈 일이다. 어디에서도 대답이 없으며, 이제는 죽음 저편으로 떠난 사랑하는 사람을 찾기 위해 우리가 가야 하는 목적지도 없기 때문이다.

그렇지만 그 사람의 영혼이 곁에 머물고 있다는 느낌이 들 때가 있다. 우리의 바람이 그런 식으로 나타나는 것인지, 아니면 그의 영혼이 어떤 식으로든 다시 찾아온 건지 알 도리가 없다. 그저 그 느낌이 우리가 사랑한 사람이길, 우리가 그 사람과 계속 접촉하고 있으며, 그가 어떤 식으로든 계속 존재한다는 증거이길 바랄 뿐이다. 그런데 이런 말이 아주 이상하게 들리겠지만, 어쩌면 그건 별로 중요하지 않을지도 모른다. 어쨌든 위안을 받는다면 그냥 그 사실에 감사하자. 그리고 영혼을 편안하게 해주는 이 느낌이 단지 상상 때문이라면, 글쎄, 그 상상력 또한 창조주가 우리에게 주신 것 아닐까.

내 사랑과 내가 서로를 사랑하는 여러 방식을 마음을 열고 받아들이려 한다.

그러므로 내일 일을 위하여 염려하지 말라.
내일 일은 내일 염려할 것이요
한 날의 괴로움은 그 날로 족하니라. 〈마태복음〉 6장 34절

하지만 행동은 말처럼 쉽지 않으며, 특히 상실 때문에 삶 전체가 흔들리고 있다면 더욱 그렇다. '그 사람 없이 내가 남은 인생을 어떻게 살아갈까?' 미래를 생각하면서 이런저런 걱정을 어떻게 하지 않을 수 있을까.

미래를 신에게 맡기라고, 걱정해봐야 아무 소용 없으니 당장 그만두라고 충고하는 데는 아무 문제가 없다. 그것은 기본적인 신앙의 문제다. 그것은 상식이다.

하지만 모두 알고 있듯, 상식은 그렇게 상식적이지 않다. 그리고 신앙은 그것을 지탱할 기준 틀이 필요하다.

어떤 사람들은 매일 스물네 시간의 양쪽에 벽이 쳐진 것처럼 하루하루를 살라고 했는데, 나쁜 생각은 아니다!

걱정해봐야 아무 소용 없으며 시간 낭비일 뿐이라는 걸 안다.
그래서 오늘, 걱정 더미를 내려놓고 뒤돌아보지 않고 앞으로
가보려 한다.

April * 15

고통은 우리의 세상을 무너뜨린다. 벼락에 맞아 흔들리고
갈라지고 껍질이 벗겨진 나무처럼 세상은 고통으로 무너지며,
다시는 예전과 같아지지 않는다. 우리가 어떻게 될지는
알 수가 없다. 네이선 콜라

    냇물에 돌 하나를 던지면 사방으로 파문이 번지듯, 살면서 어떤 중요한 사건을 만나면 그 영향이 삶의 모든 면에 미친다.
    그리고 우리는 '저 너머'에 무엇이 있는지, 인생의 어느 지점에서 일어나는 변화로 어떤 영향을 받게 될지 알지 못한다.
    삶이 아주 잔잔할 때 만일의 사태를 모두 예측해 계획을 짜기란 불가능하다. 하지만 삶이 슬픔으로 흔들릴 때 역시, 앞으로 오 년이나 십 년 혹은 이십 년을 살아가는 데 필요한 준비는 고사하고 당장 오늘 하루를 어떻게 살아야 할지도 판단이 서질 않는다.
    서두를 필요 없다. 서두를 수도 없다. 우리가 준비되든 안 되든 미래는 펼쳐진다. 우리는 어떤 식으로든 그 미래에 영향을 미칠 것이며, 그 영향의 대부분은 우리의 통제 범위 밖에 있다. 지금이 그렇듯 미래 역시 알 수가 없다.

인생이 모험인 이유는 내가 어떻게 될지 알 수 없기 때문이다.

지금 이 순간, 모든 인간의 얼굴은
얼마나 아름다운가. 뉴스 해설가

기자가 이 말을 할 때 카메라는 안치된 케네디 시신 옆에서 천천히 움직이는 조문객들을 비추고 있었다.

카메라가 이번에는 전당대회에 모인 군중을 비추고, 나는 이 말을 다시 떠올려본다. 연사는 수혈을 통해 에이즈 바이러스에 감염되었으며, 그러고 나서 낳은 아들이 죽었다는 이야기를 하고 있다. 사람들은 조용하다. 그들은 두 눈에 눈물을 가득 담고 연사를 바라본다. 그들의 눈에는 전당대회의 특징인 공격성이나 경쟁심의 기미가 전혀 보이지 않았다.

죽음 앞에서 사람들은 사랑과 연민을 아낌없이 드러낸다는 사실을 이 두 장면이 증명해주는 게 아닐까. 자신의 약점을 보일까 봐 두려워할 필요가 없다. 왜냐하면 우리가 사별을 당하고 슬퍼하는 것은, 우리가 그러라고 허락만 한다면 모든 형제자매가 두 팔을 벌려 우리를 꼭 안을 수 있는 원 안으로 들어가는 것이기 때문이다.

나는 언제든 인간 가족이 지니고 있는 사랑을 이용할 수 있다.

땅에 말하라,
네게 가르치리라.
〈욥기〉 12장 8절

  봄, 모든 세상이 깨어나는 이 계절에 우리가 느끼는 상실감은 더더욱 커진다. 길고 스산한 겨울이 지난 뒤 땅은 크게 요동치고 세상 곳곳에서 새 생명이 나타난다. 그런데 우리는 어떤가? 죽음이라는 둔탁한 현실이 여전히 가슴을 무겁게 짓누른다. 처음 모습을 드러내는 크로커스, 수선화, 손가락을 닮은 아름다운 모양의 박태기나무 등 화사한 주위 풍경과 대조되어 우리 기분은 더더욱 어두워진다. 우리 기분은 겨울과 더 가깝다!

  하지만 정말 그럴까? 봄이 왔다고 믿기 위해 조금이라도 노력해볼 수 있지 않을까? 봄이 보여주는 창조의 경제, 어떤 것도 없어지지 않았고 어떤 것도 낭비되지 않았다고 믿으려 노력해볼 수 있지 않을까? 우리가 사랑한 사람 역시 새 생명으로 변했다는 것 또한 믿을 수 있지 않을까? 그 사실을 믿을 수 있다면, 주위에서 볼 수 있는 충만함에서 용기와 희망을 얻을 수 있을 것이며, 바로 지금 여기에서, 온 감각을 풍성하게 해줄 축제를 즐길 수 있을 것이다.

봄이 되어 다시 돌아온 꽃들을 보는 매 순간순간이
내 사랑하는 사람과 나누는 대화와 같기를 바란다.

열쇠를 아파트 문에 밀어 넣는 순간, 난 공포에 질려 문간 계단에 선 채 머뭇거렸다. 하지만 조금 시간이 지나자 '나를 반갑게 맞아들이는 기운'이 집 안에서 뿜어져 나오는 걸 분명히 느낄 수 있었다. 햇살이 내리쬐었고, 이웃은 내가 집에 들어오는 소리를 듣고서 차 한잔하자며 불렀다. 공허하고 적막했지만, 나는 집으로 돌아왔고 새로운 삶이 시작되었다. 릴리 핑커스

사랑하는 사람을 보내고 난 뒤 익숙한 세상으로 다시 들어가는 일은 참으로 어렵다. 낯선 장소에 있을 때는 느끼지 못한 공간이 아주 크게 다가온다. 대학에 다니다 집에 돌아온 아들아이는 집에 돌아오니 학교에 있을 때보다 동생을 잃었다는 실감이 더 강하게 들어 힘이 빠진다고 했다. 이 집은 아들아이가 제 동생을 처음 만난 곳이고 매일 그리고 해마다 함께 있던 곳이었다. 하지만 집안 풍경 어디에도 동생은 없었다.

그렇다 해도 이 마음속 악령을 이겨내고 익숙한 일상으로 다시 들어가야 한다. 그러지 못한다면 상실이라는 사건을 삶의 한 부분으로 절대 받아들일 수 없다.

절망의 끝까지 들어가 최악을 마주했다는 성취감 역시 있다. 이곳은 우리가 함께 삶을 일구었던 곳이다. 바로 이곳에서 진실과 타협해야 한다. 그러고 나면 삶을 다시 세울 수 있다.

내 삶의 신성한 장소로 단호하게 들어갈 것이다.
두려워하지 않고.

April * 19

쪼글쪼글해진 내 심장이
초록색으로 회복될 수 있을 거라고
누가 생각했을까? 조지 허버트

춥고 어두운 겨울이 끝나면 당연히 봄이 오듯, 애도하는 사람의 마음에도 희망과 빛이 돌아온다.

처음 상실을 맞닥뜨렸을 때는 한 치 앞을 내다보기 힘들었다. 이제 그 사람은 영원히 곁에 없을 거라는 적막하고 암담한 현실밖에는 보이지 않았다. 이 지독한 고통도 결국에는 지나갈 거라고 다들 말하고, 우리도 그렇다는 걸 어느 정도는 알고 있다. 상실의 아픔을 겪은 다른 사람들도 그러는 걸 보았기 때문이다. 하지만 보고 듣는 것과 내가 실제로 믿는 것은 엄연히 다르다.

그러다가 크로커스와 수선화가 얼굴을 내밀고, 나무들이 녹색의 싹을 틔우면 상황이 달라진다! 삶의 기후가 변한다. 봄에도 겨울의 흔적이 남아 있듯 슬픔은 여전히 거기 있지만, 새로운 희망이 나타나고, 빛나는 시간이 점점 더 길어지며, 우리는 다시 삶에서 기쁨을 얻는다. 가슴 시린 날이 여전히 많겠지만, 우리는 기쁨의 계절로 다시 들어섰다. 누가 생각이나 했을까?

봄이 되어 피어나는 꽃들을 반기듯,
내 안에서 다시 움트기 시작하는 새 삶을 즐기려 한다.

슬픔은 이제는 떠나간 아이의 방을 가득 채우고
아이의 침대에 눕고, 나와 함께 걸어 다니고
아이의 예쁜 외모를 띠고, 아이의 말을 그대로 따라 하고
아이의 모든 멋진 모습을 내게 떠올려주고
아이의 빈 옷을 아이의 형체로 채운다. 윌리엄 셰익스피어

아이가 떠났을 때만 그런 것은 아니다. 떠난 사람이 누구든, 그 사람이 입던 옷, 좋아하던 물건, 머물던 공간은 상실을 끊임없이 기억나게 한다.

물론 옷뿐만이 아니다. 함께 갔던 장소들도 그렇다. 어른이 되고 난 뒤 나는 어느 작은 섬을 찾아가 향수에 젖어 하루를 보냈다. 몇십 년 전, 할아버지가 그 섬에 오두막을 지었고 엄마는 어린 우리를 데리고 그곳에 가서 마법 같은 몇 주를 보내곤 했다. 한동안은 너무 고통스러워 그곳에 일부러 가지 않았다. 아름다웠던 내 어린 시절의 모습이 여전히 그립긴 하지만, 이제 그 고통은 내 기억 속에 남은 할아버지의 존재, 내가 정한 '성도의 교제'에서 가장 중요한 인물인 할아버지를 향한 더 깊어진 존경과 사랑으로 변했다.

날 슬프게 하는 그 존재가 어느 날 나를 기쁘게도 한다.

April 21

우리는 어떤 경험이든 잊지 못하며,
가장 고통스러운 경험조차도 그렇다. 다그 함마르셸드

잊으면 왜 안 되는가?

한번 생각해보자. 그런 질문을 한다는 것 자체가, 우리가 고통스러운 경험을 잊는다면 삶이 아주 빈곤해질 거라는 사실을 강조한다.

오래전부터 전해오는 이야기가 하나 있다. 한 무리의 사람들이 방에 모여 각자 갖고 있던 어려움을 방 한가운데에 버린 뒤 다시 한 가지씩 집어왔다. 그런데 나중에 보니 모두 원래 갖고 있던 어려움을 도로 집어왔다.

우리 모습도 꼭 이렇다고 생각한다. 각자가 경험들의 총합이며 그중 어떤 경험이라도, 심지어 아주 고통스러운 경험이라도 부인하는 건 그 경험에서 배운 것뿐만 아니라 자신의 존재 자체까지도 부정하는 것임을 모두가 잘 알고 있기 때문이다.

나는 내 삶을, 내 삶의 모든 것을 받아들이려 한다. 더 나은 삶을 만들기 위해 내가 바꿀 수 있는 게 있다면 바꾸려고 노력할 것이다. 그럴 수 없다면, 그 역시 받아들이려 한다. 하지만 바꿀 수 있다 해도 내가 겪은 고통을 잊지는 않을 것이다. 그 고통을 소중하게 여길 것이다. 그것은 내 존재의 일부이기 때문이다.

즐거움은 초원 위의 안개, 나뭇잎에 반짝이는 햇살, 물 위에 비친 달처럼 단순한 자연의 모습에서 온다. 동물들과 꽃과 그것들이 어디에 있는지 아는 것, 비와 바람과 먹구름도 즐거움을 가져다준다. 시구르 F. 올슨

슬픔은 잠시 한편으로 밀어두고, 다른 무엇도 존재하지 않는 것처럼 주변의 세상을 바라보자.

물론 아름다운 장소에서 그렇게 할 수 있다면 더 좋다. 하지만 마음의 준비만 되어 있다면 우리를 기쁘게 해줄 단순한 것들이 늘 주위에 존재한다. 어린아이들은 햇살과 비, 첨벙거리며 뛰놀 수 있는 물웅덩이, 빛이 색유리에 반사되는 모습, 거리에서 틈을 비집고 고개를 내미는 풀만 보고도 즐거워한다. 어린아이들에게 눈앞의 세상은 그들을 큰 소리로 부르고 그들에게 기쁨이나 슬픔을 가져다주는 존재다.

우리는 오랫동안 슬픔을 지니고 다닌다. 하지만 그 슬픔이 모든 걸 지배하도록 하지는 말자. 나무와 꽃과 덤불이 하룻밤 새 모습을 드러내고 낮이 길어지고 공기가 포근해지고 새들이 돌아오고 잔디밭에서 토끼들이 다시 뛰노는 봄의 광경을 바라보며 스스로에게 휴식을 줘보자.

단순한 즐거움을 한껏 즐길 때 어느새 새로운 희망,
새로운 용기도 느낄 수 있다.

햇볕은 따뜻하지만 바람은 쌀쌀했다. 사월은 늘 그렇다. 햇살이
내리쬐고 바람이 잔잔해지고 우리는 한 달을 건너뛰어 오월의
한가운데 있다. 하지만 그렇게 말하는 순간 구름이 햇살을 가리고
차가운 바람이 얼어붙은 산꼭대기에 불어대고 갑자기 우리는
두 달 뒤로 물러나 삼월의 한가운데에 있다……. 로버트 프로스트

슬픔의 날씨도 그렇다. 어느 순간 기분이 좋아지고 생산적인 활동, 아니면 비생산적인 활동(사람이 항상 생산적인 필요는 없다!)을 시작하지만, 그러다 어떤 것 때문에 다시 처음과 같은 슬픔을 느낀다. 그것은 노래 한 소절, 책의 한 구절, 영화의 한 장면일 수도 있다. 어떤 때는 세상의 순전한 아름다움에 눈물이 맺히기도 한다. 우리가 느끼는 아픔의 크기는 그 순간을 함께 나눌 수 없는 사람이 그리운 그만큼이다.

이처럼 갑작스레 강렬한 슬픔을 느끼는 일은 점점 뜸해진다. 그리고 그 슬픔을 점점 더 빨리 극복할 수 있게 된다. 하지만 슬픔에서 완전히 벗어나지는 못할 것이며, 그러길 바라지도 않는다. 그 슬픔으로 우리는 우리가 사랑한 그 사람과 계속 연결된다.

그러다 언제쯤 되면 문득 행복을 느낄까? 내 경우에는, 첫 번째 손자가 태어날 거라는 걸 알았을 때였던 것 같다!

'감정 날씨'의 기복 또한 치유의 일부다.

상처는 받을 때만큼 기억할 때도 아프다. 작은 상처는 올 때처럼 갈 것이다. 커다란 상처는 나와 함께 식사를 한다. 하지만 절대 나와 함께 자지는 않을 것이다……. 치료할 수 없는 지난 일에 대한 슬픔과 어떻게 해도 다가올 일에 대한 염려는 내게 쉽게 상처를 줄 뿐이며 어떤 도움도 주지 않는다. 그러므로 나는 과거와 미래의 일에 대해서는 신에게 맡기고 현재를 즐길 것이다. 조지프 홀

사랑하는 이를 떠나보낸 사람들 대부분은 그 사람과 '끝내지 못한 일', 해결하지 못한 상처, 대답을 얻지 못한 질문, 하고 싶었지만 하지 못한 이야기를 간직하고 있다.

그리고 그들 대부분이 이것을 곱씹어 생각하면서 '만일 그랬더라면' 좋았을 텐데 하는 후회로 자신을 고문한다.

두 가지 방법이 이런 곱씹기에서 벗어나는 데 도움이 된다. 하나는, 그런 식의 자기 고문이 무익함을 깨닫고 더는 그것을 떠받들지 않기로 하는 것이다. 두 번째는, 죽음 너머에 어떤 삶이 존재하든 분명 그 삶은 우리가 인간 차원에서 경험하는 것보다 더 인정 있고 이해심 있고 너그러울 거라고 믿는 것이다. 그리고 우리가 사랑하는 사람은 우리의 딜레마를 알고 있으며, 해답을 얻지 못한 모든 질문은 더 차원 높은 진실의 빛 속으로 흡수될 거라고 믿는 것이다.

해결되지 못한 내 모든 상처와 죄책감을 손안에 모아 전지전능한 존재의 발치에 놓으려 한다.

신앙은 이성의 힘으로 믿을 수 있는 것 너머에
있는 걸 믿는 것이다. 믿을 만해서 믿는 것으로는
부족하다. 볼테르

신앙은 '내가 알기로는 그렇지 않은 걸 믿는 것'이라는 주장도 있지만, 그런지 아닌지 알 방법이 없는 걸 믿는 것이 신앙 아닐까.

빨간색과 파란색을 섞으면 보라색이 될 거라고 믿는 것, 혹은 하나 더하기 하나는 둘이라고 믿는 것은 신앙의 문제가 아니다.

내가 사랑한 그 사람이…… 나를 이해하고 용서했으며, 하늘나라에서 행복하게 지내면서 날 내려다보고 있고, _____ (각자 채울 수 있다)하는지 확실하게 알기를 간절히 원하지만, 알 방법이 없다.

문제가 되는 것은 신, 우주를 믿을 수 있는가이다. 그것 역시 신앙의 문제이며, 여기에서 모든 종류의 부수적인 질문이 나온다.

신학과 삶을 깊이 공부한 어떤 사람은 사후 세계와 관련된 질문에 이렇게 대답한다. "우리가 사후 세계에 대해 어떤 근사한 시나리오를 상상하든, 신의 선물은 훨씬 멋지고 놀라울 것이다." 곰곰이 생각하고 생각해봐도 나쁘지 않은 추측이다.

알 수가 없으므로, 그냥 믿겠다.

그는 당신이 어려움에 빠지지 않을 것이고, 공격당하지 않을 것이며, 불안해하지 않을 거라고 말하지 않았다. 다만 이렇게 말했다. 당신은 무너지지 않을 것이다. 노리치의 줄리안

무너져버리고 말 것 같은 때가 있다. 지쳤을 때, 미래가 온통 암울해 보이고 곳곳에 슬픔이 묻혀 있다가 언제든 나타날 것 같을 때, 우리는 너무 힘겹다고 느낀다. 더는 견디지 못할 것 같다.

하지만 그런 시간은 지나가고 우리는 아직 쓰러지지 않았다. 슬펐고, 절망도 했으며, 여전히 미래는 암울해 보인다. 그래도 우리는 무너지지 않았다.

그리고 얼마 뒤에 강한 확신이 마음속에 자리 잡는다. 봐, 지금까지 잘 헤쳐왔잖아! 잘 견뎌왔잖아. 지금까지 그렇게 했다면, 내일, 다음 주, 다음 달, 그리고 반드시 올, 또다시 헤쳐 나갈 수 없을 것만 같을 때라고 못 해낼 이유가 있을까?

보라! 우리는 해냈다! 그리고 앞으로도 해낼 수 있다.

나는 강하다. 슬픔에 젖기도 하고,
때로 지치고 용기를 잃기도 한다. 하지만 지금까지 잘해왔다.
나는 쓰러지지 않을 것이다.

April ∗ 27

다른 사람의 비애를 보면서 나도 슬퍼지지 않을 수 있을까?
다른 사람의 슬픔을 보면서 다정한 위안을 찾지 않을 수
있을까? 윌리엄 블레이크

　슬픔 때문에 겪는 변화 중 하나는 다른 사람들의 슬픔에 민감해지는 것이다. 처음에는 이런 변화를 별로 느끼지 못한다. 내 슬픔에 온통 빠져서 다른 사람의 슬픔까지 생각할 여유가 없다. 하지만 어느새 우리는 같은 슬픔을 가진 사람들을 알아보고 그들에게 손을 내민다.

　그들은 우리가 이미 알고 있는 사람일 수도 있지만, 처음 보는 사람일 수도 있다. 그러나 어떤 상황에서 서로 만나 얘기할 기회를 얻게 된다면, 그들은 더는 낯선 사람들이 아니다. 우리는 각자가 겪고 있는 고통을 한눈에 알아보며, 이 새로운 관계에서 힘과 희망을 얻는다.

　이런 식으로 이야기는 계속된다. 우리의 이야기를 아는 다른 사람들이 마음 아픈 일을 겪을 때, 그들은 우리에게 도움을 구할 것이고, 우리가 보여주는 공감이 그들에게 위로와 희망이 될 것이다. 우리는 또한 우리가 어디까지 왔는지 기억할 것이며, 서로를 사랑하고 지지하는 모두의 이야기와 공감을 기억할 것이다.

나는 인간 가족의 일원이며,
어려움에 빠진 사람들 모두가 내 형제자매다.

시간을 기억하면서 슬픔을 잊고 서리가 사라지면서
꽃이 피어난다. 푸른 덤불 속에서 꽃이 한 송이
한 송이 피면서 봄이 시작된다. 앨저넌 찰스 스윈번

  처음 슬픔을 겪을 때는 좀처럼 믿기지 않겠지만, 곁을 떠난 사랑하는 사람을 기억할 때면 고통스러웠던 죽음 그 자체가 아닌 그 사람의 인생에서 풍요롭고 행복하던 때가 떠오르는 시기가 온다.

  어느 하루 햇살이 쨍하게 비치면서 추위가 가시고 눈이 녹는다고 해서 겨울이 가는 것은 아니듯, 이런 일도 하루아침에 생기진 않는다.

  하지만 크로커스와 수선화가 하나씩 하나씩 모습을 드러내며 서서히 봄의 조짐이 나타나듯, 우리도 어느 날 사랑하는 사람을 기억하면서 자신도 모르게 미소 짓게 될 것이다(심지어 웃기도 할 것이다!). 그 기억을 떠올릴 때 오랫동안 우리를 억눌러왔던 슬픔에서 적어도 잠깐은 벗어날 것이다.

  '꽃 한 송이 한 송이로' 봄이 오듯 기억 하나하나로 마음의 봄이 돌아온다.

슬픔 한가운데 어딘가에도 반드시 봄이 온다.

울적한 기분에 짓눌릴 때, 가장 좋은 방법은 밖으로 나가 누군가에게 친절을 베푸는 것이다. 존 키블

처음 극심한 슬픔을 겪을 때는 자신의 고통밖에는 생각하지 못한다.

하지만 오랜 세월 슬픔을 억누르다 보면 마음이 울적해진다. 울적함은 처음 슬픔을 겪는 것보다 더 나쁘다고 할 수 있는데, 시작점을 잘 알 수 없기 때문이다. 언제부터 이런 기분을 느꼈는지 좀처럼 기억이 나지 않는다. 그뿐만 아니라 끝이 어디인지도 알 수가 없다.

만일 심각한 우울증에 시달리고 있다면 도움을 구해야 한다. 하지만 울적함은 어떨까? 글쎄, 아마도 스스로의 힘으로 빠져나올 수 있을 것이다. 노력해볼 만하다. 아주 좋은 방법 하나는 다른 사람을 위해 뭔가를 하는 것이다. 외로운 사람에게 전화하기, 바깥출입을 할 수 없는 사람에게 꽃이나 집에서 만든 빵을 선물하기, 앞을 못 보는 사람들을 위한 도서관 프로그램에서 책 읽어주기 같은 활동을 하다 보면 잠시나마 울적한 기분에서 빠져나올 수 있다. 그리고 다른 사람들과 교류하다 보면 떨어진 기운을 되살릴 수 있다.

울적함이 다가오려 하면 다른 사람들을 위해
할 수 있는 일을 찾아볼 것이다.

아, 내게 오르페우스의 목소리와 시가 있어서 페르세포네와 하데스의
마음을 움직일 수 있다면 사랑하는 당신을 지하 세계에서 다시 불러낼 텐데.
나는 당신을 위해 그곳으로 내려가리라. 당신을 빛의 세계로 데려올 때
카론도 음산한 왕의 개도 나를 막지 못하리. 에우리피데스

 상실을 되돌릴 수 있다면, 사랑하는 사람을 다시 살릴 수 있다면, 우리 모두 이런 갈망을 품고 있다. 기록에 남은 이야기만큼이나 이런 공상, 근거 없는 믿음은 오래되었다. 내가 말만 제대로 한다면…… 죽은 이의 수호신들을 무사히 지나칠 수만 있다면…….

 아마도 이런 갈망과 공상은 내 삶이 끝날 때까지 이 이별은 영원하다는 생각에 익숙해지려고 몇 번이나 시행착오를 거친 끝에 얻은 해결책일 것이다.

 우리가 사랑한 사람의 영혼과 그에 대한 기억으로 우리 삶이 여전히 축복받고 풍성해질 방법이 없는 것은 아니지만, 그의 물리적인 실체가 곁에 있는 것은 이제 끝났다.

 하지만 이런 공상은 죽음 너머 세상에서 우리가 다시 만날 거라는 희망, 사랑하는 사람이 그곳에서 우리를 기다리고 있을 거라는 희망을 생생하게 간직하는 데 도움이 된다.

당신을 찾는 모습을 끊임없이 그려본다면, 언젠가 당신을 다시
만날 거라는 믿음을 영원히 간직할 수 있을까?

5
MAY

인생은 살 가치가 있다는 걸 믿어라. 그러면 그 믿음 때문에
인생은 살 가치가 있는 것이 된다. 윌리엄 제임스

처음에는 상실에 완전히 짓눌린 나머지 철저하게 무력해지고, 그래서 슬픔과 절망의 사나운 바다 위를 떠다니는 것밖에는 어떤 행동도 하지 못한다. 배를 조종하려고 애써봐야 아무 소용이 없다. 그냥 떠다닐 뿐이다.

그러다 시간이 지나면, 사실은 우리 자신이 어느 방향으로 갈지 선택하고 있다는 걸 조금씩 인식하기 시작한다.

그런 사실을 깨닫는 것이 달갑지 않을 때가 많다. 그냥 파도에 몸을 맡기는 편이 더 쉽다. 슬퍼하고 있어야 사람들이 우리 처지를 더 많이 이해하고 동정해준다. 그렇게 동정을 받으며 사는 것이 마음 편하고 힘도 덜 든다.

하지만 이럴 때 삶은 정지한다. 우리는 이런 상태가 영원히 지속되기를 원하지 않는다.

이제 선택을 해야 하며, 선택에는 모험이 따른다. 해볼 수 있는 모험 하나는, 사실 인생은 살 가치가 있으며 우리 힘으로 그 사실을 확신할 수 있다는 가정에 따라 행동하는 것이다. 어떻게 그럴까? 행동을 바꾸면 태도 역시 바뀐다는 것이 '행동수정이론'이다. 우리는 다시 뭔가를 시작할 수 있다. 애써 미소를 지어볼 수 있다. 어려움에 처한 이에게 손을 내밀 수 있다.

인생이 살 가치가 있는 것처럼 행동하면서, 어떤 일이 일어나는지 지켜보려 한다!

이야기를 하는 사람은
세상을 존재하게 한다. 마이클 윌리엄스

추도식에서 볼 수 있는 의식 하나는, 고인의 친구들과 사랑하는 사람들이 그와 얽힌 추억을 이야기하는 것이다. 그들은 즐거웠던 순간, 기억에 남는 일화, 소소한 농담을 이야기한다. 이런 의식을 통해 남은 사람들은 위로를 받고 상실의 슬픔을 덜어낸다.

우리 가족은 추도식이 끝난 다음 좀 더 자유로운 분위기에서 이런 의식을 치른다. 가족과 친구들이 모여 다과를 나누며 최근이나 오래전 일을 이야기하면서 애틋한 추억에 잠긴다.

아버지를 묻고 집에 돌아와 가족과 친구들이 모여서 음식을 먹으며 대화를 나누던 때가 기억난다. 그 자리에서 누군가 말했다. "조지도 이 파티에 같이 있었더라면 굉장히 즐거워했을 텐데!" 이어서 또 다른 사람이 말했다. "아마 지금쯤 즐기고 있을걸." 분명 우리 모두 아버지의 영혼이 곁에 있다는 걸 느꼈다.

아이가 죽었을 때처럼 특히 견디기 힘든 가족의 죽음을 맞았다면, 친구들은 아이 얘기를 절대 입에 올리지 않는 것이 배려하는 거라고 생각한다. 너무나 빨리 끝난 삶이므로 오히려 더 '이야기해서 존재하도록' 해야 한다. 삶이 끝났다고 해서 그 삶이 살아 있는 사람들에게 풍요로움과 축복을 주지 않는다는 뜻은 아니기 때문이다.

함께 나누는 이야기는 말하는 사람과 듣는 사람 모두에게 선물이다.

죽은 사람을 이상화하는 건 어리석은 일이다. 진실이 아니기
때문이다……. 우리는 그 환상을 지키는 데 많은 에너지를
쏟으면서 죽은 사람의 활력과 진실은 존중하지 못한다…….
완벽함이라는 신화는 유지하기 어렵다. 그럴 필요도 없다.
우리가 마음만 먹는다면, 완벽함은 신에게 맡길 수 있다. 그것을
내려놓아라. 거기에 두어라. 신은 있는 그대로의 그 사람을
자녀로 받아들이고 사랑한다. 우리 또한 그렇다. M. W. 히크먼

이제는 세상을 떠난 사랑하는 사람이 더는 나와 인간적 교류를 할 수 없으며 더 좋은 평판도 얻을 수 없다는 걸 문득 깨닫고는 그를 이상화하고 싶은 충동이 생긴다.

그리고 사랑하는 사람(우리의 관계까지)을 이상화하고 싶다는 충동은 그와 지내는 동안 우리 관계에 기복이 있었고 그걸 바로잡을 기회가 끝났다는 불안감에서 비롯되기도 한다.

당연히 그 사람에게는 얼마간 약점이 있었다. 그리고 당연히 우리의 관계에는 기복이 있었다. 누구나 다 그렇다! 어떤 사람이든 어떤 인생이든 장점과 약점이 있게 마련이므로 거기에 장밋빛 허울을 씌우려고 조바심치고 헛되이 노력해봐야 아무런 도움이 되지 않는다.

바로잡을 수 없는 것을 두고 자신이나 사랑하는 사람을
질책한다면 상처만 깊어질 뿐이다. 사랑과 믿음 속에서 나는
우리가 누구였고 서로에게 어떤 존재였는지 인정할 수 있으며,
그다음 앞으로 나아갈 수 있다.

다가오는 매일을 도전으로, 용기에 대한 시험으로 맞아라. 고통은 파도처럼 연이어 오며, 뚜렷한 이유도 없이 어떤 날은 다른 날보다 더 힘들다. 그 고통을 받아들여라. 억누르지 마라. 절대 슬픔을 외면하지 마라. 귀가 안 들리는 사람이, 눈이 안 보이는 사람이, 장애가 있는 사람이 시간이 흐름에 따라 장애를 보완할 다른 감각을 개발하듯, 사별을 한 사람, 남편을 잃은 사람 역시 처음에는 고통과 외로움을 이겨내지 못할 것 같다 해도 조금씩 조금씩 새로운 힘과 새로운 시각을 찾아낼 것이다. 대프니 듀 모리에

고통의 물결이 최고로 치솟을 때 우리는 이겨내지 못하고 결국 휩쓸려갈 거라고 생각한다. 하지만 이겨낼 수 있다. 그다음 할 일은 고통을 받아들이고 기다리는 것이다. 기다리는 동안 다른 일들을 할 수 있다. 사람들과 얘기를 나누고, 상점에 가고, 책을 읽고, 정원을 가꿀 수 있다. 이런 일들을 하면서도 우리는 마음에 생채기를 내는 고통을 인식한다. 하지만 이 힘겨운 날들을 치유 과정의 일부로 받아들인다면, 차츰 기분이 나아지면서 한결 견디기 수월해지는 때가 온다. 고통은 누그러질 것이며, 우리는 새롭게 힘을 얻었음을 확신할 것이다. 그 힘이 자랑스러워지기까지 할 것이다.

슬픔을 외면하거나 피해 가지 않을 것이다.
슬픔의 한가운데를 지나갈 것이며, 거기에서 나올 때는
더 강해진 내 모습에 자랑스러워할 것이다.

네가 물 가운데로 지날 때에 내가 너와 함께할 것이라.
강을 건널 때에 물이 너를 침몰하지 못할 것이며
네가 불 가운데로 지날 때에 타지도 아니할 것이요,
불꽃이 너를 사르지도 못하리니. 〈이사야〉 43장 2절

우리는 홍수와 불을 비롯한 어떤 재앙도 피할 수 있다는 약속을 받지 못했다. 죽음도 마찬가지다.

여기에서 신이 약속하는 것은 우리가 혼자 이런 공포를 지나게 하지 않을 것이며, 공포가 지독하다 해도 우리를 멸망시키지 않으리라는 것이다.

하지만 이 약속이 실현되려면 우리가 행동해야 한다.

우리를 지켜주고, 우리가 이 무시무시한 시간을 지나도록 돕는 절대자가 그곳에 있다고 믿으면서 어둠 속으로 손을 내밀 수 있겠는가? 우리가 주저하면서 신을 향해 한 발을 내디딜 때마다 신은 우리에게 다가오기 위해 타는 듯한 빛 속으로 천 킬로미터 넘게 걷는다는 이야기가 있다.

나 혼자 가는 게 아니라고 믿으며
어둠 속으로 손을 내밀려 한다.

그 따뜻한 공기 때문에 예전에는 어땠는지, 당신이 여기 있다면 앞으로 어떻게 될지 꿈꾸게 된다. 지금을 사는 데 이런 꿈은 아무 쓸모가 없다는 걸 알고 있다. 너무 멀리, 너무 깊이 생각하지 않고 그저 이 흐름에 몸을 맡기려 한다. 그러면서 다시 내가 힘을 갖게 될 순간을 기다린다. 그때가 올 것이다. 앤 필립

이 세상에는 우리를 과거로 데려가고, 우리가 사랑한 사람을 떠올리게 하고, 그의 죽음으로 우리가 무엇을 잃었는지 실감하게 하는 것들로 가득하다. 옛 노래, 향기, 계절에 따른 날씨 변화, 공휴일, 생일 등 열거하자면 끝도 없다.

자, 뭐든 오라고 하자. 때로는 달콤했던 기억이 떠오르면서 마음 한편이 아릿해진다. 때로는 그 기억 때문에 가슴이 무너질 것 같기도 하고, 상실감이 너무 커서 다시 고통에 사로잡히기도 한다.

하지만 세월이 흐르면서 기억에 포위되는 시간은 점점 짧아지며, 그 기억을 뚫고 다른 편으로 가기도 점점 쉬워진다.

잃어버린 세상의 모습을 애써 물리치려 하지 말자. 그냥 떠오르는 대로 두면서 달콤한 기억들은 그것대로 소중히 간직하고 고통은 고통대로 견디는 것이다. 그러면서 머지않아 다시 스스로를 통제할 수 있다고 믿어야 한다.

과거로의 여행에는 언제나 바로 지금 내가 사는 곳으로 돌아오는 길이 있다.

당신은 혼자가 아니라는 걸 절대 잊지 마라. 신은 당신 곁을 지키면서 당신을 돕고 인도한다. 신은 절대 실망시키지 않는 동반자, 사랑으로 위로하고 힘을 주는 친구다. 믿어라. 그러면 신은 당신을 위해 무엇이든 할 것이다. 오로빈도

슬픔이 고통스러운 건 외로움 때문이기도 하다. 우리는 먼저 떠난 사람을 그리워하지만 그게 전부는 아니다. 예전과 같은 모습의 세상, 우리의 걸음마다 그늘을 드리우는 상실이 없던 세상을 그리워한다. 사랑하는 사람이 함께 있는 미래의 모습을 그리워한다.

바로 지금, 대부분의 시간을 마음속에 이는 고통스러운 질문들과 혼란으로 괴로워하며 보내기 때문에 우리는 외로움을 느낀다. 이런 고통을 누구와 나눌 수 있을까? 우리는 세상과 분리되었다고 느낀다. 거리에서 스쳐 지나가는 사람들을 보면 아무 근심 없이 편안해 보인다. 당연히 사실이 아니지만, 슬픔에 빠져 있을 때 다른 사람들은 나와 다른 세상에서 온 것처럼 보인다.

물론 가족과 친구들이 곁에 있긴 하지만, 그들도 내 슬픔의 깊이를 알지 못한다.

누구에게 의지해야 할까? 내 안에, 그리고 모든 창조물 안에 살아 있는 신의 존재를 생각할 수 있다면 더할 나위 없이 도움이 될 것이다. 내게 안정과 평화를 주고, 나를 불쌍히 여기며, 마음을 평안케 해주는 존재가 있다고 한번 믿어보자. 두 눈을 감고 내 안에 있는 존재와 친숙해져보자!

내 안에 (믿을 수 있고 자비로우며 강한) 성스러운 존재가 있다.

새가 내 마음의 소식을 저 위로 가져다줄 거라고 믿기에 나는
새들에게 기도한다. 새들이 나와 같은 세상에 있으면서 땅의 간구와
축복으로 노래를 시작하고 끝맺는다는 걸 믿기에 나는 새들에게
기도한다. 새들은 내가 두려워하는 것보다 사랑하는 것을 기억나게
하므로 나는 새들에게 기도한다. 그리고 내 기도가 끝날 때,
새들은 내게 듣는 법을 가르쳐준다. 테리 템페스트 윌리엄스

하늘을 가르며 날아가는 새들을 볼 때 누구라도 가슴이 뛰지 않을까? 그 자유로운 몸짓, 원을 그리며 돌다가 아래로 내려가는가 하면 다음 순간 방향을 돌려 어딘가 먼 곳으로 날아가며 만드는 형태를 보노라면 마음이 벅차오른다. 새들은 소용돌이치는 물결과도 같은 우리의 삶, 알 수 없는 시작과 끝을 그대로 상징한다.

딸아이가 떠나고 난 직후 친구 농장을 방문한 때가 기억난다. 친구 집에는 나뭇가지에 매단 그네가 있었다. 나는 그네에 앉아 몸을 뒤로 쭉 밀었다가 위로 솟구쳤다. 그네가 원을 그리며 최고 높이로 올라간 순간, 이대로 그네 끈을 놓고 하늘로 날아간다면 어떨까 궁금해졌다. 바로 그때 처음으로 희망을 느낀 것 같다. 이겨낼 수 있을 거라는 희망, 더 밝은 날이 올 거라는 희망.

날아가는 새들처럼 아름다운 세상에서,
비록 상실을 당했다 해도 나는 틀림없이 다시 편안해질 수 있다.
그리고 날아가는 새들을 마음속으로 따라간다면,
그 새들이 나를 어디로 데려갈지 누가 알겠는가?

우리가 지식 너머를 볼 수 있다면, 그리고 믿음의 테두리에서 조금 더
나아갈 수 있다면, 즐거움보다 더 단단한 자신감으로 슬픔을 견딜 것이다.
그때는 새로운 어떤 것, 알 수 없는 어떤 것이 우리에게 들어온 순간이기
때문이다. 부끄러움과 당혹감으로 우리 감정은 아무 소리도 내지 못하며,
우리 안에 있는 모든 것이 움츠러들고, 정적이 오고, 아무도 모르는
그 새로운 것은 정적의 한가운데 있으면서 침묵한다. 라이너 마리아 릴케

　사랑하는 사람의 상실을 슬퍼하는 이 시간은 변화의 시간이다. 지금까지 머물던 안락하고 편한 방을 영원히 떠나 새로운 방에 들어가는 것과 같다. 예전 가구 중 몇 점이 거기에 있고 예전 사람들 몇몇도 있지만, 그렇다 해도 그곳은 다른 방이다. 우리는(그리고 그 방에서 우리와 함께 지내게 될 사람들은) 처음부터 새로 적응해야 한다.

　우리에게는 선택권이 있다. 구석에 숨어 웅크린 채 주위에 눈길도 주지 않을 수 있다. 그런 건 없다는 걸 알면서도 탈출구를 찾아 정신없이 헤맬 수 있다. 아니면, 주위를 살펴 창문이 있는 곳, 그리고 우리가 들어온 문은 닫혀 있으므로 미래를 향해 열려 있는 문이 있는 곳을 찾아볼 수도 있다. 도움 줄 사람들을 찾을 수 있고, 하루하루 이 새로운 삶을 사는 데 관심을 기울일 수도 있다.

양면적인 감정을 지닌 채 천천히, 내 인생에서
새로운 것들을 경험하려 한다.

슬픔의 모든 실체에는 스무 개의 그림자가 있다. 윌리엄 셰익스피어

상실을 떠올리게 하는 것들이 도처에 있다. 그것들은 서로 부딪치고 튀어나와 우리 삶의 공간을 채운다.

어느 날 손녀가 찾아온다. 그 아이는 세 살이다. 여동생 결혼식에서 딸아이가 꽃을 뿌리며 걸어갔을 때의 딱 그 나이다. 나는 그때 딸아이가 입었던 드레스를 보관해두었다. 드레스는 머리가 검은 딸아이에게 잘 어울렸는데, 손녀딸도 머리가 검어서 잘 어울린다. 손녀딸은 드레스를 입고는 거울 앞에 서서 이쪽저쪽으로 돌아본다. "나 이 옷 좋아요." 손녀가 말한다. 이제 드레스는 손녀딸의 것이다.

딸아이는 그 드레스를 입고 나서 십이 년을 넘게 살았다. 그리고…… 그 드레스는 결혼식장에서 우리 모두가 느낀 기쁨뿐만 아니라, 세월이 지나 그 드레스를 입은 사람이 세상을 떠난 일까지도 기억나게 한다.

그날 나는 이 작고 사랑스러운 아이에게 딸아이가 좋아하던 이야기를 읽어주었다. 내 목소리 뒤로, 내가 페이지를 넘길 때마다 이제 어떤 이야기가 나올까 기대하던 세 살일 적의 딸아이의 목소리가 들린다. 그 기억을 떠올리게 하는 건 그림자다. 또한, 딸아이가 한 번도 보지 못한 이 소중한 아이가 딸아이의 옷과 동화책을 아주 좋아하며 내가 이 두 아이를 이어주는 다리가 되었다는 건 햇빛, 생기를 주는 경이로운 햇빛이다.

어떤 그림자든 그 뒤에는 햇빛이 있다.

모든 위기에서, 다시 태어나고 자신을 한 개인으로 새롭게 이해하며 성장하고 더 완전하게 자아를 실현하는 데 도움이 될 변화를 선택할 수 있는 기회가 나온다. 네나 오닐

전혀 다치지 않고 슬픔을 이겨낼 수는 없다는 걸 다들 알고 있다. 가끔 우리가 제대로 깨닫지 못하는 것은, 처음 슬픔을 겪고 나서 상실감에 빠져 있다 해도, 어떤 모습이 될 것인지를 선택할 힘이 우리에게 있다는 사실이다.

우리는 어떻게 보면 이런 힘을 갖지 않으려 한다. 우리는 지쳐 있다. 책임을 지고 싶지 않다. 상처받았다. 다정한 보살핌을 받고 싶으며, 다시 시작해야 한다는 말 같은 건 듣고 싶지 않다.

엄청난 상실을 겪고 나서 용감하게 새 삶을 꾸리는 사람들이 얼마든지 있다.

우리는 선택할 수 있다. 위기를 이겨냈으므로 그럴 의지만 있다면 새로운 힘, 새로운 능력을 가질 수 있다.

삶이 당신에게 레몬을 건네준다면, 레모네이드를 만들어라.

그녀의 사랑은 모든 곳에 있다. 그 사랑은 내가 집 안을 돌아다닐 때 날 따라다니고, 정원에서 나를 맞고, 내 꿈에 백조들을 보낸다. 이상하게도 난 물속에 있거나 땅 위에 붕 떠 있는 것처럼 행복과 흡사한 기분을 느낀다. 실비아 타운젠드 워너

말도 안 되는 얘기 같지만, 죽은 사람은 마치 그림자처럼 약간 떨어져서 우리를 늘 따라다니는 듯하다. 이런 일이 지금 당장 한결같은 방식으로 일어난다고는 생각하지 않는다. 아마도 그와의 이별을 현실로 받아들일 수 있을 때까지 기다려야 할 것이다. 삶의 여러 부분이 새로운 모습으로 바뀌는 것을 지켜보며 그와의 관계가 끝나지 않았다는 걸 깨달을 시간도 필요하다. 그 관계는 달라졌을 뿐 끝나지 않았다. 그 관계는 그저 우리의 희망 사항이 아니라 실제로 존재하면서 우리에게 위안을 준다.

사랑하는 사람의 존재를 느끼는 방식은 사람마다 제각각일 것이다. 각자의 생각대로 느낄 것이다. 그리고 그 느낌은 그가 곁에 있다는 감각, 방 안에서 느껴지는 온기와 사랑, 우리가 원하는 것을 직접 말해주는 꿈 등 여러 가지 모습으로 올 것이다.

오래전, 슬픔이 여전히 생생할 때, 나는 이런 느낌이 어디에서 온 건지, 어떤 의미인지, 진짜인지, 믿어도 되는 건지 아들아이에게 물었다. 그랬더니 아들아이가 대답했다. "그냥 선물로 받아들이세요!"

사랑하는 사람에 대한 기억과 그가 내 곁에 있는 듯한 느낌을 선물로 받아들이려 한다.

단순해져라. 마음을 고요하게 만들려고 지나치게 애쓰지 마라.
그래야 마음이 더 고요해질 것이다. 정신의 진척을 너무 세밀하게
점검하지 마라. 완벽해지고 싶어 애태우지 말고 그 상황에서
해야 하는 행동과 의무를 다해 삶이 영적이게 되도록 하라. 내일을
위해 지나치게 걱정하지 마라. 신이 지금까지 당신을 안전하게
인도했듯 앞으로도 언제까지나 그렇게 할 것이다. 프랜시스 드 살레

슬픔에서 회복하는 동안 너무도 많은 것이 우리 마음을 휘젓고 지나간다. 사랑한 사람에 대한 추억, 그가 떠날 때의 상황, 죽음의 순간과 그 이후 우리가 느끼고 행동한 모든 것에 대한 기억. 우리는 '올바르게 슬퍼하는 사람'이 되고 싶어 한다. 그것은 슬픔을 완전히 표현해서 해소되지 않은 채 마음속에 남는 것이 없도록 하는 걸 의미한다. 그러다 또 어떤 때는 아무 감각도 없고, 그래서 의아해진다. 울음이 나오지 않다니 내게 무슨 문제가 있는 건가?

이처럼 감정적 온도에 따라 동요한다면 결국 지칠 수 있다. 지나치게 자기 성찰을 한다는 느낌이 든다면 잠시 중단해보는 것도 좋다. 산책을 하고, 가벼운 텔레비전 프로그램을 보고, 정신을 집중할 수 있는 뭔가를 하면서 자신의 영혼이 어떤 상태인지 시시각각 평가하지 않는 것이다.

나는 내 식대로 잘하고 있다. 당분간은 잘해야 한다는 생각을 잊으려 한다.

체스판은 세상이다. 체스 말은 우주의 현상이며
게임의 규칙은 우리가 자연법칙이라 부르는 것이다.
반대편에서 게임을 하는 존재는 우리 눈에 보이지
않는다. 우리는 그가 언제나 공정하게 경기하며,
올바르고 참을성 있다는 걸 알고 있다. 토머스 헉슬리

우주 비행사가 지구에서 멀찌감치 떨어져 푸른색과 녹색의 지구가 빙빙 도는 모습을 보는 것처럼, 우리도 그렇게 멀리 떨어져서 본다면 이 재앙을 더 잘 극복할 수 있을까?

만일 우리의 시야가 아주 멀리까지 미쳐서 우주 공간이나 지질 시대에서 자기 자신을 볼 수 있다면, 살아 있는 사람과 죽음의 문을 지난 사람 모두 다 같은 창조물이라는 걸 알 수 있지 않을까? 그리고 우리 모두가 보이지 않는 빛에 의해 일하고, 움직이고, 보고, 권한을 얻는다는 걸 알 수 있지 않을까? 죽음의 입구에 서서, 사랑하는 사람이 그 문을 지나가는 모습을 본 우리는 미지의 것을 생각하며 상상의 나래를 한껏 펼 권리가 있다.

알고 있는 것의 굴레에서 한발 나아가 영혼이
높이 솟아오르게 하려 한다.

사랑하는 사람이 젊어서든 나이가 들어서든 세상을 떠나면, 우리는 이렇게 해야 한다고 생각한다. 그들이 가장 지혜롭고 가장 너그럽고 가장 창의적이던 순간만을 마음에 담고 그렇지 못한 순간들은 기억에서 지우는 것이다. 우리가 우리보다 오래 살아남을 사람들에게 바라는 것은 그런 게 아닐까? 엘리자베스 왓슨

어쨌거나 우리는 그들을 위해 그렇게 해주어야 한다고 생각하며 자신을 위해서도 그러고 싶어 한다. 그리고 기꺼이 그렇게 한다. 하지만 죽은 사람의 이미지를 아무렇지도 않게 다시 만들지는 말자. 그 사람을 있는 그대로 온전하게 기억해야 하며, 그렇게 하지 않는다면 우리의 기억은 반쪽만 빛이 있는 그림자 기억이 될 것이다. 사랑하는 사람들에 대한 우리의 기억은 모든 인간이 지니고 있는 약점과 잘못을 비롯해 그들의 본성 전체를 아우를 만큼 거대하다. 우리가 사랑한 사람의 약점들은 웃음과 분노, 눈물을 만들어내는 원천이 되며, 이 웃음과 분노와 눈물로 가족의 유대는 더 단단해진다.

그렇게 시간이 지나면서 이 모든 기억이 시간의 병풍과 우리가 서로에게 지니고 있던 기본적인 사랑을 통해 걸러지면, 우리 마음속에는 그 사람의 가장 사랑스럽고 지혜로운 모습에 대한 기억이 남을 것이며, 이와 함께 우리를 인간답게 만들어주는 약점과 결점의 기억 조각들 역시 사랑과 용서의 마음과 함께 남을 것이다.

우리가 사랑한 사람에 대한 기억 속에는 있는 그대로의
그 사람이 머물 방(그리고 애정)이 있다.

죽은 그녀의 친숙한 얼굴을 보면서 그는 안심이 되었다…….
그녀가 "나는 죽었어. 그게 다야"라고 정말로 그에게 말한 것처럼.
눈물이 났고, 그게 전부였다. 그는 그녀의 손을 잡았다.
내가 두 사람을 있는 그대로의 모습으로 본 것은 그때가 처음이었다.
한때 내가 따뜻하고 부드러운 모든 것의 처음이자 끝으로 알았던 그녀,
나의 진정한 구원으로 알았던 그녀는 레이스 깃 장식이 달린
블라우스를 입은 소녀였을 뿐이다. 그리고 그녀의 이름을 짐작도
못 한 그는 금발 머리의 잘생긴 소년이었다. 두 사람은 어느 날 오후
코니아일랜드에서 만났다. 조지프 핀타우로

사랑하는 사람이 우리 곁을 떠날 때, 그들이 계속 살아 있게 하는 방법 하나는 이야기를 하고 또 하는 것이다. 그들이 더 젊었을 때는 어땠는가? 그들은 자신에 대한 어떤 얘기를 좋아했는가? 우리에 관한 얘기는 어떤 걸 좋아했는가?

이제 그들이 떠났으므로, 우리는 상상력을 동원해 그들을 더 상세히 이야기한다. 이 이야기는 상상이 덧붙여지긴 했어도 진실이다. 그들을 그리워하는 우리의 마음은 진실하다. 그리고 너그러우며 다정하다. 우리는 시간이 멈춘 드라마에 나오는 인물처럼 연약한 모습의 그들을 바라보고, 그들이 우리에게 늘 얘기하던 전설적인 인물과 같은 위치에 그들을 놓기도 한다. 어쩌면 매일 얼굴을 맞대고 대화할 때보다 더 명료하고 더 넓은 마음으로 그들을 알게 될 것이다.

우리가 사랑한 사람에 대한 이야기들이 내 마음속에서 펼쳐지고 머물 때, 내 삶은 여전히 축복받을 것이다.

> 그녀의 얼굴이 보고 싶고 목소리가 듣고 싶어지면 그녀가 늘 곁에 있던 때가 그리울 것이다. 그녀는 내게서 떠나 강을 건넜고, 내가 다시 그녀를 보려면 그 강을 건너야 한다. 강을 볼 때마다 그녀가 생각날 것이다. 테리 케이

사랑하는 사람과 보낸 평범한 일상, 탁자 맞은편의 얼굴, 침대 위의 모습, 우리 이름을 부르던 목소리를 우리는 얼마나 그리워하는가?

상처가 치유되어 이별을 마침내 받아들일 수 있을 때까지 그런 식으로 그의 존재는 오랫동안 우리 곁에 머문다.

그러다 보면, 우리가 떠올리는 사랑하는 사람의 모습은 그가 살아 있을 때 있곤 하던 여기저기에 흩어지기보다 하나로 집중된다. 그들은 정말로 '강'을 건넜다.

머릿속으로 이 상상을 끝까지 해보면 도움이 된다. 여러 신화에서 강을 건너는 모습으로 죽음을 표현하는 것에서도 알 수 있듯, 그 이미지는 강력하고 고정적이다. 나는 치료사인 친구 도움으로 이 과정을 해보았다. 강으로 가서 딸아이의 손을 놔주고 아이가 강을 건너는 걸 지켜보는 장면을 마음속으로 그려보았다. 그때의 몸부림과 눈물이 기억난다. 그리고 나중에는 위로받는 느낌이 든 것도 기억난다. 진실을 받아들였고, 딸아이는 안전하며, 때가 되면 나도 그 강을 건널 거라는 위안이었다.

강을 볼 때마다 나는 당신을 생각할 것이다.

세상은 보살피는 강자와 보살핌을 받는 약자로
구분되지 않는다. 우리 모두 보살피는 사람이 되기도 하고
보살핌을 받는 사람이 되기도 한다. 세상 이치가
그렇기 때문이다. 실라 캐시디

 슬픔으로 힘겨워하면서도 자신이 보살핌을 받아야 하는 사람이라는 걸 쉽게 인정하지 못할 때가 있다. 내가 나약해진 건가? 사람들의 관심을 끌고 싶은 건가? 특히 '도움을 주는 사람'의 역할에 익숙해져 있다면, 도움이 필요한 사람 역할을 해야 하는 것이 편안치 않을 수 있다. 어쩌면 자존심이 너무 강해 내 고통을 다른 이들에게 들키고 싶지 않은 걸지도 모른다. 또한, 기아에 허덕이는 나라가 있고 사회 곳곳의 사람들이 참혹한 환경에서 사는 등 세상에는 온갖 고통과 아픔이 있는데 내 개인적인 슬픔에 세상 관심의 한 부분을 요구하는 것이 내키지 않을 수도 있다.

 사람들이 다 나눠 갖고도 남을 만큼 세상에는 슬픔이 넘칠지도 모른다. 하지만 인생을 살다 보면 우리가 다른 사람들의 짐을 가볍게 해주는 때도 있고 우리 짐이 무거워 다른 사람들의 도움이 필요한 때도 있다. 잠깐 동안은 우리 '몫'의 도움이라 생각되는 것보다 많은 도움이 필요할 수도 있다. 신경 쓰지 마라. 우리에게는 그 도움이 필요하다. 우리가 도움을 받을 차례다. 우리는 자격이 있다.

나는 인간이며 강한 척할 필요가 없다.

그녀는 치킨 리틀의 장례식에서 보았던 여자들을 생각했다……. 전에는 부적절하게만 여긴 행동이 지금 그녀에게 꼭 필요해 보였다. 여자들은 어느 날 갑자기 죽음이라는 공격을 한 신의 목에 대고, 신의 거대한 뒷덜미에 대고 소리를 질러댔다. 그런데 그녀가 보기에 그들의 행동은 격렬한 슬픔을 표현하는 것이라기보다 죽은 사람에 관해 뭔가를 말하고, 뭔가를 하고, 뭔가를 느끼는 의무를 다하려는 것이었다. 그들은 마음을 찢어놓은 그 사건이 기록되거나 확인되지 않은 채 지나가도록 할 수가 없었다. 토니 모리슨

비통과 절망을 완전히 표현하는 것의 가치를 제대로 인식하지 못하는 사람들이 많다. 강렬한 감정을 드러내는 건 어쩐지 보기 흉하다고 생각하는 것이다.

슬픔은 테스트가 아니다. 점수를 매길 수가 없다. 합격이나 불합격도 없다. 하지만 슬픔을 표현하지 않는 것이 자신을 위해 더 낫다거나 다른 사람들을 덜 괴롭히는 거라고 생각해 감정을 단속하는 성향의 사람이라면, 듣는 사람이 아무도 없는 어딘가로 가야 한다. 그리고 털어놓아야 한다. 소리를 질러라. 비명을 질러라. 원망해라. 울부짖어라. 벽을 쳐라.

어떤 병원에서는 '비명을 지르는 방'을 두기도 한다. 최근에 사별을 한 사람들이 이곳에 가서 다른 이들을 불편하게 할 거라는 걱정 없이 비명을 지르고 화를 터뜨릴 수 있게 하는 것이다.

그런 모습이나 소리가 껄끄러운가? 그건 바로 인간의 소리다.

나는 마음이 시키는 대로 행동할 것이며,
두려워하지 않을 것이다.

더는 아무 희망도 가능성도 없는 절망의 바닥까지 내려가서야
비로소 결정권을 내가 쥐고 있다는 착각에서 벗어나
그 모든 걸 다른 존재에게 맡기고 도움을 구할 수 있다는 걸
깨달을 때가 흔히 있다. 절망이라는 잿더미에서 희망의
불씨가 생겨난다. 앤 윌슨 섀프

   기분이 한없이 가라앉고 낙담과 절망의 바닥까지 다다를 때, 어디로든 간다는 생각은 좀처럼 할 수가 없다. 어디로 가는 것이 너무 힘들어서가 아니라, 움직인다는 생각 자체를 하지 못하는 것이다. 꿈쩍도 안 하려는 노새처럼 삶은 제자리에 멈춘 듯 보인다. 어떤 입에 발린 소리나 약속 혹은 위협도 아무 소용이 없다. 미래에 대해서도 아무런 흥미나 가능성을 생각할 수 없다.

   이 지점에서 온전함에 이르는 길, 그리고 결국에는 건강한 상태로 돌아오는 길은 가만히 서서 사람의 삶이 얼마만큼 슬픔으로 가득 차 있는지 인정할 때 찾을 수 있다. 하지만 시간이 좀 지나면 슬퍼하는 마음조차 들썩이기 시작하고 그럴 때 우리는 생각한다. '영원히 이렇지는 않겠지.' 그러면서 주위를 둘러보기 시작하고, 그 그림에서 나오며, 그러니까 말하자면 어둠에서 빠져나오며, 그때 비로소 길가에 자라는 꽃, 푸른 하늘에 흘러가는 구름, 내내 기다려준 친구들이 눈에 들어온다.

우물의 바닥에 있을 때 사람은 눈을 들어 하늘을 볼 수 있다.

그것이 죽음이 아닌 완성이 되게 하라. 사랑이 기억 속에 녹아들고 고통이 노래 속에 녹아들게 하라. 하늘을 가로지르는 비행이 마지막에는 둥지 위에서 날개를 접게 하라. 당신의 마지막 손길이 밤의 꽃처럼 부드럽게 하라. 아, 아름다운 마지막이여, 잠시 가만히 서서, 침묵으로 마지막 말을 하라. 나는 당신에게 고개를 숙여 인사하고 등불을 들어 당신의 길을 밝힌다. 라빈드라나드 타고르

그렇게 우리는 사랑하는 사람을 저 건너편 세상으로 보내면서 그들이 안전하고 편안하게 가길 바란다. 경건한 마음으로 말없이 등불을 들어 그들이 가는 길을 밝힌다.

다 좋을 거라고 여기는 것, 그리고 더 힘든 일이긴 하지만 우리가 등불을 들어 그들의 길을 밝히는 모습을 상상하는 것은 믿음의 힘만으로는 되지 않는다. 아마도 그들을 보낼 준비가 되지 않았기 때문일 것이다.

타고르가 이야기한 서정적인 이미지로 죽음을 생각할 수 있다면, 그 자체로 고통이 줄어들 수 있을 것이다.

당신이 어디로 가고 있는지 알지 못하지만, 내 사랑의 등불을 높이 들어 당신이 가는 길을 밝힌다.

오늘 밤, 슬픔이 생생하게 되살아나며 모든 지옥이 다시 열렸다. 정신없이 말을 쏟아내고 격렬한 분노에 사로잡히고 뱃속이 뒤틀리고 현실이 악몽처럼 느껴지며 눈물에 빠져 지낸다. 슬픔 속에서는 어떤 것도 '그대로 있지' 않기 때문이다. 어느 단계에서 빠져나오고 나면 다시 또 그 단계로 돌아간다. 이런 일이 끝도 없이 되풀이된다. 모든 것이 반복된다. 나는 그 소용돌이 속으로 들어가려 하는가, 아니면 소용돌이 밖으로 나오길 바라는가? C. S. 루이스

어느 날 전혀 예고 없이 처음과 같은 슬픔이 밀려들고 우리는 그 슬픔에 다시 빠진다. 사랑하는 사람의 죽음을 겪었을 때와 똑같이 혼란스럽고 정신이 없으며 삶이 해체되는 것만 같다. 무엇 때문에 이런 슬픔이 다시 시작되었는지도 모르겠다. 그동안 잘하고 있다고 생각했다!

우리가 그토록 사랑했고 지금은 곁을 떠난 그 사람은 우리 삶에서 아주 오랫동안, 어쩌면 평생(부모님이 돌아가셨을 때처럼) 함께 있었을 것이다. 그러니 그 상실에 적응하는 데 오랜 시간이 걸리는 건 당연하다. 그 과정은 절망의 골짜기에서 조금씩 빠져나오는 것처럼 순탄하지 않다. 그보다는 돌투성이 벌판을 치우는 일과 같다. 엄청난 노력을 들여 돌을 치운다 해도, 시간이 지나면 땅이 변하고 계절이 바뀌고 새로운 돌들이 표면으로 나온다. 결국 그 돌들도 다 치우겠지만 시간이 오래 걸릴 것이다!

마음의 폭풍우도 회복의 길을 가는 과정의 하나로 받아들이면서 나 자신에게 너그러워지려 한다.

> 모든 것은 앞으로 나아가며, 아무것도 무너지지 않는다,
> 그리고 죽는다는 건 어떤 사람이 추측하는 것과도 다르며,
> 더 좋은 것이다. 월트 휘트먼

새와 장미와 블루베리가 돌아오는 모습을 보며, 무엇 하나 헛되이 버리지 않고 삶의 본질을 계속 잇는 것이 삶의 의도라는 확신을 얻을 수 있을까? 작고 단순한 창조물에 이 말이 진실이라면, 인간이라는 복잡하고 경이로운 창조물에는 더 분명한 진실일 것이다.

죽음은 우리 삶에 경계를 짓고 어떤 틀을 만들며, 우리가 삶이 언젠가는 끝날 것임을 깨달아 할 수 있는 일을 하고 될 수 있는 존재가 되고 싶은 충동을 느끼게 한다는 점에서 도움이 된다.

그다음에는 어떻게 될까? 아무도 모른다. 하지만 다른 창조물에 대해 알고 있는 내용에서 어느 정도 단서를 얻을 수 있다. 기쁨과 경이로움이 가득한 표정으로 죽어가는 사람들의 이야기에서 그렇듯, 그런 단서들을 접하며 우리는 희망을 품게 된다. 죽어가는 사람들 모두가 그런 경험을 하는 것은 아니다. 하지만 2 더하기 2는 4라는 사실을 알기 위해 세상의 모든 숫자를 더할 필요가 없듯, 희망을 얻기 위해 백 퍼센트 확인할 필요는 없다.

미지의 것을 마주할 때 절망을 느끼는 것처럼,
희망을 느끼는 것 또한 합당하다.

우리의 눈이 번쩍 뜨이는 순간이 있습니다. 은총이 무한하다는 것을 깨닫는 순간입니다. 여러분, 은총은 우리가 그것을 믿고 기다리며 감사하는 마음으로 받아들이기만을 원합니다……. 우리는 선택한 것을 얻었고, 거부한 것까지도 받았습니다. 거부한 것이 오히려 우리에게 풍요롭게 쏟아졌습니다. 아이작 디네센

사랑하는 사람의 죽음으로 잃어버린 모든 희망, 미래에 대한 모든 계획……. 우리는 이런 상실을 어떻게 받아들여야 할까?

디네센의 이야기 〈바베트의 만찬〉에서 로벤히엘름 장군은 이루지 못한 짧은 사랑의 장면으로 다시 돌아와 사랑을 얻지 못한 그 세월을 이 순간의 은총으로 보상받았다는 놀라운 말을 한다.

우리도 그런 은총의 순간을 기대할 수 있을까? 그 순간은 어떨까?

혼자 있는 순간에 우리는 우리가 사랑한 사람이 그 방에 있어서 어쩌면 만질 수도 있을 것 같고, 살아가면서 모험을 할 때 그도 함께하는 것처럼 느낄지도 모른다.

떠난 사람을 그리워하며 슬퍼하기만 할 거라고 생각한 가족 모임에서, 사랑하는 그 사람도 그곳에 함께 있으면서 미소 띤 얼굴로 가족 모임을 축복한다고 느낄 수도 있다.

아니면, 다른 차원에서 다시 함께 있게 될 거라는 확실한 희망이 용솟음치는 걸 느낄 수도 있다.

그의 부재 속에서 그가 존재함을 알게 된다.

그 너머에 도달할 가능성은 없다. 그 작은 배는 어둡고 무서운 만으로 들어가고 우리의 외침만이 빠져나가려고 한다. "나를 땅에 다시 내려줘." 하지만 소용없다. 아무도 듣지 않는다. 어슴푸레한 형체가 노를 젓는다. 사람은 가만히 앉아서 눈을 떠야 한다. 캐서린 맨스필드

아마도 우리는 벗어나려고 애쓸 것이다.

그 얘기를 안 한다면…….

정신을 잃을 때까지 술을 마신다면…….

그 생각을 할 틈이 없도록 일에 파묻힌다면…….

잠이 든다면, 그러면 잊을 수 있을 텐데…….

하지만 침묵은 우리에게 아우성친다. 술은 우리를 망가뜨린다. 정신없는 하루를 보내고 나서 거울을 보면 절망이 보인다. 그리고 잠 속으로 도망친다 해도, 깨어나면 또다시 진실을 마주해야 한다.

오래전 딸아이와 함께 관람차를 탄 적이 있다. 관람차가 높이 올라가자 나는 온갖 종류의 사고를 상상하면서 겁에 질려 두 눈을 가렸다.

하지만 딸아이는 절대 그러지 않았다. "엄마, 눈 떠요!" 아이가 소리쳤다.

아이 말대로 했다. 마주하고 보니 별로 무섭지 않았다.

눈을 똑바로 뜨고 상실을 마주하는 편이 낫다.
그렇게 해야 결국 대가를 덜 치를 것이다.

유일하게 견딜 수 없는 일은
사랑하기를 거부하는 것이다. 매들린 렝글

지금 겪고 있는 이 슬픔이 유일하게 견딜 수 없는 일인 듯 보일 때가 있다.

하지만 생각해보자. 그 죽음을 슬퍼할 만큼 사랑한 사람이 없었더라면 우리 삶은 얼마나 삭막하고 끔찍했겠는가?

그리고 이 특별한 사람…… 그토록 사랑한 이 사람이 없었더라면 우리 삶은 어떻게 되었을까? 그 세월 동안 사랑한 그 사람과 함께 지냈다는 사실에 이 고통을 감내할 가치가 있을까?

그렇다, 하지만…….

물론 그렇다. 이성적 판단으로 슬픔을 떨쳐버릴 수는 없다. 지금은 그렇다. 앞으로 영원히 그럴 것이다. 하지만 나뭇잎 한 장을 들어 은색으로 빛나는 아랫면을 보듯, 고통의 아랫면을 보면서 우리가 죽음을 애도하는 그 사람이 살아 있는 동안 우리 삶이 얼마나 풍요로웠는지 확인해보는 것이 도움될 때가 있다.

언젠가는 (언제인지는 애도하는 사람들 수만큼 다양하다) 슬픔이 아랫면에 있고, 축복과 감사의 느낌이 밝고 선명한 녹색의 표면에 있는 때가 올 것이다.

가끔 고통이 너무도 강력할 때, 사랑에 대한 기억으로
나 자신을 감싸려 한다.

젊은 나이에 죽는다 해도 신경 쓰지 않을 것이다…….
나는 이미 충만한 삶을 살았다. 메리 히크먼

갑작스러운 사고로 사랑하는 이를 잃었을 때 사람들은 어떤 징조가 있었는지 기억해내려 한다. 이 끔찍한 일이 일어나기 전에 어떤 단서나 표시가 있었던가? 혹시 그런 단서나 표시를 찾는다면, 아마도 혼란스러운 삶에 얼마간 의미를 줄 수도 있을 것이다. 우리가 사랑한 그 사람은 잠재의식 속에서 알고 있었던 걸까?

열여섯 살 때 낙마 사고로 갑자기 죽기 몇 달 전부터 딸아이는 지나가듯 죽음을 암시하는 말을 했다. 그래서 내가 대답했다. "메리! 한 번에 하나의 세상에서 살아야지!"

아이가 죽고 나서 그 아이가 했던 말이 생각났다. 딸아이는 내가 모르는 걸 알고 있었던 걸까? 그런 사고에 대해 희미하게나마 미리 아는 것이 가능할까?

만일 그렇다면, 이 우주에는 불가해한 미스터리가 존재하고 우리는 그중 아주 작은 부분만을 알고 있는 걸까?

이런 계시와 기적이 상실의 슬픔을 덜어주진 않겠지만, '인간의 한계를 초월하는 수준에서 어떤 계획'이 작동하고 있으며 그것이 하는 일을 알고 있다는 희망을 줄 수는 있다.

지식과 신앙의 모든 가능성에 늘 마음을 열어두려 한다.

오 신이여, 당신은 내가 평화로운 낮을 보내게 했습니다. 이제 평화롭게 밤을 보내게 하소서. 오직 한 분이신 신이여. 당신만이 힘을 가지고 있습니다. 당신만이 의무를 지니고 있지 않습니다. 당신의 보살핌 아래에서 나는 밤을 보냅니다. 당신은 나의 어머니이고 아버지입니다. 아멘. 아프리카의 전통 기도문

슬픔을 겪고 있을 때 얼마 동안이라도 평화롭게 보냈다면 성취라 할 만하다. 아무 때나 그렇게 할 수 있는 건 아니다. 또 다른 때도 평화롭게 보낼 수 있도록 도움을 구해보자. 언제든 나를 도와줄 수 있는 존재에게 도움을 청하는 것이다.

이 기도문에서 특히 감동적인 부분은 이전에 아무 약속도 한 적 없는 신에게 간구하는 것이다. "신이여, 지켜주소서."

이런 간구를 우리는 가장 큰 위안과 안전을 줄 수 있는 존재, 어머니와 아버지 같은 존재에게 하는데, 앞의 말을 조금 바꿔보면 정신을 다른 데 쏟는 어머니와 아버지가 아니라 온전히 우리에게만 관심을 기울이는 어머니와 아버지다. 그럴 때 우리는 어머니와 아버지가 밤새 우리를 살필 거라고 믿을 수 있다.

약함 속에서, 나는 강한 존재를 믿을 수 있다.

사랑과 애도에 끝이, 끝이,
아, 끝이 있다고 누가 말했는가? 메이 사턴

아니, 사랑에도 애도에도 끝은 없다. 그리고 내가 생각하기에, 거대한 상실을 '극복하지' 못한다 해도, 그 사람과 나눈 사랑 또한 '극복하지' 못한다 해도, 사랑은 세월이 흘러도 우리와 함께 있으면서 삶을 풍요롭게 할 거라는 걸 우리는 어떤 식으로든 알게 된다.

하지만 조심해야 한다. 사랑한 사람의 모습과 슬픔을 혼동해서는 안 된다. 이 둘을 하나로 보려 한다면, 사랑하는 사람을 잃을 거라는 두려움에 슬픔도 놓아버릴 수가 없다. 분명 이 둘은 다르다. 그러므로 가능한 한 빨리 사랑한 사람과 상실의 슬픔을 의식적으로 분리한다면 우리 삶은 더 나아질 것이다. 각각은 그 자리가 있으며, 때가 되면 분리되어야 한다.

사랑한 사람에 대한 기억에 늘 슬픔의 그림자가 배어 있을 것을 알지만, 그래도 내가 원한다면 슬픔을 배경에 놓을 수 있다.

슬픔은 오월의 눈처럼 녹아버린다.
그렇게 차가운 것은 존재하지 않았던 것처럼. 조지 허버트

그런 일은 절대 없을 거라고 생각했다. 이 슬픔이 녹아 없어지기는커녕 누그러지는 일도 없을 거라고 생각했다.

하지만 눈처럼 슬픔도 천천히 녹아 없어지고, 그러다 어느 날 우리는 풍경이 달라졌다는 걸 깨닫고는 깜짝 놀란다. 눈이 사라졌다. 풀과 돌과 화단이 다시 보인다. 슬픔도 그렇다. 슬픔이 서서히 빠져나가고, 어느 날 우리는 기분이 한결 나아졌다는 걸 깨닫는다. 이전의 우리 모습과 비슷해진다.

이 은유를 더 확대해보면 이렇다. 눈이 녹아 물이 되고, 물은 이 땅 저 땅에 내리며, 그 땅이 어떤 형태인지 어느 곳이 가장 가물었는지에 따라 식물을 키우는 영양분이 된다. 혹은 구름에 갇혀 하늘을 떠돌다가 다시 비가 되어 땅으로 내려온다.

마찬가지로 우리의 슬픔도 다른 형태의 에너지와 삶으로 변한다. 그 슬픔은 환경에 따라 그리고 어디가 가장 힘든가에 따라 우리 삶과 우리를 둘러싼 사람들의 삶의 한 부분이 된다. 슬픔은 사라지지 않는다. 다른 것으로 변할 뿐이다.

내 심장을 이처럼 차갑게 하는 슬픔을
삶의 흐름에 맡기려 한다.

생명을 주는 존재가 눈길을 주지 않는 생명은 하나도 없다.
죄를 지은 생명이라고 해서 버리는 일도 절대 없다. 어떤 사람도
생명을 주는 존재에게서 멀리 있지 않아서, 그가 무엇을 느끼든
그 존재도 슬퍼하거나 기뻐하면서 함께 느낀다. 필립스 브룩스

특히 우리가 보살피던 아이가 죽었다면, 말이 안 된다고 생각하면서도 계속 이런 질문을 하게 된다. '지금은 누가 그 아이를 돌보고 있을까?' 이제 누가 사랑스러운 그의 친구가 되어줄지 알고 싶다. 누가 곁에서 그를 위로하고 안심시켜줄 것이며, 다른 세상에 처음 발을 디딘 그에게 이제부터 어떻게 해야 하는지 그리고 그곳은 어떻게 돌아가는지 알려줄까?

죽은 사람이 보살핌이 필요하고 새로운 환경에서 불안해할 게 분명한 어린아이일 때, 이런 질문은 더 끈질기게 우리를 괴롭힌다.

어떻게 보면 이런 질문들은 말이 안 되고 아무 소용도 없다. 하지만 죽음이란 게 대부분 말이 안 되는 것이고, 그 주위를 소용돌이치듯 빙빙 도는 질문들 때문에 우리는 아주 원초적이고 모호한 불안과 희망에 휩싸인다.

그래서 두려움을 진정시켜줄 이미지를 찾는다. 이럴 때 필립스 브룩스가 이야기하는 생명을 주는 존재는 진실처럼 들린다. 우리에게 필요한 것이 바로 그것이다!

영원히 존재하며 언제까지나 생명과 사랑의 힘으로 돌보는
당신에게 내 사랑하는 사람을 맡깁니다.

6
JUNE

신에게 기꺼이 방해받을 준비가
되어 있어야 한다. 디트리히 본회퍼

누가 준비되어 있을까? 우리에게는 계획이 있고 기대하는 일이 있다. 삶은 때로 마음에 들지 않기도 하지만 어쨌든 예측할 수 있는 속도로 흘러간다.

그러다 사고나 죽음 혹은 병 같은 사건이 일어나면서 모든 것이 달라지고, 우리는 어쩔 수 없이 우선순위를 재평가하며 인생 계획을 수정한다.

엄청난 불행에 다가갔다가 빠져나온 사람들은 삶의 단순한 기쁨과 매일의 선물에 새삼 감사해하며, '다음 날'은 안 올지도 모르기 때문에 즐거움이나 친절을 '다음 날'까지 미루지 않겠다고 다짐한다.

사랑하는 사람을 잃은 우리 역시 단순한 선물의 가치, 친절한 말이나 행동을 미루지 않는 것의 중요성을 알게 된다. 언제 어떤 일이 일어나 우리의 세상을 바꿀지, 예상한 삶의 방향과 전개를 바꿀지, 그리고 우리가 친절을 베풀고 다정한 말을 건네려 한 사람들이 언제 떠나갈지 절대 알 수 없기 때문이다.

소중한 이날은 그 자체로 선물이다.

우리의 즐거움은 날개를 단 꿈처럼 날아간다.
그러니 왜 슬픔이 지속되어야 하는가?
슬픔은 상실을 악화시킬 뿐이니 지나간 일을 두고
슬퍼하지 마라. 토머스 퍼시

슬퍼할 때 상실의 상처가 더 커지는가?

이 둘 사이에 미묘한 균형을 이루어야 한다.

물론 슬픔을 제대로 마주하면서 상실의 계곡을 통과해야 한다. 그렇게 하지 않으면 상실을 절대 극복할 수 없고 따라서 다시 온전한 사람이 될 수도 없기 때문이다. 하지만 그러면서 또 한편으로는 그곳에 너무 오래 머물지 않는 것도 필요하다. 안 그러면 슬픔에 갇혀 다시 빠져나오지 못할 수 있다.

혹시 왜 이렇게 우울한지 오랜 시간 반복하고 반복해서 곱씹고 있다면, '날개를 단 꿈'처럼 날아가는 즐거움(사랑하는 사람과 함께한 멋진 시간)에 대해 곰곰이 생각해보는 게 좋다. 그 사람과 아무 관계없이 즐거웠던 시간을 생각해도 좋다.

우리는 어떤 것에 얼마나 오래 관심을 기울일지를 어느 정도 조절할 수 있다. 그러니 즐거운 주제들이 너무 빨리 사라지게 하지 말자. 우리에게는 그것들이 필요하다!

가끔은 즐거운 기억들이 있는 내 방으로 갈 것이다.
그리고 문을 닫을 것이다!

왠지 모르게 갑자기 피곤하고 싫증이 났다.
그래서 가만히 일어나 혼자 밖으로 나와 거닐다가
신비롭고 촉촉한 밤공기 속에 섰고
완전한 적막 속에서 별들을 바라보았다. 월트 휘트먼

우리 역시 휘트먼과 똑같이 마음이 어지러워지곤 한다.

어떤 것에도 관심이 가지 않고 어떤 것도 오랫동안 할 가치가 없어 보인다. 사는 것에 아무 의미도 재미도 느낄 수 없다.

그럴 때 고요한 밤 속으로 가서 별을 올려다보면 마음이 더할 수 없이 차분해진다. 그처럼 거대하고 아름답고 질서 있는 세상 그리고 측량할 수 없는 시간과 공간의 범위에는, 분명 우리가 이해할 수 없는 의미가 있을 것이다.

그리고 그 밤에 친밀감을 느끼기도 한다. 하늘에서 빛나는 별 가운데 제일 가까이 있는 저 별은 어떤 표시일까?

미스터리는 여전히 남는다. 그래도 어쨌든 우리는 위로를 받는다.

내가 외로움과 슬픔에 빠져 있을 때도
세상은 나를 품에 안는다.

진심으로 말하는데, 울어도 된다.
울어야 분노가 흩어진다.
눈물은 마치 시냇물처럼 가슴을
흘러내린다. 오비디우스

우리는 그걸 경험으로 안다. 우리는 '잘 운다는 것'에 대해 얘기하기도 한다. 어떤 사람은 이렇게 말한다. "울고 나니까 기분이 좋아졌어." 사람이 많은 곳에서 어쩔 수 없이 울면 조금 창피할 수도 있지만 대개는 기분이 나아진다.

왜일까? 진심으로 눈물을 흘리며 우는 사람을 참지 못하거나 역겨워하며 외면하는 사람을 난 한 번도 보지 못했다. 만일 그런 사람을 본다면, 주저하지 않고 그 사람이 우는 사람보다 더 불행하다고 생각할 것이다.

슬픔의 압력을 푸는 것(오비디우스가 말한 슬픔의 '분노'를 포함해서)은 물리학의 현상(내면의 압력을 푸는 문제)과 비슷하게 느껴진다. 눈물에는 우리 몸에서 해로운 성분들을 씻어내는 유익한 화학적 성질이 있다는 주장도 있다.

병이나 감정적 제약 때문에 울지 못하는 사람들도 있다. 얼마나 슬픈 일인가. 그러니 눈물이 흐르도록 두어라. 눈이 붉어지고 뺨이 붓는다 해도, 뭐 어떤가? 얼굴은 금세 정상으로 돌아올 것이고, 그러는 동안 기분은 훨씬 나아질 것이다.

울 수 있다는 선물에 감사한다.

새벽에 뜬눈으로 누운 채 나는 그들을 기억한다.
기쁨과도 같은 사랑으로 그들을 기억한다. 내 곁을 떠났지만
영원히 나의 것, 온전히 나의 것이다. 존 홀 휠록

곁을 떠난 사랑하는 사람이 내 가슴과 머릿속에 영원히 남아 있는 것, 이것은 분명 실재하는 씁쓸하면서도 달콤한 기쁨이다. 그들은 우리 의식 속에 늘 존재한다. 그들이 살아 있을 때는 그러는 게 불가능했다. 그때는 그들이 들어오기도 하고 나가기도 했고, 그들과 우리 관계가 좋을 때도 있고 나쁠 때도 있었으며, 그들이 곁에 있는 것이 편할 때도 있고 불편할 때도 있었기 때문이다.

하지만 이제는 그들에 대한 기억을 언제든 불러낼 수 있으며, 의식적으로 생각하지 않을 때도 그들은 우리의 피부처럼, 혹은 바쁘고 피곤한 하루를 마치고 나서 입는 편안한 실내복처럼 존재의 일부로 느껴진다. 사랑하는 사람에 대한 기억은 말없이 늘 함께 있어주는 동반자다.

다시 말하지만 우리가 좋아서 선택한 것이 아니라 해도, 그것은 그 자체로 축복이다.

우리가 사랑한 사람에 대한 기억과 그의 영적 존재를 편안하게 받아들이고 평화로움을 느끼려 한다.

믿는 법을 배운다면, 그 힘으로
생명나무가 뿌리를 단단히 내리고 자라게
할 수 있다. 일레인 M. 프레발레트

 겨우내 그곳 땅 대부분이 메마르고 황량하거나 차가운 눈에 덮여 있었다.

 하지만 겉으로는 다 죽은 듯 보이는 땅 아래에서는 식물의 뿌리가 필요한 겨울잠을 자면서 생명을 유지하고 있었다. 그러다 봄이 오고, 해가 바뀌고(우리에게서 약간의 도움을 받아서!), 땅이 다시 활기를 띠고, 아름다움과 생명력이 피어난다.

 초여름이 되어 세상이 녹색으로 변하는 모습을 보며 아마도 우리는 낙담과 슬픔의 계절이 지나면 또다시 삶에 대한 사랑과 삶이 주는 선물, 우리가 사랑한 사람의 삶이 주는 선물과 그가 남긴 유산을 향한 감사의 계절이 다가온다는 걸 믿게 될 것이다.

계절이 바뀐다는 걸 믿는 법을 배웠으므로, 슬픔을 극복하는 여정에서 나를 지지해주는 삶 또한 믿을 수 있다.

> 우리는 세상을 다시 창조할 수 없다……. 심지어,
> 진정으로, 자신조차도 새롭게 창조할 수 없다. 오직 우리의
> 행동만을 다시 혹은 새롭게 창조할 수 있다. 앨리스 워커

슬픔이 우리를 밀어 넣으려 하는 낙담의 계곡에서 어떻게 하면 벗어날 수 있을까?

상실이라는 사실을 바꾸는 방법으로는 아니다. 우리는 그걸 바랄 만큼 어리석지 않다. 최대한 의지력을 발휘해 마음 상태가 슬픔에서 수용, 다시 살고 싶다는 갈망으로 바뀌게 하는 방법으로도 아니다. 시도해볼 수는 있겠지만 별 소용이 없다. 기껏해야 일시적으로 마음이 변할 뿐 지속되지는 않는다.

기독교에서는 믿음의 타당성을 시험하려면 그 믿음이 진짜인 것처럼 행동하고, 어떻게 되는지 보라고 하는 고전적인 사고방식을 얘기한다.

마찬가지로, 우리도 미래를 위해 노력하는 것처럼, 여러 활동을 다시 시작하는 것처럼, 삶과 친구들, 정원, 음악, 일을 다시 즐기는 것처럼 행동하면서 어떻게 되는지 지켜볼 수 있다.

삶의 흐름으로 되돌아가 어떻게 되는지 지켜볼 것이다.

한겨울의 거친 손이
그대의 여름을 상하지 못하게 하라,
그대가 증류되기 전에. 윌리엄 셰익스피어

슬픔은 계속 머리 위에 드리워져 있고, 어느 날은 그 슬픔의 그늘 밑에서 절대 빠져나오지 못할 것 같은 생각이 들기도 한다.

어쩔 수 없을 때가 있다. 누가 주먹으로 치듯 슬픔이 우리를 공격하면 다시 호흡을 가다듬을 수 있을 때까지 한참이 걸린다.

그러지 않으려고 해도 자꾸만 이런 생각이 든다. '이렇게 지독한 슬픔은 다시 없을 거야. 이 슬픔에서 과연 벗어날 수 있을까?'

한번 시도해볼 만한 방법이 있다. 사랑하는 사람을 잃은 뒤로 우리를 덮고 있던 먹구름을 얼마간 치워놓아보자. 적어도 노력해볼 가치는 있다.

머리와 어깨에서 무거운 장막을 들어내 조심스럽게 접은 다음 벽장 선반에 얌전히 놓고 벽장문을 닫고 걸어 나오는 모습을 시각화하는 것이다.

옆에서 어이없다는 표정으로 쳐다보며 "대체 뭐 하는 거야!"라고 말할 사람이 없다면, 몸으로 직접 이 무언극을 해도 좋다. 무거운 천을 들어내 접은 다음 자리에서 일어나 벽장으로 가서 선반에 넣는 것이다. 그런 다음 문을 닫고 잠시 문에 기대서 있어라. 그리고 걸어 나오라.

이제 잠시 동안이라도 이날, 이 여름날을 있는 그대로 음미해보자.

내게는 슬픔이 삶을 지배할 때를 어느 정도 선택할 힘이 있다.

> 무엇보다도, 걷고자 하는 바람을 잃지 마라. 매일 나는 평안의 상태로 걸어 들어가고, 모든 병에서 걸어 나온다. 나는 가장 좋은 생각 속으로 걸어 들어갔으며, 사람이 걸어 나오지 못할 만큼 힘겨운 생각에 대해서는 전혀 알지 못한다. 쇠렌 키르케고르

 꼭 걷기여야 할 필요는 없겠지만, 걷기가 언제 어디서든 할 수 있는 아주 좋은 운동인 건 분명하다. 걷기는 신체에 힘을 가해 어딘가로 이동하는 동작이다. 걷기를 할 때 우리는 슬픔과 절망에서 걸어 나오는 움직임을 실천하는 것이다.

 일어나서 걸어갈 기운을 내는 것이 힘겨울 때가 있지만, '마음이 내킬 때'까지 기다린다면 의자에서(혹은 침대에서!) 절대 나오지 못할지도 모른다.

 걷기의 가치는 아무리 높이 평가해도 부족하다. 정서적으로 불안한 사람들에게는 걷기를 권한다. 심장 수술을 하고 난 뒤 회복 과정에도 걷기가 포함된다. 작가인 친구는 원고를 쓰다가 잘 풀리지 않을 때면 밖으로 나가 걷는다. 친구는 이것을 '사고하는 걷기'라고 이름 붙였는데, 이 걷기를 하고 나면 예외 없이 새로운 아이디어를 얻어서 돌아온다.

 그러므로 후회나 절망 속에서 시간을 낭비하면서 좀처럼 '벗어나지' 못하고 있다면, 일단 걸어보라.

집에 아무도 없다. 나는 산책하러 갔다!

그는 완전히 새로운 세상에 내던져졌고, 그곳에서 길을 잃었다.
하늘은 달랐다. 햄샌드위치도 달랐다. 오늘 아침 신발장에 나란히
놓인 그의 신발이 너무도 낯설어 보여 좀처럼 손을 뻗을 수가
없었다고 그는 말했다. 조지핀 험프리스

이미 익숙해진 평범한 세상인데도 끊임없이 놀라게 된다. 이제 우리는 슬픔과 상실의 막을 통해 모든 걸 본다. 당연히 세상은 달라 보인다.

지금은 없는 사람, 마지막으로 이 특별한 상점에 갔을 때 혹은 이 특별한 시골길을 자동차로 달렸을 때 곁에 있던 사람이 자꾸만 떠오르지 않는 상황으로 옮겨갈 수 있다면 견디기가 좀 나을까?

바로 이런 생각을 하면서 어떤 사람들은 첫 번째 크리스마스나 휴가에 집을 떠나 평소 가족끼리 가 본 적 없는 곳으로 떠난다. 그들은 익숙한 장면을 보면서 '여기에서 뭐가 잘못된 거지?'라고 끊임없이 생각해야 하는 곤혹스러움을 견딜 필요가 없을 것이다.

하지만 어쨌거나 우리는 평범한 일상과 씨름하면서 이미 알고 있는 세상 속에 새로운 세상을 만들어야 한다. 그리고 얼마간 시간이 지나면, 그 새로운 세상이 다시 편안해지는 걸 보면서 한편으로 놀라고 또 만족할 것이다.

내가 살고 있는 세상에서,
안정감과 내가 있어야 할 곳을 발견한다.

하지만 의로운 사람의 영혼은 신의 손에 있고,
어떤 고통도 그들을 건드리지 못할 것이다.
지혜롭지 못한 사람들의 눈에는 그들이 죽은 것으로 보인다.
지혜롭지 못한 사람들은 그들이 떠난 것을 불행으로 여기며,
그들이 곁에서 멀어진 것을 완전한 파멸로 생각한다.
하지만 그들은 평화 속에 있다. 〈솔로몬 지혜서〉 3장 1~3절

경외 성경에 실린 이 고대의 지혜는 처음 쓰였을 때도 그랬겠지만 지금 역시도 그대로 들어맞는 듯하다. 당시 사람들의 불안과 인식, 희망 모두가 이 글에 그대로 반영된 것처럼, 우리의 불안과 인식, 희망도 모두 이 구절에 반영되어 있다.

죽음과 저 너머 세상의 모습에 관한 질문과 대답들이 오랜 세월 끊임없이 있었다는 사실이 위안이 되기도 한다. 우리가 죽으면 신의 곁으로 가서 평화롭게 지낸다고 그렇게 많은 사람이 그렇게 오랜 세월 동안 굳게 믿었다면, 우리 또한 이런 희망(사랑하는 사람들을 위해 그리고 우리 자신을 위해)을 받아들일 수 있다.

그 시대의 지혜에서 내가 위로와 희망을
발견할 수 있길 바란다.

그 사람을 본질과 전혀 다르게 이상화하고 왜곡하기 시작한다.
벨라는 고귀한 성모 마리아가 아니었고, 불가사의한
성모 마리아도 아니었으며, 슬픔에 잠긴 성모 마리아 역시
아니었다. 두 손을 물에 적시고, 고통과 고난을 겪으며
사는 피와 살을 가진 여인이었다. 약점을 지닌 인간이었다.
좋은 부분만을 기억하는 것은 배신이다. 토비 탤벗

단지 배신만인 것은 아니다. 슬퍼하고 계속 살아가는 데 쓰여야 할 에너지 대부분이 이처럼 잘못된 환상을 유지하는 데 소모된다.

죽은 이의 좋은 특징들을 과장하고 별로 훌륭하지 못한 면을 덮어두는 것이 그들을 존중하는 거라고 생각할 수도 있다. "De mortuis nil nist bonum(죽은 사람에 대하여는 좋은 점만 말하라)"라는 라틴어 속담도 있다.

하지만 한때 가까이 있었고 우리가 사랑한 사람들을 온전하게 기억하려고 노력한다면, 이것은 말이 되지 않는다.

만일 우리가 세상을 떠난 사람이라면 남아 있는 사람들이 어떻게 해주길 바랄까? 완벽한 모습으로 기억해주길 바랄까? 아니면 있는 그대로의 모습으로 기억해주길 바랄까?

우리가 사랑한 사람의 인간적 특질을 그대로 간직하면서
그의 삶을 기억하려 한다.

이제부터 배워야 할 것들이다. 병뚜껑 열기,
가구 옮기기, 꼼짝하지 않는 창문 열기, 혼자 집에 가기,
밤에 들리는 소음의 원인을 알아보기, 혼자 식사하기,
혼자 결정하기, 혼자 힘으로 돈 관리하기, 혼자 여행하기,
혼자 서비스 회사와 싸우기, 혼자 아프기, 혼자 자기,
혼자 노래 부르기. 소냐 오설리번

사랑하는 사람이 떠나고 난 뒤, 생일이나 휴일 같은 특별한 날에는 미리 마음을 다잡고 준비를 하면서도 그 사람과 늘 함께한 일상의 시간에는 미처 대비를 못 할 때가 많다. 어떤 여자는 남편이 떠난 뒤 처음 라디오에서 굉장히 흥미로운 뉴스를 듣고는 남편에게 그 얘기를 전하려고 고개를 돌렸다고 했다. "그 순간, 그 사람이 떠났다는 걸 알았어요."

문득문득 깨닫게 되는 이 새로운 사실은 시간이 흐르면서 뇌리에 인식될 테지만, 그렇게 되기까지는 시간이 걸리며, 우리가 사랑한 사람이 이 익숙한 장소에 다시 있길 바라는 간절한 갈망이 수없이 고개를 든다.

하지만 그 사람과 이런저런 특별한 경험을 함께한 기억에 가슴 아파하면서도 결국은 그와 함께 보낸 모든 시간에 감사하게 될 것이다. 그리고 혼자 그 시간을 지낼 힘을 갖게 될 것이다.

살아가는 법을 새롭게 배울 때,
우리가 사랑한 사람에 대한 기억에서 힘을 얻을 것이다.

신은 당신이 어제 왔어야 했다고 절대 말하지 않는다. 신은 당신이
내일 다시 와야 한다고 절대 말하지 않는다. 하지만 오늘 당신이 그의
목소리를 듣는다면, 오늘 그는 당신의 목소리를 들을 것이다…….
신은 희미한 빛에서가 아닌, 어둠에서 빛을 가져왔다. 비록 당신에게
봄은 없지만, 신은 겨울에서 여름을 가져다줄 수 있다. 모든 때가
그의 자비를 청하고, 모든 때는 그의 계절이다. 존 던

이 고통스러운 슬픔에서 벗어나 조금이라도 편안해지려면 무엇을 해야 하고 무엇을 믿어야 할까?

풀쩍 뛰어올라 링을 통과해야 하는 것도 아니고, 믿을 수 없는 신조를 받아들여야 하는 것도 아니다. 우리를 위해 사랑을 실천하는 사람들이 있다. 그리고 이 우주에는 우리를 포용하는 사랑, 단 하나의 존재인 신이 있으며, 우리는 어떤 말도 할 수 있고 어떤 기분도 느낄 수 있다는 걸 믿는가? 그럴 수 있다면, 우리 슬픔의 일부를 그 존재에게 넘겨주자. 어둠 속에서 너무 무거운 짐을 짊어진 어린아이가 믿을 만한 친구에게 짐의 일부를 건네주듯 말이다.

너무 무거운 짐도 너무 가벼운 짐도 없다.

너무 하찮은 염려도 너무 거대한 염려도 없다.

누군가 나를 도와주려 할 때, 내 슬픔을 너무 세게 움켜쥐고
있느라 그 도움을 받지 못하는 일은 없길 바란다.

어느 날 보니 친구들 무리의 위치가 달라졌다……. 좋은 친구라고 믿은 사람들이 냉랭하고 서먹서먹하게 굴면서 도움을 거부하는 것처럼 보여 놀라기도 하고 실망하기도 했다. 반면 가볍게 알던 사람들이 갑자기 가까워졌고 내 삶을 지탱해주는 존재가 되었다. 슬픔은 규칙을 바꾸고, 때로는 관계를 재배열한다. M. W. 히크먼

사람들이 우리의 상실에 관해 얘기하는 걸 불편해하는 이유는 상실과 죽음에 대한 자신의 두려움 때문이라고 흔히들 말한다.

그들의 태도를 절대 '옳다'거나 '그르다'고 구분 지을 수 없다. 그들은 자신의 불안을 의식하지 못할 수도 있다.

그래도 과거에 의지한 사람이 어느 날 갑자기 냉랭하게 굴면서 거리를 둔다면 당황스러울 수밖에 없다. 그것은 그들의 '잘못'이 아니다. 하지만 우리의 '잘못'도 아니라는 사실을 아는 게 중요하다. 상황은 변한다. 살다 보면 여러 경험을 하게 된다. 그래서 이전에는 잘 모르던 사람이었는데 그에게 공감이 되면서 마음이 끌리기도 한다.

살아가면서 나는 수많은 동반자를 만날 것이다.
오래된 친구들과 새 친구들, 그리고 우리의 이야기가 서로를 가깝게 만들어주었다는 사실에 감사한다.

상실의 최종 결과와 그에 수반되는 모든 고통을 온전히
받아들인다고 해서 꼭 삶의 질이 떨어져야 하는 것은 아니며,
살아가면서 새로운 성격의 실현을 할 수 있다는 사실을……
나는 알게 되었다. 또한, 슬픔과 애도라는 괴로움을 통과하지
않고는 그렇게 할 수 없다는 사실도 알았다. 릴리 핑커스

거대한 상실을 극복하는 과정을 통해 더 큰 성취감을 얻을 수 있다는 것은 쉽게 할 수 있는 말이 아니며, 한동안은 믿기조차 힘든 말이다. 처음에는 차분한 마음으로 낮과 밤을 무사히 보내는 것 말고는 다른 생각을 할 여유가 없다. 여기에 어떤 '밝은 면'이 있을 거라는 말은 믿기 힘들뿐더러 불쾌하기까지 하다.

인생의 여러 중요한 사건이 그렇듯, 시간이 지나 상황이 정리되고 내게 무엇이 남았는지 돌아볼 때가 되어서야 우리는 지혜를 얻는다. 아마도 그때는 지혜를, 고통과 불안을 견디는 능력을 얻었음을 알게 될 것이다.

하지만 단기간에 그렇게 될 수는 없으며, 억지로 그렇게 될 수도 없다. 필요한 시간만큼 슬픔의 여러 의미를 생각하고 고통스러워하고, 많은 질문을 해보고, 혼란을 있는 그대로 받아들이지 않는다면 해결책 또한 절대 찾을 수 없다.

슬픔의 과정을 줄이거나 피하려 하지 않을 것이다.
한 번에 하루씩 과정을 지날 것이다.

이제 내 앞에 새로운 날이 펼쳐졌다. 어제와는 다른
해가 떠오른 것 같다. 하늘은 형언할 수 없을 만큼
더 밝아졌고 땅은 더 평탄해졌다. 그리고 그 환한 빛은
지금 이 순간까지도 계속되고 있다. 오빌 듀이

커다란 슬픔에 빠져 있는 동안은 그런 날이 올 거라는 것이 좀처럼 믿기지 않는다. 위중한 병을 앓다가 회복한 사람이 말했다. "한 번쯤 아파보는 것도 가치가 있어요. 건강하다는 것이 얼마나 큰 축복인지 다시 한번 깨닫게 되거든요."

물론 하루아침에 그렇게 되지는 않는다. 하지만 힘든 시간을 견딜 수 있게 도와주는 좋은 친구들과 믿음이라는 축복이 있다면, 새로운 유월의 아침처럼 주위의 아름다운 삶에(놀라울 만큼 아름답고 많은 가능성을 품고 있는 세상에) 새롭게 눈뜨는 시간이 올 것이다.

아직 그런 느낌이 들지 않는다면, 슬픔에 좀 더 머물러라. 하지만, 언젠가는 가장 끔찍한 고통을 견뎌낸 뒤 새로운 마음과 느낌으로 최고의 것을 만나게 될 거라는 약속을 마음속에 간직하라.

삶이 새로운 기쁨으로 충만해질 거라는 약속을
잊지 않을 것이다.

어떤 것도 당신을 멈출 수 없었다.
최고의 날도, 고요함도, 흔들리는 바다도
멈출 수 없었다.
당신은 계속 죽어갔다. 마크 스트랜드

그들은 자신의 일, 그러니까 죽어가는 것에 대해 줄곧 어떻게 얘기를 했는가. 그들은 우리가 그곳에 있다는 걸 알았다. 그들은 우리를 사랑했으며, 우리가 고통당하지 않길 바랐다. 그래, 그들은 우리를 그리워할 것이다. 하지만 그들의 눈은 이미 또 다른 풍경으로 향했고, 우리는 그들이 멀어져가는 모습을 보았다.

그들이 떠났으므로 우리는 버려졌다고 느껴야 할까?

그럴 이유는 없다. 그들은 여전히 우리를 사랑한다. 그들은 목적지에 이르렀다.

우리가 그들을 놓아주려면 그들의 허락이 필요할까? 분명 그들은 죽어가면서 이미 그 허락을 했다.

하지만 그들이 편안하게 떠나기 위해서는 우리의 허락이 필요할 것이다. 친구 하나가 사랑하는 삼촌을 잃고 난 직후 삼촌이 곁에 서서 이렇게 묻는 걸 느꼈다고 한다. "버디(친구의 성), 이제 가도 되겠니?" 그래서 친구가 대답했다. "그럼요, 괜찮아요." 다음 순간 친구는 공기가 변하는 것, 그러니까 주변이 고요하고 평온해지는 걸 느꼈다.

죽음이라는 미스터리 앞에서 살아 있는 사람들은
구경꾼일 수밖에 없지만, 그럼에도 그 미스터리를 믿어야 한다.

어쨌든 살아 있다는 것은 불멸의 표시다. 아기가 태어나고, 어른이 되고, 또 다른 아이의 부모가 된다는 것은 그 자체로 믿음의 행동이며 심지어 저항의 행동이기 때문이다. 이 세상에 태어난 모든 인간은 별처럼 짧은 순간 타오르는데, 어둠 속에서 빛나는 그 한줄기 빛에 영광이 있고 삶이 있기 때문이다. 대프니 듀 모리에

한 사람이 세상에 태어나는 과정, 즉 유전자 선택, 특별한 난자와 정자의 결합, 자궁 속에서의 삶, 첫 호흡과 함께 이루어지는 탄생, 독립적인 창조물로의 성장을 생각해보면, 우리가 이 세상에 살아 있다는 것은 그 자체로 경이로운 기적이며 축복할 만한 일이다. 그리고 우리가 사랑한 사람이 이 땅에 온 것, 그 사람과 우리를 같은 장면, 같은 이야기 속에 있게 해준 사랑과 연대의 물결 역시 그렇다. 지금 우리는 사랑하는 사람의 죽음을 슬퍼하고 있지만, 그 사람과 이 세상에 함께 살지 않았더라면 우리 삶이 얼마나 더 빈곤해 졌을지 생각해보라! 죽음 이후에도 여전히 그와 함께 있길 바란다 해도, 이 특별한 배경이나 삶에서 서로 알고 소중하게 여긴 시간은 절대 사소하지 않다.

사랑하는 사람과 함께한 이 삶에
나는 온 마음을 다해 감사한다.

그 책을 쓸 수 있어서 기쁘다. 책을 쓰는 동안 알 수 없는
방식으로 내게서 찌꺼기가 제거되었다. 책을 쓰면서 나는 삶의
기쁨과 우여곡절을 받아들이는 법, 삶의 낯섦과 아름다움과
공포와 다시 사랑에 빠지는 법(이것이 첫 번째 교훈은
아니지만)을 배웠다. 앨런 페이턴

앨런 페이턴처럼 책을 쓰면서 상실을 극복해 나가는 사람은 많지 않다. 하지만 일기를 쓰면서 도움을 얻는 사람들은 많이 있다. 생각과 의문과 고통을 늘 머릿속에 담고 다니기보다 평범한 노트에 쏟아내면서 상실을 극복해가는 것이다.

때때로 일기장을 들춰보면서, 고통을 극복하는 여정에서 겪은 감정의 기복을 떠올려보기도 하고 그간의 일들을 새로 기억해보고 싶은 마음이 들 것이다. 설령 다시 들춰보지 않는다 해도, 일기는 도움이 된다. 어지러운 마음을 표현할 단어를 찾는 것만으로도 상황을 좀 더 명확히 이해하고, 슬픔에 빠져 꼼짝 못 하는 위험을 줄이는 데 도움이 된다. 그리고 혼란과 슬픔에서 빠져나와 인생과 '다시 사랑에 빠질 수' 있는 지점에 도달하는 데도 도움이 된다.

물론 감정의 통로를 열어 슬픔의 에너지를 흘려보내고 새로운 삶으로 자유롭게 가기 위한 도움을 모두가 글을 쓰면서 얻는 것은 아니다. 어떤 사람에게는 그림이 그 역할을 하고, 어떤 사람에게는 피아노 연주가 그런 역할을 한다.

슬픔은 금을 연단하는 자의 불과 같다. 슬픔은 내게
아름다운 무엇을 남길 것이다.

타격을 받은 그 순간에 용기가 필요한 것이 아니다.
온전한 마음과 믿음과 안도감으로 다시 일어서는
힘들고 오랜 시간 동안 용기가 필요하다. 앤 모로 린드버그

슬픔이 처음 닥쳤을 때 우리는 거의 제정신이 아닌 채로 그 상황에서 필요한 일들을 한다. 이제부터 무엇을 해야 하며 어떻게 행동해야 하는지를 상세히 일러주는 형식과 관습이 있으므로 우리는 해야 할 일을 해나갈 정도의 기운과 의지만 끌어모으면 된다.

하지만 의식이 끝나고 나면 좀 더 느슨해진 삶이 기다리고 있다. 장례식의 세부 절차를 어떻게 처리할지 혹은 멀리에서 찾아온 친지들을 어디에서 묵게 할지가 아니라, 인생을 어떻게 계속 꾸려가야 할지, 침묵에 어떻게 대처해야 할지를 결정해야 한다. 이럴 때 용기와 불굴의 의지가 필요하다.

어느 날 갑자기 달라진 길에 어떻게 해서든 다시 발을 디뎌야 하므로 이 용기와 불굴의 의지는 아마도 오랫동안 필요할 것이다. 매일 산책을 하기 위한 용기가 필요할 것이고, 곁을 지켜주던 사람이 더는 함께 있지 않으므로 우리 자신을 위해 설정한(혹은 다시 설정한) 목표에 대한 확신이 필요할 것이다.

오랜 여정을 위한 용기 그리고 매일의 여정을 위한 용기를 주소서.

현재의 순간은 과거와 미래를 이어주는 다리라서 중요한 것이 아니다.
우리가 제대로 받아들일 수만 있다면 우리의 공허함을 채워주고
우리 것이 될 수 있는 그 내용 때문에 중요한 것이다. 다그 함마르셸드

    슬픔에 잠겨 있을 때 마음은 쉴 새 없이 과거의 추억들로 넘친다. 그 추억들 때문에 우리는 삶이 상실로 흔들리기 전 행복하고 근심 걱정 없던(혹은 기억 속에 그렇게 남아 있는 때)로 흘러간다. 그런가 하면 후회스러운 시간, 이제는 절대 '만회할 수' 없는 시간으로 흘러가기도 한다. 과거의 추억을 생각하지 않을 때는, 언제까지나 비어 있을 공간(사랑하는 사람이 없는 시간)인 미래를 생각한다.

    하지만 중요한 것은 지금 이 순간이다. 우리에게 있는 것은 바로 이날이다.

    이날을 있는 그대로 받아들이는 연습을 한번 해보자. 지금 그 자리에 서서, 과거의 모든 잔여물, 미래에 대한 모든 생각이 내 몸에서 빠져나가 마침내 버려진 옷처럼 주위에 쌓이게 하는 거다. 그런 다음 그걸 밟고, 옆방으로 가서, 주위를 둘러보라.

나는 이날, 그 자체로 소중하며 이전의 날과 다르고
앞으로 올 날과도 다른 이날을 온전하게 살아갈 것이다.

June * 23

> 평생 슬픔을 안고 살아갈 사람에게 특정한 날 한꺼번에 조의를 표하는 것보다 우스꽝스러운 관습은 없다. 평생 느껴야 하는 슬픔은 언제나 '현재'이고, 그 슬픔에 관해 언제 얘기한다 해도 늦는 것이 아니며, 다시 얘기한다 해도 절대 반복하는 것이 아니다. 마르셀 프루스트

여기에 대해서는 딱 잘라 말하기 어려운 부분이 있다. 어떤 사람들은 '오래된' 슬픔을 다시 얘기해봐야 이제 아픔이 가셨거나 혹은 훨씬 줄어든 상처를 다시 들출 뿐이라고 생각한다.

그것은 상실의 크기가 어느 정도냐에 따라 다르다. 가령 아이의 죽음처럼 쉽게 받아들일 수 없고 평생 흔적을 남길 상실을 겪었다면 슬픔은 절대 '끝나지' 않는다. 정도가 덜해진다 해도 슬픔은 여전히 남아 있을 것이며, 상실을 겪은 부모는 '이 시간이 지난 뒤에도' 절대 사라지지 않을 슬픔을 누군가 기억해준다는 사실에 진심으로 고마워할 것이다.

딸아이 소식을 듣고도 얼른 찾아오지 못한 친구들이 한참이 지난 뒤에야 와서 조의를 표했는데, 그때 남편과 나는 그들이 무척 고마웠다. 내 생각에, 우리 대부분은 상대가 지나치게 말을 삼가서 도대체 이 사람이 내 사정을 아는 건지, 관심이 있는 건지 궁금하게 하는 것보다는 용기를 내서 충분히 표현해주기를 바랄 것 같다.

그래, 당신이 그 얘기를 하면 나는 울음을 터뜨릴지도 모른다.
그렇다 해도 당신이 내 아픔을 알아주는 것이 고맙다.

하늘은 매일 두 눈이
먹는 빵이다. 랠프 월도 에머슨

어떤 사람들은 마음과 정신의 평화를 얻고 싶어 바다를 바라본다. 하지만 모두가 그럴 기회를 가질 수는 없다.

그런데 하늘은 우리 모두의 머리 위에 있다! 바다가 아무리 넓다 해도 하늘은 그보다 훨씬 더 다양한 분위기를 연출하며, 더 활발하게 상상력을 불러일으키고, 더 큰 경이로움으로 가득하다.

〈시편〉의 저자는 이렇게 썼다. "주의 손가락으로 만드신 주의 하늘과 주께서 베풀어주신 달과 별들을 내가 보오니, 사람이 무엇이기에 주께서 그를 생각하시며 인자가 무엇이기에 주께서 그를 돌보시나이까? 그를 하나님보다 조금 못하게 하시고, 영화와 존귀로 관을 씌우셨나이다."

하늘을 보면서 창조를 생각한다는 것은 우리의 시각을 바로잡고, 넓은 범위에서 신의 작품을 바라보며, 이렇게 복잡하고 전능하며 불가사의한 창조물이 우리와 우리가 사랑한 사람을 가장 안전하게 보호하고 지킨다는 걸 느끼는 것이다.

드넓게 펼쳐진 하늘 아래에서, 구름과 별이
펼쳐진 풍경 아래에서, 나는 이 세상의 질서를 인식하며
내가 안전함을 느낀다.

미래는 아직 우리의 것이 아니다. 아마 절대 우리 것이 되지 않을 것이다.
미래가 온다면, 우리가 예견한 것과 전혀 다른 모습일 것이다. 그러니
신이 우리가 못 보도록 소중한 지혜 속에 간직해놓은 것에 대해서는 눈을 감자.
보지 않고 경배하자. 침묵하자. 평화 속에 머물자. 프랑수아 페넬롱

얼마나 많은 시간을 우리는 그 사람이 없는 미래 때문에 괴로워하면서, 그 사람이 곁에서 함께 살아가길 바랄 게 분명한 앞날을 생각하면서 보내는가.

하지만 누구도 미래를 알 수가 없다. 분명 슬픔에 잠길 거라고 짐작하는 그 행사에 우리 자신이 없을 수도 있다. 바로 앞에 현재의 순간순간, 하루하루가 있는데 어째서 알 수 없는 미래에 삶의 에너지를 소모해야 하는가? 지금 당장의 슬픔으로 충분하다. 알 수 없고 통제할 수 없는 시간에 미리 가서 슬픔을 더 크게 만들 필요는 없다.

미래의 슬픔을 상상하는 걸 멈추고 오직 현재에 살 때
나는 경이로운 자유를 느낀다.

날 사랑한다면,
보내주세요. 무명씨

 이 인용문의 출처는 모르겠다. 딸아이가 죽고 나서 몇 달 뒤에 요즘 유행하는 노래를 듣다가 이 말이 떠올랐다. 오랜 세월의 경험으로 보자면, 어떤 노래의 가사가 유난히 머릿속에 들어오면 대개 그럴 만한 이유가 있었다. 노래의 곡조는 어디선가 들어본 것도 같았다. 가사는 이랬다. "날 사랑한다면, 내가 알게 해줘요." 하지만 내게는 이렇게 들렸다. "날 사랑한다면, 보내주세요."

 누군가 주장했듯, 죽은 사람의 영혼이 우리가 괜찮다는 걸 확인하고 훌훌 떠나가기 전까지는 우리 곁을 계속 맴돈다는 걸 어떤 식으로든 알린다면, 딸아이는 내게 뭔가 깨달음을 주는 식으로 얘기를 하고 있었다. 그때 나는 아이가 그 가사로 메시지를 보내는 거라고 생각했다.

 물론 모두 추측일 뿐이다. '다음에 어떤 일이 일어날지'를 우리가 마음대로 상상하는 건지 아니면 어떤 진실을 직관적으로 아는 건지는 아무도 모를 일이다.

 하지만 출처가 어디든, 출처가 정말 확실하든 아니면 출처가 아예 없든, 내게 온 그 메시지는 그 순간 내가 꼭 들어야 하는 것이었다.

세상을 떠난 당신에게 은총이 내리길. 그리고 언젠가
당신을 다시 만날 수 있기를 소망한다.

June * 27

> 처음 슬픔을 겪고 난 뒤 세상에 다시 태어나 새로운 깨달음을 얻었으므로, 마치 땅속 깊은 곳에서 시냇물이 흐르듯 그녀의 마음속에서도 너그러운 연민이 흘렀고, 그런 마음으로 그녀는 자신과 다른 사람들과 세상을 알아갔다. 웬델 베리

 슬픔을 겪으며 세상에 새롭게 눈을 뜨는 것은 힘겨운 탄생의 과정이며, 모든 사람이 그렇게 바람직한 모습으로 슬픔을 겪어 내는 건 아니다. 하지만 그 과정을 잘 이겨낼 때 받을 수 있는 보상이 하늘의 별처럼 무수히 많으므로, 할 수 있는 건 뭐든 하는 것이 우리가 마땅히 감당해야 할 의무다.

 그렇다면 어떻게 해야 할까? 우선, 내게 필요한 것과 마음 상태에 관심을 기울이기, 책 읽기, 휴식, 다시 마음을 열겠다는 다짐이 필요하다. 상담이 필요할 수도 있고 날 이해해주는 친구와의 대화가 필요할 수도 있다. 어떤 사람에게는 기도나 명상 혹은 치유 공동체 참여가 필요할 수도 있다.

 분명한 것은 우리가 달라질 거라는 사실이다. 누군가를 원망하면서 슬퍼할 것인가 아니면 너그러운 마음으로 깊은 의미에서 행복해할 것인가를 전적으로 우리 힘으로 결정할 수는 없다. 하지만 우리 힘으로 결정할 수 있는 일이 생각보다 많다. 모든 탄생이 그렇듯 여기에도 나름의 고통과 위험이 있다. 하지만 그 대가로 새로운 삶을 얻는다. 새로운 삶을!

이 슬픔을 잘 극복하기 위해 내가 가진 모든 지혜와 힘을 사용하려 한다.

슬픔은 온전히 경험하면서 지나야 하며,
슬플 때 신에 맞서 분노를 쏟아낸다 해도
하늘은 무너지지 않는다는 걸 그녀는
내게 가르쳐주었다. 엘리자베스 왓슨

분노 또한 슬픔의 일부라는 걸 인식하지 못할 때가 있다. 사랑하는 사람을 회복시키지 못한 의사와 간호사에게 화가 날지도 모른다. 아니면 그의 고통을 덜어주지 못했거나 우리에게 그의 상태를 좀 더 정확히 알려주지 못한 그들에게 화가 날 수도 있다.

우리가 사랑한 그 사람에게 화가 날 수도 있다. 어째서 회복하기 위해 더 노력하지 않았는지, 왜 자신의 몸을 제대로 돌보지 못했는지. 그리고 왜 내 곁을 떠났는지. 스스로에게 화가 나기도 하고 신에게 화가 나기도 한다.

사랑하는 사람의 죽음이 특정한 사람이나 신의 책임이 아니라고 생각할 때도 화가 날 수 있다. 우리 삶이 무너져버렸다. 원하던 것(그것이 단지 평화라 해도)을 빼앗겨버렸다.

슬픔의 여러 면이 그렇듯 분노 또한 제대로 인식하고 표현해야 한다. 친척들과 친구들에게는 조심해야 할지도 모르겠다. 하지만 신 앞에서는 걱정할 필요가 없다. 분노를 퍼부어도 된다.

내가 분노하는 건 타당하다. 내가 인정하고 표현한다면
분노는 더 빨리 사라질 것이다.

기쁘기만 했던 마음 위로 그날이 슬픔의 그림자를 드리우며 지나간다. 스티븐 포스터

상실이 닥치면서 마치 산사태나 지진이 일어난 듯 발밑의 땅이 흔들릴 때, 이 일이 있기 전에는 내 삶이 어땠는지 잘 기억나지 않는다.

한동안 우리는 뭔가를 할 때마다 '그 일이 있은 뒤로 처음'이라는 말을 붙인다. 처음에는 아주 평범하고 일상적인 일들을 한다. 처음 슈퍼마켓에 가고…… 처음 세차를 하고…… 처음 극장에 간다. 그러고 나서 중요한 기념일들이 다가온다. 첫 독립기념일…… 첫 추수감사절…… 첫 생일 등등. 그런 날에는 무엇을 하든 여지없이 상실의 어두운 그림자가 드리운다.

앞으로 평생 그럴지, 만일 그렇다면 어떻게 견디어낼지 알 수가 없다.

상실은 우리 삶의 별자리를 바꾼다. 그 사실은 없어지지 않는다. 하지만 상실의 슬픔은 무뎌질 것이고, 여러 일이 생기면서 우리 삶이 풍요로워질 것이며, 마침내는 언제까지나 '가장 중요한 위치'를 차지할 듯 보이던 슬픔이 삶의 배경으로 물러날 것이다. 그리고 우리는 또다시 자주 그리고 깊이 기쁨을 느낄 것이다.

당분간은 슬픔이 풍경 전체를 차지하겠지만,
다시 기쁨이 찾아올 것이다.

그는 어깨에 닿는 손길을 느끼며 나직하게 말했다. "이제 다 괜찮아."
그리고 휠체어 옆에 섰다. 자신에게 향하는 시선들이 느껴졌다. "안녕."
관에 대고 이 말을 하고 나서 휠체어를 돌려 밖으로 나갔다. 그날은
화창하고 푸근했으며, 서쪽에서 부드러운 바람이 불어왔다. 대지는
푸르렀다. 햇살이 기분 좋게 얼굴과 두 손에 닿았다. 테리 케이

이 절대적 진리의 순간에 창조 그 자체가 멈춘 듯, 죽음의 의식에는 대개 이상한 고요함이 깃든다.

우리는 반쯤 정신이 나간 상태로 사별한 사람에게 주어진 역할을 해나간다. 그 의식이 오래전부터 이어져왔다 해도, 죽음이라는 경험은 그저 낯설고 생생하고 고통스러울 뿐이다.

그래서 우리가 따를 수 있는 의식과 관습, 어떤 일이 일어났는지 나타내주는 예식이 필요하다. 그뿐만 아니라 의식과 관습이 허용하는 종교의 틀 안에서 우리는 상실을 표현하고 슬픔과 고통을 적절하게 처리할 수 있다. 즉 의식과 관습은 내면 세계가 아주 혼란스러울 때 매달릴 수 있는 안전장치가 되어준다.

그리고 이 신성한 변화의 시간에 따뜻한 태양, 부드러운 바람, 녹색의 땅이라는 축복이 커다란 위로가 된다.

때로는 가장 단순한 순간에 가장 심오한 진실이 있다.

7
JULY

이별의 고통은 무엇으로도 위로받을 수 없다는 걸 나는 잘 알고 있다. 상처는 영원히 남을 것이다. 하지만 사람은 고통을 견디는 법을 배우며, 축복과 과거에 대한 아름다운 기억과 미래에 대한 아름다운 희망을 주신 신에게 감사하는 법을 배운다. 막스 뮐러

수많은 고난을 겪으며 살아온 어느 여성이 말했다. "가장 견디기 힘든 슬픔은 딸아이와 잠시 이별했다는 거예요." 사춘기 딸의 죽음을 잠시 동안의 이별로 생각하는 것은 그녀에게 정말이지 큰 도움이 되었다. 물론 그렇다 해도 그녀는 딸아이가 여전히 곁에 있기를 간절히 바랐다.

엄청난 슬픔을 '극복할 수 있을 거라고' 기대하는 건 어리석은 일이다. 고통은 언제나 거기에 있으며, '그가 살아 있다면 어떻게 되었을 것'이라는 공상도 언제나 거기에 있다. 이 여성의 경우, 분명 시간이 지나면서 고통이 딸의 어린 시절과 청소년 시절에 대한 행복한 기억, 언젠가는 딸을 다시 만날 거라는 기대와 뒤섞였을 것이다.

그렇게 해서 모든 감정의 모자이크가 완성된다. 어떤 날에는 슬픔의 감정이 두드러진다. 어떤 날에는 행복한 기억이 두드러진다. 또 어떤 날에는 다시 만날 거라는 희망이 환한 빛을 낸다.

나의 상실을 생각해보면, 슬픔과 추억과 희망의 가닥들이 신기하게 한데 꼬여 있다.

그 슬픔을 겪는 사람만 제외하고 모든 사람이
슬픔을 정복할 수 있다. 윌리엄 셰익스피어

　슬픔에 빠져 있을 때 이제 어떻게 해야 하는지 가장 잘 판단할 수 있는 사람은 우리 자신이다. 가령, 자신이 너무 집에만 틀어박혀 있다고 생각되면 친구들의 성화에 못 이기는 체하며 밖으로 나올 수 있다. 그리고 제대로 생활하지 못한다는 생각이 들면 전문 상담을 받아보는 것도 좋은 방법이다.

　단, 악의는 없지만 뭘 잘 모르는 사람들이 우리더러 응석이 심하거나 나약해서 "아직도 슬픔을 극복하지 못한다"고 할 때 그 말을 심각하게 받아들일 필요는 없다. 상실을 겪은 지 육 개월이 되었든 육 년이 되었든 상관없다. 어떤 슬픔이든 그것을 극복하는 데는 각각의 시간표가 있으며, 그 시간표는 슬퍼하는 사람만 안다. 그리고 슬픔을 극복하는 여정은 대체로 느리며 종종 지체되기도 한다.

　언젠가 가까운 사람을 잃은 상실감에 적응하는 데 칠 년이 걸린다는 말을 들은 적이 있다. 그러니 여러 달이 지났는데도 여전히 슬픔에서 헤어나오지 못한다 해서 사과할 필요는 없다. 그리고 사랑하는 사람을 잃고 한참이 지나서 특별히 가슴 아픈 순간이 떠올라 눈물을 흘린다 해도 전혀 부끄러워할 필요가 없다.

　누군가 "내가 볼 때 당신은 이제 슬픔을 극복할 때가 된 것 같아요"라고 한다면 뭐라고 대답해야 할까? 위에 나온 셰익스피어의 인용문으로 대답하면 어떨까? 적절한 대답이기도 하거니와 이렇게 말하면 학자처럼 보일 것이다!

> 어느 날 저녁, 책장을 넘기다가 조각품에 눈길이 가서 멈췄다.
> 우리가 종종 함께 보던 조각품이었다……. 나는 책장을 넘기는 것도 멈춘 채 자리에 앉아 멍하니 그것을 바라보았다. 과거의 영상들이 떠올랐다.
> 나는 끝도 없이 이어지는 영화를 보았고 승리의 노래를 들었다…….
> 모든 걸 빨아들이는 늪에서 기어 나오는 느낌이었다. 방에 나 혼자 있었지만, 나는 그 방을 완전히 채우고 있었다. 방은 이제까지와 달라 보였다. 나는 다시 살아났다. 다시 아름다움을 생각할 수 있었다. 앤 필립

세상의 아름다움을 볼 때, 이제 우리가 사랑한 사람은 없다는 실감이 들면서 그 아름다움이 못 견디게 고통스러워지기도 한다. 삶의 향기와 풍경을 음미할 때마다 그 사람은 이제 다시 이런 아름다움을 볼 수 없고 나와 함께 즐기지 못한다는 고통이 마음을 찌른다.

그러므로 우리가 눈과 귀와 미각과 촉각과 후각을 온전히 되찾고, 우리가 사랑한 그 사람도 우리가 그러길 바랄 거라는 걸 알게 된다면, 그것은 진정 한 발을 내디딘 것이며, 그 사람이 나보다 더 좋은 존재의 보호를 받고 있다고 믿는다는 의지를 표현하는 것이다.

눈앞의 세상이 보여주는 모든 아름다움은 내가 마땅히 누려야 하는 것이다.

저녁은 가장 견디기 힘든 시간이었다. 뜨거운 음료,
개 두 마리에게 줄 설탕 덩어리, 그가 어린 시절부터 시작해 결혼한
뒤에도 내내 했던 기도, 굿나잇 키스 의식. 나는 이 의식을 계속했다.
그렇게 하면 고통이 누그러졌고, 마음을 찌르는 아픔 속에서도
위안을 찾을 수 있었다. 대프니 듀 모리에

공식적이든 비공식적이든 의식을 치르는 것은 힘겨운 시간을 지나는 데 도움이 된다. 우선, 그 의식 덕에 우리는 무엇을 해야 하고 무엇을 말해야 하는지 알게 된다. 또한, 상실을 처음 경험했을 때 이 의식의 틀 안에 에너지와 슬픔을 쏟아내며 위안을 얻을 수 있다.

사랑하는 사람과 함께하던 의식이라면 훨씬 더 큰 힘을 가진다. 그 의식에 사랑하는 사람의 목소리와 몸짓이 배어 있으므로 그의 존재를 더 가까이에서 느낄 수 있다.

그리고 기도처럼 가족이나 믿음의 공동체와 오랫동안 함께해온 의식이라면, 외로움과 슬픔에 빠진 우리를 위로하려고 사람들이 주위에 모여 있는 듯 든든함을 느낄 것이다. 하지만 가장 중요한 사실은, 이런 의식들을 가장 가까이에서 함께한 그 사람의 존재를 느낄 수 있다는 것이다. 우리가 어쩔 수 없이 '그 행동을 한다고 해도', 그것은 신성한 행동이다.

사랑하는 사람과 함께한 삶의 방식들을 되풀이할 때, 마치 그의 존재가 옆에 있는 듯한 느낌이 든다.

우리가 벗어나고 싶어 하지 않는 슬픔이 딱 하나 있는데, 바로 죽은 사람을 위한 슬픔이다. 다른 모든 상처는 치유하려 하고, 다른 모든 고통은 잊으려고 한다. 하지만 이 상처는 계속 열어두어야만 한다고 생각한다. 이 고통은 소중하게 간직하면서 혼자 있을 때면 곱씹어 생각하고 또 생각한다. 워싱턴 어빙

슬픔에 빠진 사람에게 이런 말은 비수가 되어 꽂힌다. 우리가 슬픔을 다 처리하고 극복했다고 생각하면서도 거기에 매달리면서 이용하고 있다는 얘기처럼 들린다.

슬퍼한다고 해서 무슨 이익이 있을까? 한번 생각해보자.

친구들에게서 관심과 동정을 한껏 받는다. 슬픔을 핑계로 내세우면서 당장 떠맡아야 할 책임을 회피할 수도 있다. 크고 힘겨운 슬픔에 잠겨 있는 동안은 사랑하는 사람과 여전히 가까이 있다고 느낄 수 있다. 어쨌거나 사랑하는 사람의 죽음은 우리를 연결하는 마지막 끈이었으니 당연히 거기에 매달리고 싶어 하지 않겠는가? 친구들이 보여주는 동정은 큰 힘이 되고 우리에게는 그것이 필요하다.

하지만 슬픔을 위로하는 모임에 참여해보라. 그들은 우리에게 무엇이 필요한지 알고 있으며, 우리가 사람들의 관심을 받고 싶어 슬픔에 매달리는 건지 아닌지 알도록 도움을 줄 것이다.

그래, 우리는 세상을 떠난 그 사람과 계속 가까이 있고 싶어 한다. 하지만 마음속에 간직해야 하는 것은 '그 사람'이다. 상실을 곱씹는 것은 그 사람을 간직하는 데 방해가 될 뿐이다.

희망은 슬픔의 정도가 아닌
그 사람을 향한 사랑에서 찾을 수 있다.

나 자신의 중심에서 시작할 때, 그 주변부로 확장할 가치가 있는 뭔가를 발견하게 된다. 지금 이 순간 즐거움을 다시 발견하며, 여기에서 다시 평화를 발견하고, 이 땅에 하늘나라를 건설하는 사랑을 나와 당신에게서 발견한다. G. F. 시어

우리는 떠난 사람에 대한 생각에서 좀처럼 벗어나지 못한다. 그 사람을 자꾸 떠올리고, 함께 보낸 시간을 추억하고, 죽음의 의미를 생각해본다. 잠시 동안, 그 모든 걸 한쪽으로 제쳐놓고 다시 자신으로 돌아간다고 상상해보자. 깊이 호흡하고, 자신의 중심을 바라보는 것이다.

이렇게 해보면 자신에게 돌아갈 수 있을 뿐만 아니라, 내가 있는 곳의 배경을 좀 더 명확하게 보는 데 도움이 된다. 물론 살다 보면 외로울 때가 많고 가까운 사람을 잃을 때도 있다. 하지만 자신의 중심에서 삶을 바라본다면, 슬픔에 별로 큰 영향을 받지 않는 면들도 있다는 걸 알게 된다. 우리가 호흡하는 공기는 슬픔에 영향받지 않는다. 들판에서 노는 아이들은 전염성 있는 진짜 즐거움을 퍼뜨린다.

이렇게 하기 위해서는 자기 훈련이 필요하다. 다시 슬픔에 빠져들고 싶은 유혹이 늘 있지만, 슬픔은 삶의 한 부분일 뿐 전체는 아니라는 세계관을 가져보는 것이 도움이 된다.

나는 슬픔이 내 삶을 얼마나 지배하게 할지를
어느 정도 조절할 수 있다.

우리가 많은 슬픔을 함께 나눴지만,
다시 만날 때 그 슬픔은 순수한 사랑과
커다란 기쁨으로 바뀐다. 메이 사턴

슬픔을 나눈 사람을 다시 만날 때 우리 마음이 기쁨으로 부풀어 오르는 것은 무엇 때문일까?

그가 죽었는데 왜 나는 살아남았을까 생각하며 죄책감을 느끼는 사람들 얘기를 모두 들어보았을 것이다.

치유의 시간이 어느 정도 지나고 나면, 살아남은 사람의 기쁨 같은 것이 남는다. 승리감에 취해 뻐긴다는 의미가 아니라, 혹독한 시험과 비통함을 다 겪어낸 뒤에 이제는 그 슬픔을 생산적이고 어느 정도는 즐거운 삶으로 바꿀 수 있다는 사실을 인정하면서 기쁨을 느낀다는 뜻이다. 우리는 불속을 지났지만 파괴되지 않았다. 사실대로 말하자면, 다시 태어났다. 사랑하는 사람이 죽었을 때, 우리 안에 있던 어떤 것, 미래에 대한 기대나 희망도 같이 죽었기 때문이다. 그리고 우리는 그 파괴된 꿈의 잿더미 위에 새로운 삶을 건설했다.

그러니 바로 이 과정을 겪은 어떤 사람을 만난다면, 더구나 그 사람이 과거에 슬픔을 함께 나눈 사람이라면, 당연히 우리 마음이 사랑과 기쁨으로 가득 차지 않겠는가?

함께 슬픔을 겪고 다시 태어났으므로
우리 모두는 형제자매다.

나는 간절한 희망을 품고 집 안 구석구석을 찾아다닌다. 하지만 그녀를 찾지 못한다. 내 집은 작고, 한번 집에서 사라진 것은 절대 다시 찾지 못한다. "하지만 신이여, 당신의 집은 무한히 넓으므로, 나는 그녀를 찾아 당신의 집 문으로 왔습니다." 라빈드라나드 타고르

사랑하는 사람이 떠나고 나면 우리는 그와 함께 있었던 장소를 찾아가 본다. 그리고 갈 때마다 상실의 아픔을 새롭게 느낀다.

딸아이가 죽고 나서, 그 아이의 방문을 얼마나 활짝 열어놓았는지를 기준으로 내 용기와 절망의 정도를 가늠하곤 했던 기억이 난다. 문이 거의 닫혔다면, 그날은 내 마음 상태가 최악이라는 의미였다. 아이가 늘 있던 방을 차마 보기가 힘들었다. 하지만 달이 갈수록 문을 좀 더 많이 열어놓을 수 있었고, 당연히 문이 벽에 닿을 정도로 완전히 열어놓을 수도 있게 되었다. 지금 생각하면 어이가 없지만, 그때는 이상하다는 생각조차 할 수 없었다. 나는 무너지지 않으려고 필사적으로 노력하고 있었다.

하지만 우리가 찾아가거나 혹은 피하는 그 장소들은 이제 사랑하는 그 사람이 머무는 집이 아니다. 우리는 그들을 찾아 미지의 문으로 가며, 오직 공상 속에서만 그 안으로 들어갈 수 있다. 그 문 안에서, 우리보다 더 지혜로운 존재가 그들을 돌보고 있다는 걸 믿을 수 있는가?

우리가 함께 있는 이 우주에서, 내 사랑하는 사람이
안전하다는 걸 믿는다.

진짜 슬픔은 시간이 간다고 치유되지 않는다……. 시간이 흘러 달라지는 게 있다면, 슬픔이 더 깊어진다는 것이다. 우리가 오래 살면 살수록, 그녀가 우리에게 어떤 사람이었는지 더 명확하게 인식하고, 그녀의 사랑이 우리에게 어떤 의미인지 더 깊이 실감한다. 모두 알고 있듯, 진실하고 깊은 사랑은 전혀 야단스럽지 않으며, 단순하고 명확해 보이고, 늘 곁에 있어서 우리는 그것을 당연하게 여긴다. 그러다 시간이 지나 되돌아볼 때 혹은 지난날을 추억할 때야 비로소 그 사랑의 힘과 깊이를 제대로 깨닫는다. 그렇다, 정말이지 사랑은 고통 속에서 모습을 드러낼 때가 많다. 헨리 나우웬

이 말을 들으면 우선 두려움이 앞선다. 슬픔이 점점 더 깊어진다고? 앞으로도 영영 기분이 좋아지지 않는다는 얘기인가?

우리가 사랑한 사람의 삶의 의미는 대부분 그가 죽고 나서 우리의 기억과 경험을 통해 증류되고 걸러진다. 이전에는 알지 못한 것을 새롭게 깨닫고 인식하면서 새롭게 고통이 시작되며, 사랑하는 사람이 계속 곁에 있기를 바라는 갈망이 새롭게 일어난다.

하지만 어떻게 보면 이처럼 지속되는 과정은, 우리가 사랑한 사람이 절대 우리를 떠나지 않을 거라고, 그들의 삶이 여전히 우리를 성장하게 하고 변화시킬 거라고, 우리와 진정으로 사랑을 주고받으면서 언제나 곁에 있을 거라고 약속하는 것이기도 하다.

시간이 갈수록 우리가 사랑한 사람과의 관계는 깊어지며,
그 쓸쓸하면서도 달콤한 모든 순간에 그는 나와 함께 있을 것이다.

엄마나 할머니 혹은 베어강의 새들에게서도
피난처를 찾을 수 없다는 사실을
나는 천천히 고통스럽게 깨달아가고 있다.
내 피난처는 사랑하는 나의 능력 안에 존재한다.
죽음을 사랑하는 법을 배울 수 있다면,
나는 변화 속에서 피난처를 발견할 것이다.

테리 템페스트 윌리엄스

"죽음을 사랑하는 법을 배운다"라니. 처음에는 터무니없는 말처럼 들린다. 대부분의 사람들이 죽음을 적으로 생각하지 않는가?

슬픔 때문에 예민해져 있을 때 해야 할 일은 진실을 사랑하는 것, 존재하는 모든 것을 사랑하는 것이다. 그렇게 해서 충만해진 마음으로 어쩌면 우리에게 커다란 고통을 안겨준 것마저도 그 사랑 안에 담을 수 있다.

그렇게 할 수 있다면, 더는 거부와 분노의 벽 뒤에 갇히지 않을 수 있다. 변할 수 없는 것을 머리와 손으로 두드리는 행동을 멈출 수 있다. 이미 일어난 일을 받아들일 수 있고, 남은 삶을 소중하게 여길 수 있다.

지금 이대로의 삶에 내 두 손과 내 마음을 열기 위해
애써보려 한다.

> 도보 여행자들은 그것을 가리켜 '중간 지점'이라고 부른다. 단조로운 길이 계속되면서 여행을 시작할 때의 들뜬 기분은 어느덧 사라지고, 조금만 더 가면 목적지에 닿는다는 기대로 힘을 낼 수도 없는 지점. 여행길에서 가장 지치고 힘든 지점이 바로 이 '중간 지점'이다. 헨리 E. 우드러프

슬픔을 지나는 여정은 높고 험한 산을 오르는 과정과 전혀 다르다. 하지만 등반의 단계에는 우리가 절망의 계곡을 벗어나는 모습과 비슷한 면도 있다. 처음 슬픔에 빠지고 나서 며칠 혹은 몇 주 동안에는 많은 사람이 도움을 주려 한다. 친구들과 종교 모임 구성원들이 도움의 손길을 내민다.

그 뒤로 오랜 시간이 지나고, 우리는 여전히 슬픔에 잠겨 있지만 혼자서도 잘 감당해낸다. 하지만 예전처럼 삶에 대한 의욕과 갈망을 다시 느낄 수 있을지는 확신이 서지 않는다. 슬픔에 빠져 있던 사람들이 시간이 지나면서 차츰 회복되는 걸 주변에서 목격한다. 사람들은 우리도 그렇게 될 거라고 얘기하고, 우리도 머리로는 그렇게 믿는다. 하지만 며칠이 지나고 몇 주가 지나도 기분이 밝고 즐거워질 기미가 전혀 보이지 않는다.

'중간 지점'에 있는 등반가들처럼 우리도 언젠가는 삶의 정상에 다시 도달할 것이라고 믿고 계속 가야 한다. 어느 날 문득 뒤돌아보면, 생각보다 훨씬 멀리 왔다는 걸 알고 놀랄 것이다.

비록 지금은 볼 수 없다 해도, 나는 산의 정상이 있다고 믿는다.

슬픔은 흔들림 없는 마음에
흔들리는 법을 가르친다. 소포클레스

다들 잘 알지 않는가! 어떤 때는 아주 단순한 것도 결정하지 못하는 듯하다. 아니면 결정하고 난 다음 괴로워하면서 그 결정을 되짚어본다. 현명하게 결정한 건가? 모든 대안을 다시 점검하면서, 그 결정을 아직은 뒤집을 수 있는 양 자꾸 들여다본다.

그러는 건 당연하다. 사랑하는 사람의 죽음으로 우리의 세상은 한순간에 엉망이 되었다. 그러니 모든 질서가 무너지는 게 당연하지 않겠는가? 어떤 일이든 체계적으로 처리하는 게 이상하지 가끔 머릿속이 헝클어지는 건 이상하지 않다.

물론 이런 상태는 지나간다. 우리는 다시 현실감을 찾을 것이다. 그때까지는, 끊임없이 흔들리는 시간을 그대로 인정하고, 중요한 결정을 미루거나 혹은 친구들과 상의하는 것이 좋다. 처음 슬픔이 닥쳤을 때는 집을 팔거나 직장을 옮기는 등의 결정을 할 여유가 없다!

물론 가끔 내 마음이 나를 속이기도 한다. 하지만 시간이
좀 지나면 차분함과 분별력을 되찾을 것이다.

어느 날부턴가 그는 두려움과는 다른 기분을 느끼며 아침에 눈을 떴다. 정확히 말해 행복은 아니고, 새로운 날에 대한 열망도 아니었다. 말하자면 행복하고자 하는 바람, 행복하고 싶다는 갈망이었다. 존 하슬러

앞날이 끝도 없이 암울하게만 보이던 절망의 계곡에서 벗어나 더 즐거운 땅으로 가는 과정, 이 변화는 너무도 서서히 다가오기 때문에 우리는 거의 의식하지 못한다. 그러다 어느 날 혼자서 생각한다. '잠깐만, 기분이 다르잖아!' 이제 우리는 슬픔이 주된 풍경이고 아주 가끔 행복이라는 팻말이 서 있는 땅이 아닌, 행복하고 만족스러울 때가 그렇지 않을 때보다 더 많은 땅에 살게 되었다는 걸 깨닫는다. 적막한 시간은 주된 규칙이 아니라 예외 조항이 되었다.

우리는 자신도 모르는 사이에 새로운 나라로 들어섰다. 여기에 익숙해지려면 시간이 좀 걸릴 것이다. 물론 예전의 병이 재발하겠지만, 엄밀히 말해 그건 재발이 아니라 우리가 누구인지를 그리고 이제 사랑하는 사람은 떠났음을 머릿속에 계속 각인시켜주는 과정일 뿐이다. 하지만 이 변화 속에서 우리는 놀라움과 감사를 느끼며, 또 어떤 지혜를 새롭게 얻고 자신을 더 명료하게 이해하게 되는지 조용히 지켜볼 것이다.

내 삶에 되돌아오는 빛과 기쁨을, 사랑하는 사람이 보낸 은총으로 여기고 기꺼이 받아들이려 한다.

고통을 온전히 경험할 때
비로소 치유받을 수 있다. 마르셀 프루스트

슬픔의 고통을 피할 수는 없다. 이 일을 우리 삶의 일부가 되게 하려면 두 눈을 크게 뜨고 고통의 한가운데를 통과해야 한다.

어떻게든 고통을 피하고 싶다는 유혹을 느낄 수도 있다.

하지만 그래봐야 소용없다. 뭔가를 피하려 하면 그것은 끈질기게 주변에 머물면서 제 몫을 요구할 것이며, 우리가 고통을 피하려고 노력하는 짐을 상실의 짐에 더할 때 고통은 밀린 이자까지 쳐서 쌓인다.

물론 정신 건강을 지키기 위해 '휴식'을 취할 수는 있다. 다른 일에 관심을 돌릴 때와 상실의 크기를 있는 그대로 마주할 때 사이에서 적절히 균형을 잡아야 한다.

균형점을 찾아내기까지는 시행착오가 따른다. 무언의 강요를 받는 느낌이 들면서 압력이 쌓이기 시작하는 때는, 슬픔을 마주하면서 그 압력을 풀어내야 할 때다. 그 일을 꼭 혼자서 할 필요는 없다. 우리의 슬픔을 얼버무리거나 도와준답시고 조언을 해서 마음을 더 무겁게 할 염려가 없는 친구에게 털어놓을 수 있다. 슬픔 치유 모임의 사람들은 우리가 왜 말해야 하는지 이해하기 때문에 언제든 큰 도움이 된다.

슬픔을 절대 피하지 않을 것이다. 슬픔은 새로운 삶으로 가는 유일한 길이므로.

신 앞에 질문들을 내려놓을 때 나는 아무 대답도 얻지 못한다. 하지만 그것은 조금 특별한 '대답 없음'이다. 문을 잠그는 것과는 다르다. 그보다는 우리를 가엾게 여기면서 말없이 응시하는 것과 같다. 거부하는 것이 아니라 질문이 소용없다며 고개를 흔드는 것과 같다. 마치 이렇게 말하는 듯하다. "너에게 평화가 있길. 너는 이해하지 못한다." C. S. 루이스

가끔 우리에게 남은 가장 큰 희망은 우리가 이해하지 못한다는 사실인 것 같다. 기분이 가라앉을 때면 삶에 대한 공허함과 죽음이라는 명확한 결말이 마음을 온통 지배하기 때문이다.

내가 이해할 수 있는 범위는 제한되어 있다고 인정하고, 마음을 건드리는 믿음과 직관의 이야기를 소중히 받아들이는 것이 현명하다. 그리고 기다리면서 지켜보는 것이다! 우리는 너무 가까이에 서 있다. 어떤 사람이 시스티나 성당에서 미켈란젤로의 장엄한 작품 〈아담의 창조〉를 똑똑히 보고 싶은 마음에 너무 가까이 다가간 나머지 맞닿아 있는 두 개의 손가락 끝밖에 보지 못한다면 어떻겠는가? 자세히 볼 수는 있겠지만, 전체 그림 중 극히 작은 부분만 볼 수 있을 뿐이다.

우리의 질문은 대답을 받지 못한다.
진짜 질문은 믿음의 질문이다.

어디에서 울지, 집에서 울지 아니면 내 마음을 충분히 이해해줄
사람들 앞에서 울지 선택할 수 있다면 아마도 마음이 더 편할 것이다.
하지만 그럴 수 없다면, 그러니까 교회에서 찬송가를 부르는 중에
가슴이 찌릿해오거나 축구 경기를 보고 있는데 예전에 함께 경기를
본 떠나간 아이가 문득 떠오른다면, 자, 온 세상이 우리의 집이며,
우리는 원하는 곳 어디에서든 울 수 있다. M. W. 히크먼

　　슬픔에 잠겨 있는 우리는 언제 어디서는 울어도 괜찮다는 규칙을 따르느라 불필요한 짐을 또 떠안는다. 공공장소에 있다가 불시에 슬픔이 밀려들면 아무래도 당황하게 된다.

　　무엇을 증명하려고 애쓰는 건가?

　　눈물을 참지 못하는 사람을 보고 그를 한심하게 여긴 적이 있는가?

　　처음 보는 사람이 금방이라도 눈물을 터뜨리려고 할 때 당신은 어떻게 반응하는가?

　　정말 그렇다! 우리는 낯선 사람의 아픔에는 기꺼이 공감하려고 하면서, 다른 이들에게서 공감을 얻는 것은 내켜 하지 않는다.

　　자! 이렇게 생각하자. 우리 모두 이 세상에 함께 살아가면서 슬퍼하는 사람에게 마음을 연다.

　　그와 똑같은 배려를 자신에게도 보일 수는 없을까?

나 자신에게 울어도 좋다는 허락을 하려 한다.
사람이 많은 곳에서도 말이다!

죽은 사람이 우리가 깨어 있을 때의 기억 속에서는 사라졌다 해도, 꿈속에서는 찾아올 것이다. 대개 그들의 모습은 놀라우리만치 생생하기 때문에 이런 식의 만남이 위안이 되기도 한다. 메리 제인 모펏

사랑하는 그 사람을 꿈에서라도 다시 만나길 바랄 때가 있다. 그 꿈이 어떤 때는 무서울지도 모른다. 하지만 그 꿈을 믿고 싶어질 것이다.

딸아이가 낙마 사고로 두부 손상을 입고 죽은 직후 꿈을 하나 꾸었다. 꿈속에서 나는 배의 이 층 갑판에 서서 잡역부 두 명이 들것을 들고 계단을 올라 내 쪽으로 오는 모습을 지켜보았다. 들것에는 젊은 여자가 있었다. 여자는 의식이 없었고 머리가 한쪽으로 꺾여 있었다. 남자들은 내 곁으로 여자를 데려왔다. 여자는 괜찮아질 거라며 내게 자신 있게 말하더니 아래쪽 갑판을 가리켰다. 그곳에는 피크닉 테이블이 있었고, 주위에 사람들이 모여 있었다. 자세히 보니 우리 가족이었다. 그들은 나를 올려다보면서 어서 내려와 함께 어울리자고 했고, 나는 그들 말대로 했다.

꿈의 분위기는 굉장히 무미건조하고 평온했다. 나중에 생각해보니 그 꿈이 주는 메시지가 놀라울 만큼 생생하고 분명했다. '딸아이는 괜찮아. 너를 필요로 하는 사람들에게, 살아 있는 사람들에게 돌아가.'

꿈은 이해와 성장의 수단이다.

나는 완전하게 평화롭고 차분하며 편안했다. 이 세상 어떤 것도 나를
괴롭히지 못했다. 하지만 그것도 잠깐, 다음 순간 내 마음은 달라졌다…….
믿음과 소망과 사랑 말고는 내게 평안과 위로를 주는 것이 없다고
생각했고, 정말로 나는 평안과 위로를 거의 느끼지 못했다. 그러고 나서
곧 신은 내 영혼에 위안과 휴식을 다시 주셨다……. 그러다가
또다시 고통을 느꼈고, 그다음에는 기쁨과 즐거움을 느꼈으며, 이번에는
이것, 다음에는 저것, 그리고 또 이것, 저것을 느꼈다. 이런 식으로
스무 번쯤 반복된 것 같다. 노리치의 줄리안

마음을 다스릴 수 있을 거라고 생각하는 바로 그 순간, 우리는 다시 절망 속으로 내던져진다. 조심스럽게 만들어온 마음의 평정, 십 분 전에 느낀 자신감은 도대체 어떻게 된 건가?

이때 우리가 할 수 있는 최선은 조금 있으면 다시 좋아질 거라고 믿고 그냥 견디는 것이다. 믿음의 성자들 또한 외롭고 고통스러운 시간이 있다는 걸 안다면 위로가 될 것이다.

잠시 뒤면 기분이 안정되고, 감정의 기복이나 불안감도 사라질 것이다. 기분이 울적해진다고 해서 죄책감을 느낄 필요는 없다. 그 기분을 몰아내기 위해 뭔가를 할 수 있다면, 그렇게 해라. 그럴 수 없다면, 기다려라. 그 기분은 지나갈 것이다.

나는 기분 변화를 치유 과정의 일부로 받아들인다.

아무것도 없는 곳 위에
모든 것이 있는 곳이 있다. *라이너 마리아 릴케*

몹시 춥던 어느 날, 기껏해야 미니애폴리스 크기의 4분의 1쯤 되는 곳에서 왔던 길을 되돌아간 기억이 난다. 겨울의 늦은 오후였다. 내가 가려 한 건물의 꼭대기를 분명 봤는데, 건물들 사이를 지나 급히 다가가다 보면 목적지를 시야에서 놓치곤 했다. 위에서 내려다볼 수 있었다면 거리 구조를 파악하고 쉽게 길을 찾았을지 모른다.

슬픔에 빠져 있을 때 역시 그렇다. 삶의 중요한 현실이나 의미와는 완전히 동떨어진 채 닥치는 대로 돌아다니는(혹은 돌아다녀지는) 듯한 느낌이 든다. 아니면 책을 읽다가 어디까지 읽었는지 잊었을 때 같은 느낌이 들 때도 있다. 어떻게 하면 읽던 페이지를 다시 찾아 줄거리를 이어갈 수 있을까?

아마 한동안은 그러지 못할 것이다. 상실이 중심 무대를 완전히 장악해버려서 그 너머나 주변을 보지 못하는 것이다.

자신에게 참을성을 가질 필요가 있다. 때가 되면 미로를 빠져나갈 길을 찾을 수 있으며, 삶의 다른 이야기에도 다시 주의를 기울이게 된다. 하지만 서둘러봐야 소용없고 그럴 필요도 없다. '아무것도 없는 곳' 위에 맴도는 '모든 것이 있는 곳'은 사라지지 않는다. 준비가 되었을 때, 그곳을 볼 것이다.

태양을 보지 못할 때도, 나는 태양이 그곳에 있다는 걸 안다.

강렬한 슬픔이 당신과 죽은 사람의 거리를 없앤 것 같다. 아니면,
정말로 한 사람의 일부가 죽은 것 같다. 오르페우스처럼 그 사람은
처음부터 죽은 사람을 따라가려 한다. 하지만 오르페우스처럼
끝까지 가지는 못하고, 한참을 가다 되돌아온다. 그리고 운이 좋다면
다시 태어난다. 앤 모로 린드버그

함께 길을 가던 동반자가 갑자기 사라질 때, 남은 사람은 따라가고 싶은 충동을 느낀다.

그래서 그렇게 한다. 그들이 간 곳이 죽음이라 해도 그곳까지 따라가려 한다. 대개 자살을 해서가 아니라 상상을 통해서다. 그들을 따라 강을 건너고 천국의 문을 지나 빛나는 영혼의 세상으로 간다.

하지만 시간이 지나면서, 그런 식으로 찾아봐야 소용없다는 걸 깨닫는다. 우리는 숲속에서 길을 잃고 그들을 부르지만, 그들은 거기에 없다.

그런 식으로 찾기를 그만두고 이 세상으로 돌아오는 것은 커다란 의미를 갖는 변화다. 이 변화를 다시 태어나는 것으로 표현한다 해도 결코 과장이 아니다. 우리는 어디로도 이르지 못하는 '불완전한 세상'을 떠났고, 새로운 사람이 되어 다시 삶을 시작했다.

'한 번에 하루를' 살겠다는 나의 결심은 '한 번에 하나의 세상을' 살겠다는 의미이기도 하다. 그렇다 해도, 사랑하는 사람이 있는 곳에서 내 영혼의 한 조각이 기다리고 있다.

자존심이 너무 강해 위안을 받지 않으려 하고
혼자 힘으로 하려는 사람들은
틀림없이 슬픈 결과를 맞는다. 로버트 프로스트

    자부심에서든 혹은 다른 이유에서든 혼자 힘으로 살아가려 하는 사람들은 힘든 시간을 겪게 마련이다.

    이 말은 다른 어느 때보다 사랑하는 사람을 잃은 아픔을 겪을 때 해당한다. 그 사람이 떠났기 때문에 우리는 이미 외롭다. 분명 어떤 사람도 그 특별한 공간을 메울 수 없겠지만(그리고 그렇게 하길 원치도 않겠지만), 그 공허함 때문에 우리에게는 살아가는 동안 사랑하고 지지해주는 관계가 더욱더 필요하다.

    슬퍼하는 일은 힘겨운 일이며, 우리에게는 도움을 줄 사람들이 필요하다. 우리 얘기를 들어주고 우리를 붙들어주고 우리가 사랑한 그 사람을 함께 기억해주고 자신의 지혜를 들려줄 사람들이 필요하다.

    친구에게 갔다가 돌아와야 할 시간을 훌쩍 넘겨 집에 온 어린 소녀 얘기가 생각난다. 엄마가 왜 늦게 왔는지 묻자 아이가 대답했다. "제인을 도와줬어요. 제인의 인형이 망가졌거든요."

    엄마가 물었다. "인형 고치는 걸 도와준 거야?"

    아이가 대답했다. "아뇨. 제인이 우는 걸 도와줬어요."

우리 모두에게는 우리가 우는 걸 도와줄 사람들이 필요하다.

신앙심을 갖고 살기란 쉽지 않다. 신앙인은 수심 13킬로미터 바다 위에
떠 있는 것과 같다……. 행복해질 수 있는 모든 인간적 도움이 닿지 않는
곳인 바다 위에 떠 있는 것은 굉장한 일이다. 많은 사람과 함께 얕은
물에서 헤엄을 치는 것은 전혀 종교적이지 않은 하찮은 일이다…….
종교적인 사람이 제아무리 오랫동안 거기에 누워 있다 해도, 조금씩
조금씩 다시 땅에 닿는 것은 아니다. 더 고요해질 수 있고, 안정감을 얻을 수
있으며, 농담을 즐기고 행복해질 수 있다. 하지만 마지막 순간까지 그는
수심 13킬로미터 바다 위에 누워 있다. 쇠렌 키르케고르

사랑하는 사람을 잃었을 때, 우리의 모든 관심은 영혼의 세계로 향한다. 그러면서 우리를 땅에 묶고 있던 밧줄에서 풀려나는 느낌을 갖는다. 비유해서 말하자면, 우리는 '바다'에 있다.

이럴 때 키르케고르의 말이 도움이 된다. 실제로 우리는 삶의 의미에 대해, 죽음의 본질에 대해 온갖 질문을 품고서 깊은 바다 위에 떠 있다. 자신이 상황을 통제할 수 있다고 생각할지 모르지만 절대 그렇지 않다.

그렇게 시간이 지나고, 여전히 머릿속에서는 온갖 질문이 빙글빙글 도는 채로, 바다에는 부력이 있으므로 우리의 무게를 견딜 거라는 걸 믿게 된다.

바다의 너울과 골에 아무 위험 없이 몸을 맡길 수 있다고
믿으면서 미지의 바다에 누워 있으려 한다.

사랑하는 이를 잃고서 슬픔에 빠진 사람이 다시 살 수 있으려면 죽음과 씨름해야 한다. 몇 해가 지나도 슬픔이 계속될 수 있다. 일 년쯤 지나면 끝난다는 건 착각이다. 다시 살아갈 수 있으며, 상처와 죄책감과 고통이 아닌 삶 전체에 에너지를 쏟을 수 있다는 것을 깨달을 때 대개 슬픔은 끝난다. 엘리자베스 퀴블러 로스

그만 잊으라고, 사랑하고 소중히 여기던 그 사람의 모든 모습에서 이제 그만 벗어나라고 아무도 우리에게 요구하지 않는다. 우리는 그렇게 하고 싶어도 그럴 수가 없다.

우리 앞에 놓인 임무는 이 슬픔과 상실을 남은 삶의 일부로 받아들이고, 삶이 슬픔과 상실에 언제까지나 지배당하지 않도록 하는 것이다(이렇게 하는 데는 아주 오랜 시간이 걸릴 수 있다). 더는 아침에 눈을 떴을 때 가장 먼저 생각하는 것이 상실의 슬픔이 아니며, 잠들기 전에 마지막까지 놓지 못하는 것도 그런 감정이 아니다.

어떤 아이가 아빠가 죽고 나서 사람들의 호의가 쏟아지자 엄마에게 말했다. "좋은 점이 진짜 많아요. 나쁜 점은 딱 하나 있고요."

그 '나쁜 점'은 언제나 그 자리에 있을 테지만, 그것이 삶이 주는 좋은 점 가운데 한자리를 차지하게 될 때 우리는 비로소 다시 살아갈 수 있다.

슬픔에 빠져 있을 때라도 새로운 모험에 마음을 열려 한다.

내 마음이 내 속에서 심히 아파하며 (…) 나는 말하기를 만일 내게
비둘기 같이 날개가 있다면 날아가서 편히 쉬리로다. 〈시편〉 55편 4~6절

'일상적인 삶'을 살 때도 어디론가 날아가고 싶을 때가 있다. 나를 짓누르는 스트레스에서 벗어나 어디론가 떠나고 싶을 때가 있다. 상실을 기억나게 하는 것들이 언제 어디에서나 우리 앞에 불쑥불쑥 나타나는 지금은, 도망가고 싶다는 충동에 짓눌리는 것만 같다.

그런 시도를 해본 사람들 얘기를 모두 한 번쯤은 들어봤을 것이다. 나도 어릴 때 아버지가 알코올 중독자가 된 친구분 얘기를 하는 걸 엿들은 적이 있다. "아들이 죽기 전까지는 술을 입에도 대지 않았어." 이것 역시 도망가려는 시도다.

자살하는 사람에 대한 글을 읽은 적도 있을 것이다. "그녀는 남편이 죽은 뒤로 실의에 빠져 있었다." 슬픔을 극복하려고 노력하다 보면 이런 절망감을 이해할 수 있지만, 그런 식의 해결 방법은 아무것도 해결 못 하고 가족과 친구를 더 큰 비통함에 빠뜨릴 뿐이다.

하지만 일시적인 유예(가령 여행) 혹은 일상의 변화는 필요하다. 아니면 일을 바꿔보는 것도 좋다. 딸아이가 죽고 몇 달 뒤에, 나는 프리랜서 작가 일을 하면서 오후에 시간제 일을 더 얻었다. 그 일을 오 년 동안 했다. 출근 첫날, 오후에 차를 몰고 일터로 가면서 친절한 사람들과 함께 새로운 일을 한다는 생각에 기분이 좋아지던 것이 기억난다.

어떻게 탈출할지 신중하게 선택해야 한다.
하지만 내가 어디로 갈 수 있을까?

나는 혼자 싸워야 했으며, 내가 아는 거라고는 아버지의 죽음을 겪고 나서 대답을 얻을 수 없는 질문들을 하게 되었다는 것뿐이었다. 그리고 나는 어떤 질문에든 답이 있다고 믿는 세상에 살고 있었다. 나 역시 모든 질문에는 대답이 있다고 믿지만, 학문적인 용어나 입증 가능한 사실의 언어로는 아니다. 매들린 렝글

죽음이 우리에게 던지는 모든 질문에 이성적인 대답을 얻길 기대한다면, 우리는 자신의 꼬리를 쫓는 고양이와 같을 것이다.

자, 사실에 있지 않다면 그럼 대답은 어디에 있는가?

아마도 힘든 오후에 문득 느껴지는 평화로움에 있을 것이다.

혹은 어느 날 불쑥 찾아와 따뜻하게 안아주며 "네가 어떻게 지내는지 궁금했어"라고 말하는 친구에게 있을 것이다.

다른 때라면 조용했을 오후에 들리는 나뭇잎의 바스락거리는 소리에 있을 것이다.

혹은 한 사람의 인생을 바꾸는 임사 체험 이야기 속에 있을 것이다.

아니면 꼭 내 이야기인 듯한 책 속의 어느 구절에 있을 것이다.

내 영혼은 마음이 그냥 지나칠 수도 있는 단서들을 집어낸다.

병은 삶의 어두운 면, 더 성가신 국적이다.
누구나 태어나면서 건강함이라는 나라의 국적 하나,
병이라는 나라의 국적 하나,
이렇게 이중 국적을 얻는다. 수전 손택

가까운 사람이 죽었을 때 우리가 그처럼 큰 충격을 받는 이유 하나는, 그 죽음이 우리 앞에 거울을 들어 보이며 이렇게 말하기 때문이다. "너도 피할 수 없어." 하지만 그 사실에 기대감과 희망을 가질 때도 있다. 사랑하는 사람과 함께 있고 싶은 소망이 아주 강하고, 그 사람이 없는 삶에 대한 반감이 너무도 크기 때문이다.

그러다 또 어떤 때는 나약하게 죽음을 바라던 자신의 모습에서 물러서기도 한다. 우리는 매일 죽음에 관한 글을 읽고, 자신이나 사랑하는 사람이 병에 걸렸을 때 죽음을 생각하기도 하지만, 가족이나 가까운 친구가 세상을 떠나면 지금까지와는 달리 죽음을 훨씬 더 생생하게 느낀다. 죽음의 미스터리 앞에서 꼼짝도 못 하고 이런 질문을 반복한다. '저 너머에도 삶이 있을까?' '우리는 서로를 속속들이 알고 있을까?' '우리는 스스로를 알고 있는가?' '우리는 거대한 우주 에너지의 일부가 되는 걸까?'

이런 질문에 명확한 대답은 없다. 최선의 대답은, 그리고 우리가 사랑한 사람을 가장 잘 기억하는 방법은, 삶을 충만하게, 한 번에 하루씩 사는 것이다.

나는 오늘의 시민이다. 내일은 또 그날의 요구,
그날의 선물을 가져올 것이다.

부인, 더는 사랑하지 않는 것,
바로 그것이 지옥이오. 조르주 베르나노스

당연히 우리는 세상을 떠난 사람이 보여주었던 사랑을 그리워한다. 그리고 그 사람을 향한 우리의 사랑도 계속된다. 하지만 이제 우리의 사랑을 어디로 보낼까? 우리는 허공으로 사랑을 보내면서 어떻게든 그것이 표적을 찾길 바란다.

이보다 더 심각한 상황이 올 수도 있다! 떠난 사람을 사랑할 수 없는 것에 그치지 않고, 우리에게 와서 위로를 건네는 소중한 사람들을 내 슬픔 때문에 진정한 마음으로 맞지 못한다면 어떻게 될지 상상해보자.

음악은 세계 공통어라고들 한다. 사랑 역시 그렇다. 단, 사랑은 끊임없이 보충해주어야 한다. 우리가 지금껏 사랑을 보충하면서 살아왔다면 운이 좋았다고 할 수 있다.

특히 슬픔에 빠져 있을 때, 사랑하는 마음으로 다른 이들에게 손을 내밀려 한다.

신이여, 제게 새로운 날을, 이전에 제게 한 번도 오지 않았던 날을 주소서. 그것은 당신의 존재를 주시는 것이며 당신은 제게 이 시간을 주셨습니다, 아 신이여. **켈트족의 기도문**

슬픔에 잠겨 있는 동안은, 새로운 날을 또 한 번의 삶과 성장의 기회로 보기가 어렵다. 우리는 슬픔이라는 짐을 지고 다닌다. 슬픔은 우리가 무엇을 하든 어떤 생각을 하든 그 모든 걸 짓누른다. 그러므로 앞에 놓인 날을 새로운 출발, 새로운 기회로 생각할 수 있으려면 의지력이 필요하다.

한번 해보자. 이런 식으로 시작할 수 있다. 자신에게 집중하기를 멈추고, 마치 알지 못하는 방문자를 맞듯 다가오는 시간에 집중하며, 생명과 사랑과 아름다움과 소중한 관계를 우리에게 준 삶의 요소(그것에 어떤 이름을 붙이든)에 집중하는 것이다.

조용한 장소에 앉아 눈을 감고 깊이 호흡하면서, 내면의 가장 깊은 고요함, 아무 소리도 없고 평온한 장소와 접촉해보자. 그런 다음 위에 있는 기도문을 혼자서 천천히 반복해 읽자. 그리고 하루의 시간 시간을 소리내어 말해보자. 만일 해당하는 시간에 내가 무엇을 하고 있을지 안다면, 축복을 내리듯 그 행동에 이 평화를 투사해보라. 그 시간이 되면 이 평화가 기억날 것이다.

이날이 내게 새로운 날이 되길 바란다.

처음에 나를 데려오지 못하더라도 포기하지 말고
나를 이곳에서 찾지 못하면 다른 곳에서 찾아주기를. 나는
어딘가에 서서 당신을 기다린다. 월트 휘트먼

죽은 사람은 어디로 갔을까? 어디로 가면 그들을 찾을 수 있을까? 우리는 이런 질문을 하면서 스스로를 지치게 만들며, 그러면서도 계속 질문을 한다. 그들을 마지막으로 본 장소를 들여다본다. 그들의 존재를 느끼고 싶어 그들이 즐겨 가던 곳을 찾아가 본다.

거기에서 우리가 찾던 걸 발견할 수도 있다. 그럴 때 마음은 슬퍼질 수도 있고 행복해질 수도 있다.

어떻게 될지 예측하기는 불가능하다. 사람들은 함께 방문한 장소나 혹은 한 번도 가보지 못한 장소에서 사랑하는 사람의 영혼을 만났다고 얘기한다.

때때로 그들은 자신의 부재로 존재를 드러내는 것 같다. 어떤 때는 우리가 그들을 불러낼 수 있을 것도 같다. 그리고 가끔 그들은 우리를 놀라게 한다.

한 친구가 이런 얘기를 했다. 어느 날 교회에 혼자 앉아 오르간을 연주하는데, 몇 달 전에 죽은 젊은 여인이 곁에 있는 느낌이 들었다고 한다. 그 느낌이 너무 강해서 친구는 연주를 중단하고 말했다. "알았어요, 메리 베스." 그러고는 말했다. "그녀가 미소 짓는 걸 느낄 수 있었어."

소중한 사랑, 나는 당신을 기다린다. 당신도 나를 기다리는가?

우리의 존재 한가운데 있는 휴식의 지점에서, 우리는
모든 것이 다 같이 편안한 세상을 만난다. 그럴 때 나무는
미스터리가 되고, 구름은 계시가 되며, 모든 사람은
우리가 그 풍요로움을 얼핏 볼 수 있을 뿐인 우주가 된다.
단순한 삶은 간단하지만, 그 삶이 펼쳐 보이는 책에서
우리는 첫 음절 다음을 절대 보지 못한다. 다그 함마르셸드

대부분의 사람들에게 단순함은 삶의 목적이 아니다. 우리는 일, 가정, 가족, 친구들을 돌보느라 분주하게 돌아다닌다. 하지만 사랑하는 이의 죽음 같은 큰일을 겪고 나면, '우리의 존재 한가운데 있는 휴식의 지점'을 의식하게 된다.

우리는 그곳에서 누구를 만날까? 기독교 전통에서는 '성도의 교제'를 말하는데, 여기에는 아무 흠결 없는 삶을 산 사람들(아주 적은 숫자다!)뿐만 아니라 살고 죽은, 혹은 지금 살아 있는 모든 사람과 아직 태어나지 않은 영혼들까지도 포함된다.

우리는 모두 각자가 선택한 사랑의 공동체를 가지고 있다. '우리 존재의 중심'에 있는 고요한 공간에 사랑하는 사람의 영혼을 불러낼 수 있다면 얼마간의 치유와 얼마간의 휴식을 얻을 수 있을 것이다.

사랑의 공동체에서 모든 사람은 편안하다.

> 고통은 여백의 요소를 지니고 있다. 고통이
> 언제 시작되었는지, 혹은 고통이 없던 때가 있었는지
> 기억하지 못한다. 에밀리 디킨슨

극심한 슬픔에 빠져 있을 때는 행복하다는 것이 어떤 느낌이었는지 잘 기억나지 않는다. 특히 갑작스레 상실을 겪고 나면, 모든 것의 의미가 이전과는 달라진 세상으로 이동한 것만 같다. 사람들이 예전과 다름없이 살아가는 것이 놀랍기도 하고 때로는 마음이 상하기도 한다.

딸아이가 죽고 얼마 지나지 않아 치과에 갔다가, 대기실에서 사람들이 일상적인 얘기를 나누는 걸 들으면서 놀랐던 기억이 난다.
'어떻게 그럴 수 있지? 사람들은 모르는 건가?'

물론, 언제까지나 이렇게 달라진 현실을 받아들이지 못하는 채 살아가진 않을 것이다. 때가 되면 상실마저도 삶의 일부로 받아들일 것이며, 상실은 매일의 삶에서 배경이 될 것이다. 그 사실이 슬프긴 하지만, 더는 매일이 충격과 놀라움으로 다가오진 않을 것이다.

그리고 행복이라는 느낌을 기억 못 한 것이 어쩌면 다행이었는지도 모른다. 그렇지 않았다면 너무도 고통스러웠을 테니 말이다. 그렇기도 하거니와, 이제는 이전의 기억에서 벗어나 눈앞에 펼쳐진 세상에 관심을 기울여야 할 때다.

눈앞에 펼쳐지는 매일매일에 온전히 관심을 기울이려 한다.

AUGUST

어둠 속에서 길을 잃었을 때, 아무것도 모르고 아무것도 듣지 못하고 아무것도 보지 못하면서 기다리는 것이 신앙이다. 모든 믿음 바로 뒤에 의심이 있고, 모든 희망 바로 뒤에 두려움이 있다. 프레드릭 비크너

우리는 "길을 잃었다"는 말에 공감한다. 믿고 싶은 그대로 신앙과 소망의 세세한 내용을 우리가 정해버렸다는 걸 오랫동안 깨닫지 못하기 때문이다. 하지만 완전히 길을 잃은 것은 아니다. 비가 오고 나면 햇살이 비치고 그다음에 다시 비가 오듯, 신앙은 시간이 지남에 따라 확신에서 의심으로, 다시 확신으로 움직인다. 그래서 처음에 우리는 믿음으로 기다리는 사람들과 함께 있는 것에 위안을 받으며 추측을 하고, 우리 희망대로 이루어지길 소망한다.

그러다 때때로 작은 기적처럼 찾아오는 통찰력과 확신, 은총이라고밖에는 설명할 수 없는 뜻밖의 기쁨을 새롭게 느끼면 세세한 내용을 알고 싶다는 마음을 기꺼이 버린다. 그러면서 모든 것이 잘될 거라고 믿는다.

내가 알지 못하는 존재가 나를 알고 보살필 거라고 믿으며 신앙 속에서 기다린다.

한 번에 모든 것을 할 수는 없지만,
한 번에 뭔가를 할 수는 있다. 캘빈 쿨리지

슬픔에 빠져 있을 때 우리는 종종 무기력에 시달린다. 몸에서 힘이 다 빠져나가 금방이라도 허물어질 것 같다. 할 수 있는 거라곤, 하루를 견뎌낸 다음 어서 잠이 들어 모든 걸 잊길 바라며 침대에 쓰러지는 것뿐이다.

에너지와 의지의 우물이 다시 차오를 수 있도록 얼마간 쉬는 시간을 가져보는 게 좋다. 하지만 여러 달이 지나도 여전히 기운을 못 차리고 무기력한 상태라면 어떻게 해야 할까?

어떤 일이 벌어지고 있는지 아는 것이 중요하다. 병(슬픔에 빠진 사람들은 병에 걸릴 가능성이 특히 크기 때문에 병이 아닌지 늘 점검해야 한다)이 아니라면, 아마도 그 무기력은 거부의 표현일 것이다. 내가 '움직이지' 않으면 그런 일은 일어나지 않을 거야.

이런 감정을 떨쳐내기는 어렵다. 하지만 한 번에 한 가지씩 시작한다면 가능하다. 정원에 심을 씨앗을 사고, 빵을 굽고, 이웃을 방문해보자. 나를 옭아매는 무기력을 깰 수 있는 거라면 무엇이든 좋다. 이런 행동이 우주에 첫발을 내딛는 것만큼이나 위대하고 운명적으로 보일 수도 있다.

우리가 사랑한 사람이 없는 긴 세월의 여정을 차마
바라볼 수가 없다. 하지만 그러지 않아도 된다.
내게는 오늘이 있다. 오늘, 나는 한 가지 새로운 일을 하려 한다.

내 슬픔의 바닥을 들여다보며 측은해하는 마음이
하늘에는 없는 것인가? 윌리엄 셰익스피어

대부분의 사람들이 슬픔을 경험하지만, 세상에서 나 혼자만 이런 슬픔을 겪는 것처럼 외로울 때가 있다. 온 가족이 같은 상실의 아픔을 겪을 때라도 각자 느끼는 슬픔의 모습은 다 다르다. 떠난 사람과 함께한 역사가 다르고, 가족 안에서 각자의 자리가 다르기 때문이다. 그리고 기질도 다 다르다. 내가 세상을 떠난 사람과 특별히 더 가까웠다면, 다른 사람들은 내가 슬퍼하는 모습을 잘 이해하지 못한다. 하지만 우리는 서로를 이해하길 간절히 바란다.

정말 그럴 수 있을까? 우리가 느끼는 슬픔에는 공통점이 있기도 하겠지만, 그러면서도 각자 느끼는 슬픔은 다 다르다. 각자 겪는 상실감은 서로 다르다. 그 누구도 나와 똑같이 느낄 수는 없다.

그렇다면 다른 존재, 그러니까 '하늘에서 우리를 측은해하는' 존재는 있을까? 그런 신이 있을까? 자연의 힘이 있을까? 다시 한번 말하지만, 우리는 누군가 우리의 슬픔을 알고 받아주고 위로해주길 갈망한다.

시간이 지나면서, 우리는 슬픔의 주위를 배회하고 또 배회하고 그 한가운데를 지나고 모든 각도에서 그 슬픔을 보면서 위로를 발견한다. 하지만 우리가 사랑한 사람들과 친구들이 우리 손이 닿지 않는 곳에서 우리에게 사랑을 보내고 행복을 빌고 있다는 걸 알 때에야 비로소 그렇게 할 수 있다.

친구들이여, 그대들이 함께 있어준다면 나는 이 슬픔을
극복할 방법을 찾을 수 있을 것이다.

사랑하는 사람들과 멀어졌을 때, 어떤 것도 그 간격을 메울 수 없으며 뭔가를 시도하고 찾으려 해봐야 소용없다. 그저 버티면서 헤쳐 나가야 한다. 처음에는 이 말을 받아들이기 힘들지만, 동시에 커다란 위안이 되기도 한다. 그 간격을 메우지 않고 둘 때 떠난 사람과의 관계도 계속 이어지기 때문이다. 신이 그 간격을 채운다는 건 말도 안 되는 얘기다. 신은 그 간격을 빈 채로 둔다. 그래서 우리가 고통이라는 대가를 치르더라도 서로 교감하게 한다. 디트리히 본회퍼

빈자리가 주는 고통이 언제까지나 우리를 떠나지 않을 거라는 이 얘기를 듣다 보면 이상하게 안심이 된다. 우리는 기분이 나아지기를 바라면서 동시에 언제까지나 잊지 않고 싶어 하기 때문이다.

당연히, 곁을 떠난 그 사람에게 쏟아붓던 애정과 사랑과 시간을 쏟을 새로운 대상을 찾아야 한다. 그렇게 하지 않는다면 자기 안으로만 숨어드는 것이고, 결국 남은 삶을 초라하게 이어갈 수 있을 뿐이다.

사랑하고 보살피는 능력은 유한한 수에 한정되지 않으며, 새로운 사랑을 받아들인다고 해서 예전의 사랑을 대신한다는 의미는 아니다. 시간은 확장되지 않지만 사랑은 확장된다. 아이를 셋 둔 부모가 또 아이를 갖는 것처럼 말이다.

한때 사랑하고 소중히 여긴 것은 무엇으로도 대체할 수 없다.

사랑하는 _____에게, 내 마음속에는 언제나
너를 위한 공간이 있어.

오늘, 57세인 아내는 일자리를 얻기 위해 히치하이크를 하다가
교통사고를 당해 1941년에 죽은 아들 곁에 묻혔다.
늘 아들을 그리워하던 아내는 이제 아들과 함께 있다.
나는 그 두 사람이 행복하게 서로의 품에 안겨 있다는 걸 안다. 테리 케이

사랑하는 사람이 죽음 너머의 세상으로 갔을 때, 누군가가 그곳에서 맞이해준다는 생각을 해본 적 있는가? 스위스 출생의 정신과 의사이며 죽음과 죽어가는 것에 대해 많은 업적을 남긴 엘리자베스 퀴블러 로스는 사람은 누구도 혼자 죽지 않는다고 말한다. 사랑하는 사람이 그 세상에서 기다리고 있다가 우리를 환영하며 맞아준다는 것이다.

딸아이가 죽었을 때, 아이보다 일 년 남짓 먼저 세상을 떠난 내 아버지와 딸아이가 기뻐하면서 만났을 거라고 생각한 기억이 난다. 마음이 찢어질 듯 아팠고, 한동안은 나도 그들과 함께 있고 싶었다. 그로부터 오랜 시간이 지났고, 이제 난 특별히 서두르지 않는다. 하지만 내 믿음에 확신이 생기고 곁을 떠난 사랑하는 사람이 기억날 때는, 나도 언젠가는…… 그 기쁨의 재회를 경험하게 될 거라는 생각을 한다.

사람들을 다시 만나리라는 희망을 마음속에
소중하게 품고 있다.

슬픔에 빠진 사람들은
몸이 완전히 지쳐
아무 생각도 할 수 없을 때까지
울면서 위안을 찾는다. 마이모니데스

통곡하고 한탄하고 비명을 지르며 슬픔을 겉으로 표현하는 것의 효과라면, 지칠 대로 지쳐 일시적으로 감각이 없어진다는 데 있다.

'고통을 내색하지 않는' 분위기의 사회에서는 슬픔을 지나치게 드러내면 특이하고 응석이 심한 사람으로 여겨지기 때문에 이런 행동을 두고 의견이 분분하다.

슬픔을 표현하는 것이 익숙지 않다면(자신의 목소리에 놀랄 수도 있다) 처음에는 어색할 수도 있겠지만, 아무 대답도 얻을 수 없고 사랑하는 사람을 되돌려 받을 수도 없다는 걸 알면서도 그 얼굴 없는 적에게 소리를 지르면 꽤 도움이 된다.

그러니 시도해볼 만하다. 혼자 있을 때 통곡해보는 것도 괜찮다. 아무도 듣지 못할 만큼 외진 공간을 찾아가 억눌린 슬픔과 분노를 모두 '날려버려라'.

신에게 고함치는 것에 죄책감을 느끼는가? 걱정할 필요 없다.
신은 다 받아준다.

August * 7

> 자신의 내면을 발견할 때 나는 모든 사람,
> 존재하는 모든 것의 본성과 아름다움과 선과
> 교감한다. 마리아 볼딩

슬픔에 빠져 있을 때면, 운명이 나를 골라내 이 불행을 겪게 했으며 지금 내게는 곁에 있어줄 사람도, 나와 비슷한 경험을 해본 사람도 없다는 생각이 들면서 몹시 외로워진다.

우리가 잃은 그 사람이 누구와도 다르듯 우리가 겪은 상황 역시 어떤 상황과도 다르다. 하지만 우리가 겪은 일 또한 인간 이야기의 일부라는 걸 깨닫는다면 아마도 위로가 될 것이다. 단지 인간 이야기이기만 한 것이 아니다. 어떤 인생이든 탄생과 죽음, 그리고 탄생의 순환이기 때문이다. 산도 솟아올랐다가 평평하게 깎이고 다시 솟아오른다.

고요하게 명상할 때 우리는 모든 사람 그리고 나무, 꽃, 바람, 하늘과 교감할 수 있다. 딸아이가 죽고 나서 고통스러운 몇 달을 보낼 때, 집 뒤뜰로 가서 나무들과 교감(두 손을 나무껍질에 대고)하던 기억이 난다. 보는 사람이 아무도 없을 때면 가끔 좋아하는 나무를 안고서, 우리 둘에게 양분을 주는 삶의 요소가 내게 힘과 안정감을 가져다줄 것처럼 그 나무에 기대보기도 했다.

나는 존재하는 모든 것의 일부다. 창조의 거대한 미스터리는 내 곁을 떠난 사랑하는 사람을 가슴에 품듯 나 역시 가슴에 품는다. 그 품 안에서 우리는 함께 있다.

그녀는 신의 힘, 신의 엄격함과 부드러움을 깨달을 기회가 이전에는
한 번도 없었다고 생각했다. 그리고 이제 처음으로 자신을 알게 되었으며,
그로 인해 특별한 희망을 얻었다고 생각했다. 제임스 에이지

고통을 견뎌내는 자신의 힘과 능력의 한계치가 어느 정도인지 궁금해한 적이 있다면, 상실을 경험하면서 많은 것을 알게 된다. 우리 삶은 뿌리째 흔들린다. 하지만 우리는 살아남는다. 그리고 운이 좋다면, 혹독한 시련을 통해 얻은 자기 인식과 더불어 모든 창조물에 대한 일종의 공감, 세상의 고통과 아름다움에 대한 경이로움을 경험한다. 우리 자신이 이 세상의 일부로 존재하며 또한 세상은 우리의 손을 떠나 있다는 것도 알게 된다. 우리는 세상의 어떤 것도 마음대로 못 하지만, 그렇게 할 수 있는 존재의 손안에 있다.

혹독한 시련을 통해 얻은 이 고귀한 지혜로
나는 새로운 힘을 주시는 신이 있음을 느끼고
위안과 희망을 얻길 바란다.

희망이 없는 슬픔은 열정이 없다고
나는 당신에게 말한다. 엘리자베스 배럿 브라우닝

슬픔에 빠졌을 때 느끼는 수많은 기분 중 하나는 일종의 무감각, 너무 깊고 넓어서 어떤 것도 그 표면에 물결을 만들지 못할 것 같은 절망감이다. 이런 기분은 마비보다 약한 형태라 할 수 있는데, 분열된 삶, 산산 조각난 꿈, 고통스러운 눈물의 소용돌이로 다시 들어가기 전 우리의 감각에 조금 쉴 수 있는 시간을 준다.

슬픔의 여러 기분과 마찬가지로 이 무감각의 상태 역시 지나갈 것이다. 그리고 어쩌면 견디기 더 수월한 기분 혹은 더 힘든 기분이 그 자리를 차지할 것이다.

이런 사실을 안다는 건 단지 있는 그대로를 아무 감정 없이 받아들인다는 뜻이 아니다. 슬픔의 계절이 있다고 기억하는 것이다. 그리고 화창한 봄날이 며칠 이어지다가 갑자기 추워지는 것처럼 혹은 인디언 서머의 하루처럼, 이 짧은 계절은 예측할 수 없다. 하지만 이 모두는 지나갈 것이며, 계절마다 나름의 의미를 지닌다. 우리가 할 수 있는 최선은 '좋아. 오늘은 기분이 이렇구나. 이런 기분일 때는 뭘 하는 게 가장 좋을까?'라고 묻고는 그날 하고 싶은 어떤 일이든 하는 것일 때(혹은 아무것도 하지 않는 것일 때)가 있다. 내일 일은, 누가 알겠는가?

절망을 내게 묶어두지만 않는다면,
절망은 영원히 지속되지 않는다.

나는 '순간의 성체'를 믿게 되었는데, 이것은 창조자의
궁극적인 선을 믿는다는 걸 전제로 한다. 루스 케이시

    슬픔에 빠져 있을 때 우리는 과거에 대해 곰곰이 생각한다. 죽음이라는 사건이 일어난 바로 이전의 과거를 생각하고, 그다음에는 사랑하는 사람이 온전한 모습으로 우리와 함께 지내던 행복했던 시절을 생각한다.

    그다음에는 미래, 사랑하는 사람이 없는 날을 맞아야 하는 박탈감을 생각한다.

    하지만 우리에게 있는 것은 현재(이 글을 읽고 있는 이 순간)뿐이다.

    이 순간을 선택해 이 글을 읽는 것처럼 또 다른 순간을 선택해 그 순간의 강렬함으로 살아갈 것이며, 과거나 미래로 방향을 바꾸지 마라. 주위에서 펼쳐지는 삶을 인식하고 받아들일 때 놀라울 만큼 마음이 가벼워지고 자유로워진다.

    이런 선택을 한다는 건 우리에게 과거를 반복하거나 미래를 통제할 수 있는 능력이 없다고 인정하는 것이다. 그것은 또한 창조자의 존재와 그의 손에 모든 시간과 모든 장소가 있다고 믿는다는 표현이기도 하다.

이 순간은 내 삶을 통틀어 유일하며,
나는 이 순간을 그 자체로 인정할 것이다.

우리 삶의 모든 관계는 서로 밀접하게 얽혀 있으며,
하나의 요소가 영향을 받으면 그 영향이 다른 요소 전체에 미친다.
사랑하는 사람의 죽음은 전체의 균형을 깨뜨린다…….
바로 이럴 때, 세심하게 주의를 기울이면서 가능한 한 관계를 좋게
만들어야 한다. 지금 이 순간 관계가 만족스러워 기분이 좋고
마음이 충만해진다면, 떠난 사람에게 비현실적인 방법으로 매달리려고
애쓰느라 헛되이 에너지를 흘려보내는 일이 줄어든다. M. W. 히크먼

사랑하는 사람을 잃고 나면, 대개 신체적 병에 대한 저항력이 낮아진다. 그 상실감 때문에 가족의 정서적 관계에 존재하는 취약함이 드러나는 것 또한 사실이다. 한 전문가는 아이의 죽음처럼 극단적인 상실을 경험할 경우, 부모의 75퍼센트 정도가 일 년 이내에 심각한 문제를 겪는다고 한다.

따라서 이런 위험 신호를 잘 살피고, 심각한 문제가 감지되면 전문가의 도움을 구하는 게 좋다. 우리는 이미 너무도 큰 것을 잃었다. 하지만 이 상실감의 여울과 급류를 무사히 지난다면 우리 삶의 관계는 지속될 뿐만 아니라, 모두가 함께 경험한 그 일 때문에 더 단단해지고 풍요로워질 것이다.

힘든 시간을 겪을 때, 그로 인해 내 삶의 구조에서
드러나는 문제를 정직하게 마주할 것이며
필요하다면 도움을 얻는 것도 고려해보려 한다.

아, 위대한 영혼이여
그 목소리를 내가 바람 속에서 들으며
그 숨결이 모든 세상에 생명을 주나니
내 말을 들으소서!
나는 작고 약하며
당신의 힘과 지혜가 필요합니다.

아메리칸 원주민 기도문

슬플 때 우리는 누구에게 의지하는가?

우리에게는 여러 선택권이 있고, 때에 따라 다른 위안과 확신이 필요하다.

다른 사람이 필요할 때가 있다.

혼자 있는 것이 필요할 때가 있다.

그리고 어떤 때는 자연이 치유의 이야기를 들려주기도 한다. 계절은 서로의 뒤를 이어서 갔다가 새로운 잎과 새로운 꽃과 함께 돌아온다. 물은 하늘로 올라가서 구름이 되었다가 비와 눈으로 돌아와 강과 호수를 채운다. 별은 몇 광년 떨어져 있지만, 하늘에 흩어져 있는 모습이 우리 눈에 또렷이 보인다.

여기 이 세상에서 펼쳐지는 것은 우리가 알고 있는 것보다 더 큰 지혜를 이야기해준다. 창조자의 숨결은 모든 곳에 있으면서 온기와 생명으로 우리를 감싼다.

모든 것이 변한다. 어떤 것도 그냥 사라지지 않는다.

> 당신은 회복할 수 없겠지만, (…) 언젠가 이 견디기 힘든 불행은 두 번 다시 당신을 떠나지 않을 존재에 대한 소중한 추억이 될 것이다(지금은 이런 생각만 해도 끔찍하겠지만). 그렇다 해도 지금의 불행한 마음으로는 이런 약속을 믿기 어렵다. 마르셀 프루스트

한창 극심한 슬픔에 빠져 있을 때, 이 일로 좋은 결과가 올 거라는 말은 좀처럼 믿기 어렵다. 누군가 그렇게 말하면, 온 세상이 캄캄한데 '밝은 면'을 내밀며 서둘러 일을 마무리하려는 것처럼 느껴져 화가 날지도 모른다.

우리가 절대 '회복하지' 못할 거라는 것, 그러니까 이전 상태로 절대 돌아가지 못할 거라는 것은 사실이다. 하지만 영원히 상실감에 빠져 있지는 않을 것이다. 더 큰 세상이 모습을 드러낼 것이며, 그 세상의 틀은 어느 순간 갑자기 확대되어 우리가 지금껏 알고 있던 것보다 더 많은 모습을 담을 것이다. 그리고 세상에 대한 감각이 확대될 때, 우리가 사랑하는 사람의 존재 혹은 부재에 대해서도 더 폭넓게 생각하게 된다. 세상이 더 어두워질지도 모르지만, 동시에 더 빛날 수도 있다.

지금은 선뜻 믿어지지 않지만, 내 곁을 떠난 사랑하는 사람이 언젠가는 내 삶에서 사라지지 않는 은혜의 존재가 될 거라는 희망을 간직하려 한다.

> 밖으로 나가는 길은 없다. 오직 앞으로 가는 길만 있다. 마이클 홀링스

문득문득 궁금해진다. '이 상처는 절대 없어지지 않을까? 여기에서 벗어나 도망갈 곳이 어디에도 없는 걸까?'

우리가 가장 바라는 것은 돌아가는 것이다. 사고 전으로 돌아가는 것. 병 이전으로 돌아가는 것.

하지만 그런 세상은 이제 존재하지 않는다. 우리가 경험한 슬픔은 하나의 분수령이며, 이제 우리는 아주 평범하고 목가적으로까지 보이는(그렇지 않다는 걸 잘 알긴 하지만) 그 세상(사랑하는 사람과 함께 알던 삶, 이 일이 일어나기 전의 삶)과 영원히 단절되었다.

그래도 우리는 계속 시도하고, 기억하고, 바란다. 그러다 결국 이런 생각이 머릿속에 자리 잡는다. '이제 이것이 너의 세상이야. 이것이 네 삶의 모습이야.'

분명 우리는 조금씩 조금씩 앞으로, 죽은 사람과 맺는 새로운 관계를 비롯해 모든 관계와 시간에 대한 새로운 감각 속으로, 그리고 자신과의 새로운 관계에 대한 감각 속으로 나아간다.

우리가 할 수 있는 또 다른 선택은 제자리에 가만히 서 있는 것이며, 한동안은 그렇게 해볼 수도 있다. 하지만 계속 그렇게 있다면 결국 돌이 되고 말 거라는 걸 알고 있다. 그래서는 안 된다. 우리에게 열려 있는 유일한 방향, 그러니까 앞을 향해 계속 움직여야 한다. 새로운 땅으로, 미지의 모험으로, 미지의 땅으로 나아가야 한다.

🌱

나는 새로운 삶의 문턱에 서 있다. 이제 무엇을 해야 할까? 가만히 서 있을 수 있고 앞으로 나아갈 수도 있다. 내가 선택해야 한다.

내가 몹시 아끼고 소중히 여기는 것, 내 어머니에게서 받은 그것은 대지에 그대로 남아 있음을 기억한다. 산의 검은 부엽토나 사막의 메마른 모래에 두 손을 대는 것만으로도 난 어머니의 영혼을 불러낼 수 있다. 어머니의 사랑, 어머니의 온기, 어머니의 숨결 그리고 나를 감싸는 어머니의 두 팔은 파도와 바람과 햇살과 물이다. 테리 템페스트 윌리엄스

새로 태어난 아이가 세상을 떠난 아이를 대신할 수 없듯, 한번 잃은 것은 그 무엇으로도 대체할 수 없다. 아무리 아름답다 해도 주위의 다른 삶의 모습으로 잃은 것을 대체할 수는 없다. 그래도…… 그렇다 해도…… 창조의 일체를 생각하면 어느 정도 위안이 된다. 딸아이가 죽기 직전에 아이 방에 걸려 있던 포스터에는 "똑같은 해가 우리를 따뜻하게 한다"로 시작하는 글이 적혀 있었다. 그 글은 "그리고 우리는 서로의 그림자 안에 머물면서 서로의 삶을 공유한다"로 이어졌다. 나는 남편과 함께 그 포스터를 액자에 넣어 여러 해 동안 내 집필실에 걸어놓았다. 그 글은 내게 커다란 위안을 주었다.

우리를 감싸는 공기, 온기와 빛으로 적셔주는 햇살,
우리 안에 솟아오르는 생명력 속에서, 변치 않고 곁을 지켜주는
사랑하는 사람의 존재를 상상할 수 있는가?

양 끝이 불타고 있는 막대기 위의 개미처럼, 나는
어떻게 해야 할지 모르는 채 엄청난 절망 속에서 이리저리
왔다 갔다 합니다……. 자비롭게 나를 지켜보는 이여
당신의 사랑이 나의 피난처입니다. 아멘. 인도의 전통 기도문

언젠가 어떤 사람을 가리켜 "목적의식을 상실하면서 속도가 두 배로 빨라졌다"라고 한 적이 있다.

가끔 우리도 그렇다. 아주 바쁘게 움직이면 다른 생각을 할 겨를이 없으니 마음도 덜 아플 거라는 헛된 희망으로 정신없이 바쁘게 움직인다.

정신없이 움직이다 보면 지쳐서 곯아떨어지기도 한다. 그리고 다른 사람들을 위해 바쁘게 움직이다 보면 얼마 동안은 자신의 고통을 잊기도 한다.

하지만 그런 행동에는 대개 목적이 없다. 그렇게 하면 모든 문제가 해결되는 양 몸을 바쁘게 움직이는 것뿐이다.

하지만 바쁘게 움직인다고 해서 문제가 해결되지는 않는다. 신체적, 감정적 피로와 함께 절망만을 맛보면서 우리는 이전보다 더 나빠진다.

치유는 바쁘게 움직인다고 해서 이루어지는 게 아니다. 사랑이 삶의 핵심이고 피난처이며 삶을 지속하는 힘의 원천이라고 조용히 확신할 때 이루어진다.

미친 듯 바쁘게 움직이기를 멈추고 내 힘의 요소와
다시 연결되려 한다.

아이들과 친구 몇 명만 참석한 가운데 화장이 끝나고,
남편의 뼛가루를 우리가 자주 함께 걸었던 정원 끄트머리에 뿌리고,
아이들이 자기들 집으로 돌아가고 나서야, 나는 이제 정말
끝이라는 걸 실감했다……. 견뎌야 하는 게 있다면, 지금, 그리고
혼자서 견뎌야 했다. 대프니 듀 모리에

사랑하는 사람을 보내고 나서 혼자라는 걸 실감하는 시간은 사람에 따라 다르다. 그 사람이 떠나자마자 혼자 남는 건 그리 좋지 않아 보인다. 오랫동안 물리적으로 혼자일 수가 없는 사람들도 있다. 슬픔을 겪고도 어린아이들을 돌봐야 하는 부모처럼 말이다. 하지만 잠들기 전 고요한 시간에 혹은 밤중에 잠에서 깨어나 기억이 떠오를 때면 어쩔 수 없이 슬픔이 남긴 고독과 마주하게 된다.

당연히 그렇지 않겠는가? 다른 사람들과 얘기를 나눌 수 있다 해도, 오직 혼자서만 들어갈 수 있는 상실의 영역이 있다. 그런데 우리의 고독 속에는 이상하고 모호한 면이 있다. 외로움에 필사적으로 맞설 때, 우리가 사랑한 사람에 대한 감각이 가장 강해지기도 한다. 그 사람은 떠났다. 우리는 절절하게 외롭다. 그런데 이 공기 속에서 느껴지는 활력은 무엇인가?

나는 안전할 거라고 믿으면서 미지의 어둠 속으로
들어서려 한다.

신이 있다면, 그 신은 모든 곳에 존재한다.
신은 가끔 찾아오는 손님이 아니며, 바로 지금 이 순간에
가장 진실하게 존재한다. 신은 우리 마음속에 들어올
준비가 늘 되어 있다. 신은 정말로 지금 이곳에 있다.
이곳에 없는 것은 바로 우리다. 아서 푸트

신이 슬픔에 빠진 우리 곁에 있다는 걸 믿을 수 있는가? 가까운 친구처럼 우리와 함께 있다는 걸 믿을 수 있는가? 우리가 그의 존재를 알기를 원하며, 우리가 평화로워지길 바란다는 걸 믿을 수 있는가? 그리고 우리가 사랑한 그 사람을 다정하게 보살피고 있다는 걸 믿을 수 있는가?

아마도 그런 믿음의 여정은 어둠 속에서 집을 찾아가는 과정과 비슷할 것이다. 의지할 불빛도 없이, 우리는 이 익숙하면서도 익숙하지 않은 세상에서 길을 더듬어 가며, 굽은 길이라고 알고 있는 곳에서 돌기도 하면서 분명 그곳에 있다는 걸 알고 있는 집을 향해 걸어간다. 비록 앞을 볼 수는 없지만, 발에 닿는 땅의 감촉으로 이 길이 맞다는 걸 느끼면서 분명 그곳에 있을 집에 다가갈 때, 우리가 사랑하는 누군가가 그 안에서 불을 켜고 우리를 맞아들인다.

내 곁에 아무도 없다고 느낄 때, 신이 나와 함께 있으면서
나를 지킬 것이라고 '믿어보려' 한다.

August * 19

사별한 사람들에게는 시간이 다르게 흘러간다.
그들에게 시간은 기어간다. 일 분 일 분이
감정과 사건, 긴박한 상황으로 가득 차 있어서
하루가 일주일처럼 흘러간다. 리처드 메리먼

상실감에 빠져 있을 때 미래가 그처럼 어둡게 보이는 이유 한 가지는, 시간이 더디게 흐르기 때문이다. 다음 생일이 오기까지 평생이 걸릴 것처럼 느끼는 아이들과 같다. 삶은 예전과 완전히 다르며 헤쳐 나가야 할 새로운 경험이 너무도 많다.

아이들의 눈앞에 펼쳐진 삶은 기쁨과 놀라움으로 가득하겠지만, 우리 앞에 이어진 삶은 슬픔으로 채색되어 있다. 처음 슬픔을 겪을 때는 하루하루가 영원처럼 길게 느껴진다. 그래서 앞날을 바라보며 생각한다. '앞으로도 계속 이럴까? 앞으로 일주일도 생각하기 힘든데 한 달은 어떨까? 일 년은? 그리고 십 년은?'

다행히도, 언제까지나 시간이 이렇게 확장되지는 않는다. 언젠가는 우리가 상실을 겪기 이전처럼 시간이 흘러갈 것이다. 슬픔의 날카로운 모서리들이 매끄러워지고, 누군가 세게 때리는 듯한 느낌도 그 빈도가 점점 줄어들 것이다. 우리는 우리의 길을 계속 갈 것이다. 한때 적이었던 시간은 다시 친구가 될 것이다.

오늘은 오늘의 시간이다. 내일의 시간은 다를 것이며,
나는 애써 짐작하지 않으려 한다.

엘레오노라 두세는 "디어드리와 패트릭 얘기를 해줘"라고 말했고, 나더러 아이들의 평상시 말과 행동을 흉내 내보라고 했으며, 그들의 사진을 보여달라고 했고, 그 사진에 입을 맞추고 울었다. 그녀는 "그만 슬퍼하라"는 말을 절대 하지 않았으며 나와 함께 슬퍼했다. 아이들이 죽고 나서 처음으로 내가 혼자가 아니라고 느꼈다. 이사도라 덩컨

곁을 떠난 그 사람에 대해 우리는 얘기를 해야 한다. 그렇게 할 때 슬픔의 에너지로 뭔가를 할 수 있을 뿐 아니라, 우리 삶의 아주 중요한 일부였던 사람을 계속 기억하고 그의 영혼을 언제까지나 느낄 수 있다.

두 아이를 익사 사고로 잃은 이사도라 덩컨처럼, 특히 어린아이를 잃었을 때 그들과 그들의 예전 모습에 대해 이야기하는 것은 너무 일찍 단절된 삶을 어떤 식으로든 연장하고, 그들이 이 삶에 함께 있었다는 사실을 분명히 해준다. '그래, 나는 그들에 대해 말할 거야. 그들은 중요했어. 그들은 이곳에 있었어.'

죽은 사람에 대해 자유롭게 말한다는 건, 이제 그들이 없는 삶에 익숙해진다는 의미이기도 하다. 또한 떠난 그 사람과 우리가 여전히 관계를 맺고 있음을 시험해보는 방식이기도 하다. 모든 것이 새로워졌다. 우리가 그들의 이름을 말할 때 우리 마음은 새로운 세상의 메아리로 울린다.

내 잃어버린 사랑에 관해 얘기하려 한다.
그건 달라진 삶을 배우는 한 가지 방식이다.

죽음은 살아 있는 사람들이
삶이라고 부르는 베일이다.
그들이 잠들면
베일이 걷힌다. 퍼시 비시 셸리

   처음에 이 말은, 살아 있다는 근사한 경험의 가치를 떨어뜨리는 것처럼 들린다. 우리가 알고 있는 것들(별이 빛나는 하늘, 백합 향기, 인간의 사랑이 주는 놀라움) 너머의 경이로움을 생각할 수 있을까? 우리는 세상의 모든 아름다움과 기쁨 그대로를 받아들이며(고통도 삶의 일부이므로 세상의 고통 또한 받아들인다), 사랑하는 사람을 잃으면 자신을 위해서만이 아니라 사랑하는 그 사람(이 모든 것을 잃은)을 위해서도 애도한다.

   하지만 임사 체험을 이야기하는 사람들은 죽음에 대한 두려움이 모두 없어졌다고 말한다. 그들 중에는 언뜻 본 죽음 너머의 삶이 우리가 아는 것보다 훨씬 더 근사했기 때문에 다시 삶으로 돌아오기가 싫었다고 말하는 사람들도 있다.

   그걸 누가 알 수 있을까? 살아 있다는 것의 은총과 고난에 묶여 있는 우리는 아니다. 그렇다면…… 그들이 옳을까? 그런 얘기들을 어떻게 생각하든 관계없이, 사후 세계는 우리가 생각하는 것 이상으로 황홀하다는 걸 여러 종교에서 증언한다.

삶은 내가 잘 알고 있는 모험이다. 죽음 역시 모험이다.

'자신을 용서해야 한다?'
아니, 그건 소용없다. 우리는 '용서받아야' 한다.
하지만 우리 자신이 용서할 수 있어야만
용서받는 것도 가능하다. 다그 함마르셸드

용서하는 능력과 용서받았음을 느끼는 능력, 이 둘은 한데 묶여 있다. 다른 사람에게 가혹하다는 건 어떻게 보면 자신에게 엄격하다는 걸 의미한다. '내가 책임을 다하니까 너도 그렇게 해야 해. 내가 자신에게 이렇게 높은 기준을 설정하니까 당연히 네게도 똑같은 기준을 기대해야 하지 않을까?'

사랑하는 사람을 잃고 나서 스스로를 엄격하게 다그친다면, 그건 자기 자신을 힘들게 하는 것이다. 물론 우리가 잘못한 일들이 있다. 모진 말을 했고 약속을 지키지 못했고 찾아가기로 하고는 찾아가지 못했다.

지금 해야 하는 질문이 있다면, 그것이 누구의 '잘못'인지, 상처받았다고 느끼거나 불평을 해야 하는 사람은 누구인지 등이 아니다. 지금 해야 하는 질문은 이런 것이다. '내가 놓아줄 수 있는가?' 우리가 그렇게 할 수 있어야 사랑하는 사람도 이미 그렇게 했다는 걸 확신할 수 있기 때문이다.

편히 잠들길. 우리 모두 '편히 쉴 수' 있길.

> 내가 사망의 음침한 골짜기로 다닐지라도 해를 두려워하지 않을 것은 주께서 나와 함께하심이라. 주의 지팡이와 막대기가 나를 안위하시나이다. 주께서 내 원수의 목전에서 내게 상을 차려주시고 기름을 내 머리에 부으셨으니 내 잔이 넘치나이다. 내 평생에 선하심과 인자하심이 반드시 나를 따르리니 내가 여호와의 집에 영원히 살리로다. 〈시편〉 23편 4~6절

구약성서 〈시편〉에 실린 이 구절은 오랜 세월 동안 사람들에게 위로가 되었다. 아마도 죽음을 마주한 사람들을 위로하는 데 가장 많이 인용된 구절일 것이다. 사랑하는 사람들의 죽음을 견뎌낸 우리는 그들이 혼자 그 골짜기를 다니지 않는다는 걸 안다. 그들의 곁에 있어준 사람은 대개 우리다. 침대 옆에 앉아 그들의 손을 잡고, 그들이 때로는 입 밖에 내고 때로는 입 밖에 내지 못한 불안과 두려움을 함께 경험했다. 그들의 신앙과 믿음에 대한 고백 역시 들을 수 있었다.

그러고 나서 그들은 떠났고, 우리는 남았다. 이제 위로와 안심이 필요한 것은 우리다. 아마도 〈시편〉 23편에 실린 이 구절은, 우리가 몇 번을 반복해서 읽는다 해도 똑같은 위안을 줄 것이다. 그래서 결국에는 환한 빛이 비추고 마음이 차분해질 것이다.

치유해주는 말들이 감사하다.

기도할 때 당신은
부드러운 미풍 속에서,
이웃의 고통과 기쁨 속에서,
그리고 당신의 외로움 속에서
신을 만난다. 헨리 나우웬

  기도한다는 건 무엇을 의미하는가? 우리는 기도가 신 앞으로 보내는 의식적인 생각의 표현, 탄원 혹은 감사라고 생각한다. 우리는 말하거나 생각하고 나서 신의 대답을 기다린다. 하지만 기도가 지금 일어나고 있는 일에 주의를 기울이는 마음에 지나지 않는다면 어떨까? 조안 바에즈는 기도가 주의를 기울이는 것이라고 했다.

  주의를 기울일 때, 우리는 또한 우리에게 주의를 기울이는 존재, 그렇게 주의를 기울이면서 우리의 슬픔을 이해하고 나누는 존재인 신을 삶과 기쁨과 슬픔 속으로 맞아들일 수 있으며, 우리를 신비롭게 감싸면서 안전할 거라 느끼게 해주는 신의 사랑도 받아들일 수 있다.

신은 내 기쁨 속에 존재하며 내 슬픔 속에도 존재한다.

그녀는 그곳에 앉아, 거실 문에서
빈 침실 문 앞까지의 바닥에 남은
거칠고 묵직한 신발 자국을 바라보며
인내를 배웠다. 콜레트

작가는 남편을 잃은 허탈감에 빠진 어머니를 묘사하고 있다. 장례식이 끝나고 한바탕 흥분도 지나갔다. 이제부터 사랑하는 사람 없이 사는 법을 배우는 긴 여정이 시작된다.

이것은 극도의 인내심을 요구하는 일이며, 사랑하는 사람이 한때 걷고 앉고 살고 잠을 잤지만 이제는 그렇게 하지 않는 길들과 장소들을 반복하고 반복해서 보려는 의지가 필요한 일이다.

내가 열한 살 때 할아버지가 돌아가셨는데, 신발장 문 옆에 단정하게 서 있는 할아버지의 검은색 신발을 보는 게 무척 슬펐던 기억이 난다. 복사뼈까지 오고 끈을 묶는 검은색 가죽신이었는데, 할아버지의 발과 걸음걸이에 맞춰 가죽에 주름이 잡히고 울퉁불퉁한 흔적이 만들어졌다. 나는 한때 할아버지가 신었고 지금은 빈 채로 서 있는 그 신발을 이제 아무렇지 않게 바라본다.

그날 혹은 그해에 느낀 모든 감정과 마찬가지로 슬픔이라는 감정도 소중히 여겨야 하며, 그 감정 또한 지나갈 것이다.

이방인이나 여행자인 듯 세상을 살아가라. 저녁이 올 때
아침을 기대하지 마라. 아침이 올 때 저녁을 기대하지 마라.
건강이 좋을 때는 아플 때를 준비하고, 살아 있는 동안
죽음을 준비하라. 안-나와위(무슬림 경전에서)

처음 슬픔을 겪을 때의 격렬한 감정이 몇 해가 지나도록 계속된다면 견디기가 정말 힘들 것이다. 하지만 그렇게는 되지 않는다. 기분이 차츰 나아지기 시작한다. 그래서 우리는 놀라기도 한다. 사랑하는 사람에 대한 내 마음이 진실하지 않았던 건가 의심도 든다. 하지만 아주 어리석은 생각이다! 우리가 사랑한 그 사람은 우리가 슬픔에서 벗어나는 모습을 보고 싶어 한다. 그리고 그의 참모습은 슬픔이 지나가고 나서야 훨씬 더 명료하게 떠오른다. 처음 슬픔을 겪을 때는, 사랑하는 사람에 대한 기억에 더해 우리 자신의 고통에도 온통 마음을 빼앗기기 때문이다.

특히 처음 슬픔을 겪을 때는 알 수 없는 미래에 있는 자신의 모습을 생각하지 말자. 미래가 어떨지는 알 수 없지만, 우리가 격렬한 슬픔에 사로잡혀 생각하는 그 모습과는 분명 다를 것이다.

"지금 있는 곳에 있어라"는 퀘이커 교도의 말이 떠오른다. 이 말은 어느 때든 좋은 조언이지만, 특히 지금 그렇다.

나는 지금 이 순간에 있으려고 노력한다.

> 황무지에서 돌아오고 나면 인간은 질서의 복원자, 수호자가 된다.
> 그는 진실을 목격하고, 자신의 진짜 계승자를 알아보며,
> 조상과 유산을 소중히 여기고, 자신의 축복을 후손들에게 전한다.
> 그는 인간의 시간 경과, 슬픔과 기쁨이라는 인간적 한계 속에서
> 죽고 사는 것을 상징한다. 웬델 베리

슬픔의 한가운데 있을 때는 우리가 웬델 베리의 말처럼 되리라고 절대 상상할 수 없다. 눈앞에 보이는 것은 온통 황무지뿐이다.

하지만 시간이 지나면(아마도 아주 오랜 시간이 지나면, 그리고 대개는 우리의 의지에 반해서) 우리는 이 표현의 일부가 우리에게도 해당한다는 걸 인정한다. 상실이라는 경험에 감사하지는 않는다 해도, 때가 되면 그 혹독한 경험에서 얻은 지혜에 감사하게 된다. 진정으로 우리는 더 강해지고, 더 지혜로워지며, 인생에 더 유능하게 대처하게 되고, 다른 사람을 더 기꺼이 돕게 되며, 우리의 위치를 더 명확히 인식하게 된다. 그리고 우리가 사랑한 그 사람도 인간의 흐름 속에 있다는 사실을 알게 된다.

하지만 황무지는 여전히 존재한다. 그리고 그 황무지는 언제나 우리에게 소리친다. "돌아와. 네가 얼마나 슬퍼했는지 기억해?"

아마 우리는 돌아갈 것이다. 하지만 더 강해져서 돌아갈 것이다. 그리고 예전처럼 오래 머물지는 않을 것이다.

슬픔이 내게 남긴 유산이 새로운 힘이라면,
나는 받아들이려 한다. 거부하지 않을 것이다.

죽음이 친구와 나를 갈라놓는다면, 신이여, 당신은
내 슬픔을 비난하거나 내 눈물을 보고 얼굴을 찌푸리지 마소서.
당신은 나더러 지나치게 감정을 드러내지 말고 절망
속에서도 잠잠하게 슬퍼하라고 합니다. 그들이 당신 안에서
쉴 수 있도록. 찰스 웨슬리

   신앙이 있는 사람들은 슬퍼하지 않는다는 오해를 할 때가 있다. 그들은 사랑하는 사람이 떠나도 그 본질은 남아 있고 언젠가는 서로 알아볼 거라고 굳게 믿으므로 이 잠깐의 이별을 눈물 흘리거나 혼란스러워하는 일 없이 차분하게 받아들인다는 것이다.

   하지만 그렇지 않다. 이미 무거워진 마음에 우리가 너무 쉽게 슬픔에 '무너진다'는 죄책감의 짐까지 더하진 말자. 사랑하는 사람이 지구 반대편으로 갔다고 해서 그가 그립지 않을까? 죽음의 미스터리는 사랑하는 사람이 낯선 땅으로 간 것보다 훨씬 더 극복하기 어렵다!

   상실을 겪으면서도 여전히 신앙이 단단한 사람들이 있다면 그들은 축복받은 것이다. 그리고 자신이나 다른 사람들에게 비난받지 않고 자유롭게 애도할 수 있다면 그들 역시 축복받은 것이다. 인간적이라는 것은 상실의 고통을 느낀다는 것이다. 그 고통을 치유받는다는 건 대단한 일이지만 지름길은 없다. 헤쳐 나가야 하는 단 하나의 길이 있을 뿐이다.

내 고통을 정직하게 대하려 한다. 고통과 나는
서로를 잘 알고 있다.

나는 로댕 박물관의 정원에 있었다. 기다란 장미 울타리 사이의
돌 벤치에 몇 분 동안 혼자 앉아 있었다. 분홍색 장미였다.
갑자기 평화로운 느낌이 아주 강하게 밀려들었고,
만일 내 눈앞에 있는 광경과 같은 현실에 흡수되는 것이라면
죽음도 괜찮을 거라는 생각이 들었다. 어빙 하우

저명한 문학 평론가 어빙 하우가 묘사한 이런 순간은 어떻게 나타나는가?

사회학자 피터 버거는 신은 일부 사람들의 주장처럼 인간들이 자신의 소망대로 만들어낸 것이 아니며, 신이 인간과 인간의 작품(천사, 고층 건물, 교향곡)을 통해 그의 존재를 이 세상에 보이는 것이라고 주장한다. 그는 '매일의 취약한 구조 뒤에 숨어 있는 다름'에 대해 말한다.

이런 주장이나 추측을 접할 때 우리 마음은 부풀어 오른다. 상실을 겪고 나서 어둡고 밝은 순간들을 헤쳐 나갈 때, 이런 말과 직관은 갈증에 허덕이는 사람들에게 물과 같고 굶주린 사람들에게 식량과 같다.

그 정원에서 나만의 순간들을 지켜보려 한다.

슬픔을 말하라. 말하지 않는 슬픔은
걱정스러운 마음에 대고
무너지라고 속삭인다. 윌리엄 셰익스피어

슬픔을 말로 표현하지 않으면, 마치 압력솥의 내부처럼 우리 마음에도 압력이 쌓인다. 압력이 쌓이고 또 쌓여서 고통이 조금만 더 해져도 미칠 듯한 심정이 된다.

말하라. 친구에게 말하라. 그런 다음 다른 친구에게 말하거나 같은 친구에게 또 말하라. 지혜로운 친구라면 우리가 이 얘기를 반복하고 반복해야 한다는 걸 알아줄 것이다.

특히 어느 날 갑자기 사랑하는 사람을 잃었고 그런 현실이 믿기지 않는다면 더욱 말해야 한다. 이렇게 시작해보자. 내 상황을 이해해주는 친구에게 그 일이 있었던 날을 기억하는 한 자세하게 얘기하는 것이다. "아침에 일어났어. 평소처럼 시리얼과 주스와 커피로 아침을 먹었지. 신문을 읽었어." 있는 그대로 말하면 된다.

이런 식으로 그날 일을 되풀이해서 말하다 보면 그 사건이 현실로 다가오고, 우리도 그 끔찍한 진실을 받아들이게 된다. 그 일은 공상 속에서 벌어진 일이 아니다. 거품 속에 넣어놓고 언제까지나 한구석에 떼어 놓을 수 있는 것도 아니다. 그 일은 현실의 시간, 현실의 날에 일어났으며, 그 일을 말하는 것이 끔찍하게 슬프다 해도 그렇게 해야 내면의 압력이 풀어지면서 치유의 물결이 친구에서 친구로 활발하게 흐른다.

필요한 만큼 자주 내 이야기를 하려 한다.

> 꽃의 빛깔과 향기 속에 태양이 있듯
> 내 안에 신이 있다고 믿는다.
> 그리고 내 어둠 속에 빛이 있고,
> 내 침묵 속에 목소리가 있다. 헬렌 켈러

 태어날 때부터 보지도 듣지도 못한 여성이라면 분명 우리가 상상할 수도 없을 만큼 깊은 박탈감을 느끼며 살아갈 것이다. 그러나 헬렌 켈러는 오랜 세월 포기하지 않고 한결같이 보살펴준 앤 설리번 덕에 이 어둠에서 벗어날 수 있었으며, 후각과 피부에 닿는 온기와 손가락 끝의 떨림을 통해 전해지는 경이로움으로 자신의 내면에 존재하는 신을 느낄 수 있었다.

 헬렌 켈러의 어둠은 슬픔의 어둠과 크게 다르지만, 아마도 공통적인 요소가 있을 것이다. 고립감, 좌절, 미래에 대한 불안 등이 그것이다.

 우리는 오랜 슬픔을 무엇에 의지해 견디는가? 우리가 완전히 무너지지 않는 것은 무엇 때문인가?

 친구들과 신앙 공동체의 도움도 있지만, 우리 내면에 존재한다고 느끼는 신의 도움으로 어둠에서 벗어날 때가 많다. 그 존재는 꽃의 향기처럼 늘 은은하게 맴돌며 빛처럼 생명력과 온기를 준다.

가끔 나 자신도 놀라게 하는 힘이 나의 내면에 있다.

9
SEPTEMBER

인생을 살아가려면 책임감이 필요하겠지만 조금쯤은 의무를 무시해도 괜찮다. 지나치게 성실한 성향의 사람이라면 조금 느긋해져도 된다……. 사람들의 모임에 들어갈 때, 스스로에게 너무 많은 걸 기대하지 않아도 되며 재기 넘치는 말로 대화를 이끌어야 한다는 부담을 느끼지 않아도 된다. M. W. 히크먼

여기에서 강조하고 싶은 말은, 우리가 큰 상처를 입었으므로 회복하려면 시간이(아마 약간의 응석도) 필요하다는 걸 깨닫고 자신에게 더 관대해져야 한다는 것이다.

일어난 일에 어느 정도 책임감(비록 그것이 '살아남은 자의 죄책감'일 뿐이라 해도)을 느낀다면, 다시 제자리로 돌아갈 수 있다는 걸 증명하기 위해 더 열심히 노력해야 한다고 생각할지도 모른다.

하지만 그렇지 않다! 몇 년 전에 유행한 배지에는 이런 글귀가 있었다. "나는 우주의 자녀다. 내게는 여기에 있을 권리가 있다."

《어느 시골 신부의 일기》에서는 죽어가는 어느 신부가 이렇게 말한다. "모든 것이 은총이다." 삶은 우리 모두 거저 받은 선물이다. 스스로를 돌봐야 한다. 그래서 또 다른 날을 살 수 있도록 더 강해져야 한다. 잠시 동안 이런저런 일을 다른 사람에게 좀 떠맡기자. 마음이 가벼워지면, 그때 가서 다시 그 일을 맡으면 된다.

다 말라버린 우물에 에너지가 다시 차오르려면 시간이 필요하다. 그것에 관해 누구에게도, 심지어 내게도 변명할 필요가 없다.

그렇게 소중한 사람을 위한 슬픔에
어떤 통제나 제한이
있어야 하는가? 호라티우스

모든 슬픔에 적용되는 기간 같은 건 없다. 그 기간의 길이는 애도하는 사람들만큼이나 다양하다. 대개는 우리가 어떤 식으로 도움을 받는지 그리고 어떻게 슬픔을 대하고 표현하는지(주로 친구들의 도움을 받아서)에 따라 다르다.

어떤 경우에든 두려워할 필요가 없는 한 가지는, 자칭 감독관들이 우리가 '너무 오래' 슬퍼하고 있다거나 '지나치게 유난을 떤다'고 생각하면서 이런저런 식으로 쏟아내는 책망이다.

물론 몇 달이 지나도록 아무것도 할 수 없다면 전문가의 도움을 찾아볼 수도 있다. 하지만 지혜로운 조력자라면 우리더러 너무 오래 혹은 너무 심하게 슬퍼한다는 말은 하지 '않을' 게 분명하다. 오히려, 우리가 회복으로 가는 길에서 옴짝달싹 못 하고 갇혀 있다면, 마음껏 드러내놓고 솔직하게 슬퍼할 수 있는 허락을 스스로에게 하지 않았기 때문일 가능성이 크다.

그러니 누군가 우리에게 말로든 행동으로든 "이제는 끝내야 한다"는 표현을 한다면, 탈무드에 나온 말을 기억해보자. "그의 처지가 되어보기 전엔 누구도 판단하지 마라."

슬픔에 대한 시간표는 오직 나의 내면에서만 찾을 수 있다.

그래서 나는 오래전에 용서를 받았다. 죽음을 맞는 순간에 어머니가 의사에게 자신의 아들은 "언제나 좋은 아들이었다"고 말하는 걸 나는 들었다. 어머니는 나를 완전히 용서했고, 나는 용서가 어머니의 기억을 사라지게 했다고 생각했다. 용서는 더 넓고, 더 깊었다. 윌리엄 깁슨

'만일 그랬더라면'이라는 생각이 머릿속을 계속 맴돈다. 만일 그 말을 했더라면(혹은 하지 않았더라면). 더 자주 찾아갔더라면, 짐을 가볍게 해주었더라면. 이럴 때는 어떻게 해야 할까?

먼저 떠난 사람들은 우리를 용서했을까? 우리는 그저 추측만 할 수 있을 뿐이다. 하지만 죽음이 다른 차원의 의식으로 들어가는 거라면, 분명 그 세계의 의식과 시야는 우리가 여기에서 아는 것보다 훨씬 더 넓을 것이다. "모든 걸 안다는 것은 모든 걸 용서하는 것이다"라는 말이 있다.

죽음을 눈앞에 둔 사랑하는 사람은 그렇게 확장된 의식으로 우리를 가엾게 여기고 너그럽게 용서할 것이다. 만일 그런 확신을 할 수 없는 상황이라면, 우리 자신이 그들을 대신해 스스로를 용서하고, 그들도 할 수만 있다면 용서했을 거라고 믿어야 한다.

모두 용서받는다. 모두 용서받는다. 모두 용서받는다.

살아 있는 사람의 땅이 있고
죽은 사람의 땅이 있으며 이 둘을 잇는
다리는 사랑이다. 사랑만이
끝까지 남으며 의미를 갖는다. 손턴 와일더

그 다리가 사랑이라는 걸 우리는 듣지 않아도 안다. 우리는 사랑하는 걸 멈추지 않았으며, 사랑하는 사람이 어디로 갔든 우리의 사랑은 그 사람을 따라간다는 걸 안다.

그리고 사랑은 응답받는다는 걸 분명히 안다. 어떤 때는 사랑하는 사람이 방에서 나와 함께 있다는 느낌이 들기도 한다. 사랑하는 사람이 곁에 서 있는 걸 보고, 그의 목소리를 듣고, 심지어 위험한 순간에 그가 막아서는 걸 느낀 사람들도 있다.

슬픔에 대한 주제로 많은 글을 쓴 어떤 사람은, 비행기를 타려고 하는데 문을 통과하지 못하도록 보이지 않는 힘이 막아서는 것 같았다고 한다. 그는 몇 번 시도해보다가 하는 수 없이 계단을 내려와 다른 비행기를 탔다. 그리고 그가 처음에 타려고 한 비행기는 얼마 안 가 추락했다. 시간이 흐른 뒤, 죽은 아들의 영상이 그의 마음에 떠오르며 말했다. "기억나요? 아빠가 비행기에 못 타게 내가 막았잖아요."

여기에 무엇이 작용하는 건지 우리는 모른다. 하지만 사랑이 떠난 그 사람에게 우리를 묶고 그를 우리에게 묶는다는 것은(늘어나기는 해도 끊어지지는 않는 끈으로) 알고 있다.

사랑은 죽음으로도 중단되지 않는다는 걸 나는 알고 있다.

내가 느끼는 슬픔을 말로 표현하는 것이 절반쯤은 죄로
여겨질 때가 있다. 자연처럼 말도 내면의 영혼을 반은 드러내고
반은 숨기기 때문이다. 앨프리드 테니슨

내 기분이 어떤지 설명하기란 정말 어렵다. 기분이 어떠냐는 친구의 질문이 그저 예의상 묻는 것만은 아니라는 생각이 들 때, 우리는 이렇게 되묻고 싶다. "그래서 무슨 말을 하라는 거야?"

조의를 표하려는 사람들도 이와 똑같은 걱정으로 힘들어한다. 슬픔에 빠진 친구를 만나고 와서 이렇게 하소연하는 걸 들어보았을 것이다. "내가 무슨 도움이나 되었는지 모르겠어. 무슨 말을 해야 할지 모르겠더라."

우리가 조의를 받아보았기 때문에, 비록 상대가 '적절치 못한 말'을 했다고 해도, 그 말의 내용이 그가 우리와 함께 있어주려고 왔다는 사실보다 중요하지는 않다는 걸 알고 있다. '적절치 못한 말'에 대해서라면 우리 모두 누구에게도 지지 않을 만큼 해보았을 것이다. 내 경우에는 "그건 하늘의 뜻이에요"라든가 "마음 아프지만, 당신 딸은 더 높은 의식 세계로 들어간 거예요" 등의 말을 했다!

하지만 거의 예외 없이, 정말 중요한 것은 말의 내용이 아니라 사랑과 배려의 표현이다. 마찬가지로, 슬픔을 표현하려는 우리 역시 제대로 정확하게 표현하고 있는지 걱정할 필요가 없다.

내 느낌 그대로를 표현한다면 진실을 말할 수 있을 거라 믿는다.

모든 것에서 나를 보고 내게서 모든 것을 보는
그에게서 나는 사라지지 않고
그도 내게서 사라지지 않는다. 〈바가바드 기타〉

우리가 슬퍼하고 때로 두려워하는 것은 상실이라는 분명한 사실이다. 사랑하는 사람이 내 곁에 없다는 상실, 그 사람의 사랑을 이제는 느낄 수 없다는 상실, 그 사람이 사라졌다는 상실. 사랑하는 사람이 영원히 떠나버린 세상에서 우리가 어떻게 아무렇지 않게 살아갈 수 있을까?

〈바가바드 기타〉에 나오는 위의 구절을 비롯해 여러 경전에 나오는 구절이 알려주는 지혜는, 우리와 우리가 사랑하는 모든 사람은 여전히 창조 속에 있다는 것이다. 우리는 사랑, 서로의 보살핌, 지속되는 삶이라는 거대한 작용 속에 어떤 식으로든 여전히 한데 묶여 있다. 우리가 창조에서 사라지지 않듯 우리는 서로에게서 사라지지 않는다.

이 말은 이별의 고통과 알지 못하는 것에 대한 모호함을 부정하는 것이 아니다. 사도 바울은 이렇게 말했다. "믿음은 바라는 것들의 실상이요, 보지 못하는 것들의 증거니." 우리가 자신의 경험과 다른 사람들의 경험에서 분명히 확신할 수 있는 것은, 이 우주에는 우리의 오감으로 탐지할 수 있는 것보다 더 많은 일이 진행되고 있다는 사실이다. 바울은 또 이렇게 말했다. "우리가 이제는 거울로 보는 것같이 희미하나, 그때에는 얼굴과 얼굴로 볼 것이오."

창조는 우리를 한 사람씩 한 사람씩, 그리고 모두를 포용한다.

달팽이야, 달팽이야, 내가 앞으로 갈 수 있게 해줘.
새야, 나를 집으로 조용히 불러줘.
벌레야, 나와 같이 있어줘.
지금은 내게 힘든 시간이야. 시어도어 로스케

슬픔에 빠져 있을 때는 커다란 우주의 문제나 드넓은 전경에는 도통 관심이 가지 않는다. 우리는 나무 사이를 날아다니는 새, 땅에서 살고 일하는 달팽이와 벌레처럼 가까이 있는 작은 것들에 친밀감을 느낀다.

왜 이런 작은 생명체들이 위안을 주는지는 잘 모르겠지만, 어쨌든 그것들은 위안을 준다. 어쩌면 작고 약한 생명체들이 바람과 물에 휩쓸리고 사람의 발이나 삽에 짓밟힐 위험 속에 있기 때문일지도 모른다. 우리는 작은 존재가 되어 발버둥 치는 느낌이 어떤 것인지 알고, 그것들도 마찬가지다. 그 작은 생명체들이 생존을 위협하는 역경에 단호하게 맞서면서 앞으로 나갈 수 있다면, 그래, 아마 우리도 그럴 수 있을 것이다.

이유가 무엇이든, 내가 상실의 가장 어두운 시간을 지날 때 로스케의 이 말이 마음에서 떠나지 않았다. 지금도 때로는 힘겹게 때로는 기쁘게 삶을 살아가면서 달팽이와 새, 벌레 같은 생명체들을 내게 힘을 주는 존재로 받아들인다.

우리 모두 하나의 생명체이며 서로를 필요로 한다.

우리는 관련된 사람들의 삶 속에서 살고 있다는 걸 나는 알고 있다.
내가 사랑했고 나를 사랑했던 많은 사람의 존재를 내 안에서 느꼈다.
그리고 내 안에서 딸아이의 존재를 매일 느낀다. 직접 만나 아는
사람들만 그런 것은 아니다. 내 삶의 모든 사람이 나와 같은 시간,
같은 공간에 있었던 건 아니기 때문이다. 엘리자베스 왓슨

친구들과 꼭 물리적으로 가까이 있지 않다고 해도 어떤 영적 교감을 할 때가 있다. 그래서 오랫동안 떨어져 있다가 만났는데도 '마치 어제 만나고 또 만난' 듯한 느낌이 든다. 아마도 그건, 우리가 비록 떨어져 있었지만 무의식적인 마음속 어딘가에 서로를 간직하고 있었기 때문이 아닐까?

살아 있는 사람과 그럴 수 있다면 죽은 사람과는 왜 그러지 못하겠는가? 그리고 우리가 누군가의 글을 읽거나 얘기를 들었을 때, 직접 그를 만나면 알아볼 수 있을 듯한 느낌 역시 영혼이 교감하는 증거가 아닐까?

영혼의 세상은 시간이나 공간, 물리적 실체라는 벽이 없는 세상이다. 눈을 감고 자신의 내면으로 들어가, 우리가 알고 사랑하는 사람들의 무리와 편안하게 있을 수 있다. 이것은 어떤 면에서 신비주의자들이 말하는 '성도의 교제'와 흡사하다.

혼자 있을 때, 나는 함께 있을 사람들을 선택할 수 있다.

슬픔은 시간의 날개를 타고 날아간다. 라퐁텐

시간은 위대한 치료자이며 시간이 모든 것을 치료한다는 이 주제는 여러 다양한 형태로 표현된다.

이 말은 맞기도 하고 맞지 않기도 하다. 어떤 사람이 자신의 슬픔을 건강하게 표현하고 처리할 수 있다면, 그래 시간이 지나면 분명 고통은 누그러질 것이다. 하지만 슬픔을 피하려 하거나, 복잡하게 얽힌 가닥을 제대로 해결하지 않고 시간이 가도 그저 가리려고만 한다면, 슬픔은 절대 치유되지 않는다. 그리고 여러 문제가 뒤따라올 것이다. 절망, 관계에 대한 두려움, 정신없는 행동, 그 뒤에 또 뭐가 올지 알 수 없는 일이다.

하지만 아주 지혜롭게 슬픔을 극복해나간다 해도, 슬픔이 '날아가는' 형상은 완전한 과장 같다. 아마도 기어가는 정도가 아닐까? 아니면 느릿느릿 걷는 정도?

정말로 기분이 나아지기까지 시간이 얼마나 많이 걸리느냐는 상실의 성질(떠난 사람의 나이, 그와 가까웠던 정도, 죽음의 상황)에 따라 다르다. 같은 경험을 한 사람들이 모여 있는 슬픔 치유 모임이 큰 도움이 될 수 있다. 그런 모임에서는 편안하게 드러내놓고 슬퍼할 수 있으며, 구성원들이 앞으로 나아가고 있는지, 아니면 왠지 제자리에서 꼼짝도 못 하고 있으므로 더 많은 도움이 필요한지를 솔직하고 안전한 방식으로 평가할 수도 있다.

지금부터 세월이 많이 지나면, 때가 되면 슬픔이 날아간다는 말에 동의할지도 모르겠다. 하지만 날 재촉하지는 마라.

내가 글로 쓰면 다소 부정적이고 어렵게 들리지만 그런 의도는 아니다. 현실에 기반을 둔 행복은 공상 위에 세워진 행복보다 훨씬 깊으며, 박탈감과 적막감의 한가운데 있을 때 평소라면 그러지 못했을 것에 행복을 느낄 수 있다는 걸 고통은 가르쳐준다. 슬픔뿐만 아니라 기쁨에도 더 민감하게 만드는 어떤 '외면의 벗겨짐'이 있다. 실라 캐시디

이 글은 한 의사가 부상당한 혁명가를 치료해주었다는 이유로 칠레에서 체포되어 고문당한 일을 회고하며 쓴 것이다. 상황은 달랐지만, 그녀가 고통을 당하며 '외면의 벗겨짐'을 경험한 것은 우리와 비슷하다.

그럴 때 우리에게 다가오는 작은 선물들은 얼마나 은혜로워 보이는가. 차가운 바닥에 닿는 햇빛 한 조각, 기대하지 않았을 때 친구가 보여준 우정, 뜨거운 차에서 나는 향기로운 김.

시인 메리 제인 아이리언은 밤새 죽음을 슬퍼하고 나서 다음 날 아침 있었던 일을 이렇게 회상한다.

"그 끔찍한 아침에 이웃 하나가 도넛을 가져왔는데, 어쩌나 맛있던지 세월이 지나도 절대 잊지 못할 맛이었다."

맛과 감촉, 우정에 대한 감사는 슬픔 때문에 더 강렬해졌다.

어둠 한가운데 빛이 있다. 슬픔 한가운데 기쁨이 있다.

가만히 내면의 고요를 들어라. 달린 라슨 젠크스

그냥 가만히 있는 것만으로는 부족하다.

고요한 순간에 우리 마음은 지평선, 물리적인 지평선뿐만 아니라 감정적인 지평선도 살핀다. 현재뿐만 아니라 과거도 훑어본다. 마음속에서 우리는 사랑하는 사람이 있었던 과거의 장면들을 휘리릭 살펴본다. 그리고 사랑하는 사람의 죽음을 둘러싼 이런저런 일들을 곱씹는다. 그의 죽음이 얼마나 슬펐는지! 그가 얼마나 많이 그리운지! 이제 그 사람이 떠났으므로 우리 마음은 텅 빈 것만 같다.

하지만 우리 내면에는 전혀 텅 비지 않은 고요한 장소가 있는데, 우리 자신이 바로 그곳에 있기 때문이다. 우리는 우리 자신의 집이고, 그곳의 첫 입주자이며, 우리는 절대 떠나지 않았다.

그런데 내면의 고요를 조용히 듣고 있을 때, 마음속으로 밀려드는 온갖 것을 어떻게 막을 수 있을까? 그것들을 언제나 막을 수는 없다. 그리고 막지 못해도 괜찮다. 이따금은 슬픈 연상과 기억에도 관심을 기울일 필요가 있다.

하지만 가끔은 그것들에게 잠깐 떠나라고 하고 자신의 '존재'에 주의를 기울이는 게 좋다. 이렇게 하는 고전적인 방식 한 가지는, 정신을 집중하고 신중하게 호흡하면서 오직 그 호흡에만 주의를 기울이는 것이다. 그럴 때 자신의 고요와 '친숙해지고' 그 안에서 오로지 내 몸과 마음과 영혼만을 느끼게 된다.

내 안에는 평화의 공간이 있다. 나는 그곳을 찾을 수 있다.

나 자신을 이해함으로써 다른 사람을 이해하길 원한다.
내가 될 수 있는 모든 것이 되고 싶다……. 이 말은 몹시 어렵고
심각하게 들린다. 하지만 내가 그 문제와 맞붙어 싸웠으므로,
더는 그렇지 않다. 나는 마음 깊은 곳에서부터 행복을 느낀다.
모든 게 다 좋다. 캐서린 맨스필드

 슬픔의 시간을 지나는 것은 스스로를 살피는 자기 탐구의 과정이다. 나는 무엇을 잃었는가? 사랑하는 사람이 내게 남긴 것은 무엇인가? 나는 남은 삶을 어떻게 살아가고 싶은가?

 따라서 그것은 나 자신과 다른 사람을 이해하는 성장의 과정이며 또한 고통 속에서 이뤄내야 하는 힘겨운 과정이다.

 하지만 세월의 먼지가 쌓이고 나면, 고통의 날카로운 모서리들이 무뎌지고 나면, 우리는 더 지혜로워지고 더 너그러워질 것이다. 힘든 시간을 지나 승리했으므로 더 큰 자신감이 생길 것이다. 이전에는 몰랐던 안도감이 우리 삶에 자리 잡을 것이다. 우리는 죽음을 목격했으며, 죽음이 온통 공포와 혼란만은 아니라는 걸 안다. 사랑하는 사람을 창조자의 사랑 어린 보살핌에 내주는 법을 배우면서, 우리는 삶에 깃드는 평화, 사물의 이치에 대한 믿음, 하루하루를 소중히 여기려는 의지를 느낄 것이다.

이 경험을 통해 내 안에서 새로운 힘과 지혜 그리고 아마도
새로운 기쁨까지 발견할 것이다.

아! 너무도 더러운 육체, 차라리 녹고 녹아
이슬이나 돼버렸으면. 신은 또 왜 자살을 금하는 법을
정해놓았는가! 아아 신이여, 신이여!
아아, 세상만사가 다 귀찮다.
지겹고 진부하고 무익하기만 하구나. 윌리엄 셰익스피어

누구나 이런 절망감을 한 번쯤 느껴보았을 것이다. 모든 의식에서 벗어나고 싶다. 자살을 생각할지도 모른다. 그 무엇도 좋게 느껴지지 않는다. 어떤 것도 맛있지 않다. 아무것에도 관심이 가지 않는다. 어떤 것에도 전혀 그렇지 않다.

이런 기분이 컴컴한 구름처럼 내려올 때, 우리가 예전에도 이렇게 느꼈으며 다른 사람들도 그랬다는 것 그리고 그런 기분은 지나간다는 것을 기억하면 도움이 된다.

산책이나 수영 등 몸을 움직이는 뭔가를 하면(그렇게 할 기운을 내는 것이 힘들겠지만) 그런 기분을 몰아내는 데 도움이 된다. 아니면 식물을 키우거나 친구와 이야기를 하거나 요리를 하는 것도 좋다. 기분을 바꿀 만한 것은 뭐든 좋다.

한 친구는 그럴 때 "아무리 나쁜 일이라도 지나간다"라는 구절을 반복하면 도움이 되었다고 한다. "아무리 나쁜 일이라도 지나간다." 해볼 만하다.

내가 겪은 일을 생각하면, 컴컴한 구름이 드리워지는 게 당연하다. 하지만 지나갈 것이다.

신중한 여행자처럼 당신의 길을 살피라. 그리고 멀리 있는 산이나 강을 바라보면서 "저걸 어떻게 지날까?"라고 말하지 말고, 바로 앞에 놓인 길에 완전하게 집중하면서 필요한 시간만큼 들여 그 길을 가라. 그 산과 강도 그런 식으로만 지나갈 수 있다. 그리고 그 산과 강에 이르면, 거기에 속한 빛과 힘에도 다가갈 것이다. M. A. 켈티

나이가 지긋한 어떤 여성이 인생에서 후회되는 단 한 가지는 걱정하면서 보낸 시간이라는 말을 했다.

물론 우리는 걱정과 후회를 하면서 앞날을 바라본다. 사랑하는 사람이 무척이나 보고 싶을 텐데 생일이나 가족 기념일을 어떻게 견뎌야 할까?

그 시간을 견디기 힘들 것이다. 그리고 예기치 못한 시간도 있을 것이다. 하지만 앞으로 어떤 일이 닥칠지, 그리고 사랑하는 사람이 살아 있다면 우리에게(그리고 그 사람에게) 어떤 일이 닥쳤을지 알 방법은 없다. 인생에는 가지 않은 길이 가득하고, 우리는 사랑하는 사람이 있었더라면 그 길을 함께 갔을 거라고 생각하며 슬퍼하지만, 그것 또한 절대 확실하진 않다. 그러니 미래에 대한 걱정은 접어두고 '이날'의 의미를 소중히 여기자.

이날을 낭비해서는 안 되는 선물로 바라보려 한다.

하늘은 우리의 문제를 해결할 테지만, 모순되어 보이는 우리의 온갖
생각 사이에 절묘한 조화를 이루는 식으로는 아닌 것 같다.
그 생각들은 완전히 무너져버릴 것이다. 우리는 애초에 아무 문제도
없었다는 걸 알게 될 것이다. 그 느낌을 나는 때때로 어둠 속에서 나는
웃음소리 같다고밖에는 표현할 수 없다. 진짜 답은 모든 경계심을
완전히 무너뜨릴 만큼 단순하다는 그런 느낌이다. C. S. 루이스

나는 우리가 사후 세계에 대한 여러 가능한 각본을 생각하느라 소모하는 에너지 대부분은 갈 곳을 잃은 슬픔의 에너지일 뿐이라고 생각한다. 하지만 우리는 추측하는 버릇이 있으므로 그리고 죽음 이후에도 삶이 있다고 많은 종교에서 분명히 말하므로 아마도 희망을 갖는 쪽으로 결정할 것이다. 그리고 신이 어떻게 창조를 하는지 우리는 모른다 해도 신은 알고 있으며 우리를 인도할 거라고 짐작할 것이다.

삶과 죽음의 미스터리에 주의를 기울일 때, 나는 어둠 속에서 웃음소리를 들을 것이다.

하지만 나는 더는 내가 아니며
내 집도 이제 내 집이 아니다. 페데리코 가르시아 로르카

사랑하는 사람의 죽음은 우리 삶을 뿌리째 흔들어놓는다. 어떤 것도 예전과 같지 않다. 아주 친숙한 것조차 이상하게 낯설어 보인다. 말하는 법과 보는 법을 새로 배워야만 할 것 같다. 거울 속의 내 얼굴조차 때로는 낯선 이의 얼굴처럼 보인다.

이럴 때는 어떻게 해야 할까? 어떤 면에서 우리는 정말로 새로운 나라에 들어선 것이다. 비록 그 지형이 예전에 살던 곳과 흡사해 보이고 사람들 대부분도 예전에 알던 사람이라 해도, 모든 것을 예전과는 다른 불빛이 비춘다.

살던 곳을 떠나 다른 도시로 이사 갔을 때, 새집이 내 집처럼 느껴지는 데 얼마나 오랜 시간이 걸렸는지 기억하는가? 삶의 중요한 부분이 달라질 때도 마찬가지다. 우리는 이 새로운 땅, 새로운 구성원들과 그들과의 관계에 익숙해져야 한다. 그러려면 시간이 걸린다. 몇 번이고 반복해서 둘러보는 시간, 놀라는 시간, 하던 일을 갑자기 멈추는 시간. 새로운 현실을 받아들이지 못해 마음속에서 한바탕 난리를 겪고 나서야 인정하게 된다. 아, 이제 달라졌구나.

나는 새로운 땅에 들어섰다. 당연히 낯설고 어색하다.

휴식을 취하라. 휴식을 취한 들판이
아름다운 작물을 생산한다. 오비디우스

   슬픔을 겪고 나서 알게 되는 사실 한 가지는, 슬픔이 사람을 지치게 한다는 것이다. 처음에는 기운이 넘치는 것처럼 보일 수도 있다. '흥분' 상태에 있고, 안절부절못하며, 잠을 못 이룰 때도 많다.

   이렇게 기운이 넘치다가 다시 무기력해지는 일이 반복되다 보면 휴식과 활동의 균형이 제대로 이루어지지 않는다. 아마도 일주일 동안은 온몸에 힘이 들어갈 것이다. 그런 다음에는 틈만 나면, 심지어 잠을 잘 때가 전혀 아닌 때에도 잠에 빠져들 것이다! 그래도 여전히 피곤하다.

   명심해야 할 점은, 우리의 몸과 마음이 큰 충격을 견뎌냈으며 이제 새로워진 환경에 적응하려면 시간이 필요하다는 것이다. 그야말로 육체적, 정신적 노동이며 진을 빼는 일이다.

   그러니 평소보다 더 많이 휴식을 취하면서 스스로를 돌봐야 한다. '휴식을 취할 때'만이 세상의 아름다움을 다시 보고 우리 곁을 떠난 사람이 남긴 유산을 감사하는 마음으로 떠올릴 수 있다.

나의 삶 그리고 그 삶을 나와 함께 사는 모든 사람을 위해
나 자신을 돌보려 한다.

프리츠의 오랜 병에 더해 또 하나 나를 괴롭힌 것은 (…) 그가 떠나고 나서 이삼 년 동안은 아프기 전 그의 모습을 기억해낼 수 없었다는 것이다. 밤에 눈을 뜬 채 누워서 그의 예전 모습을 떠올려보려고 애썼지만 소용없었다. (…) 이처럼 어찌해볼 수 없는 상태를 기를 쓰고 지나 마침내 젊고 건강한 프리츠를 다시 떠올릴 수 있게 되었을 때, 나는 기쁨과 안도의 황홀함을 충만하게 느꼈다. 릴리 핑커스

사랑하는 사람이 오래 아프다 죽었을 때 혹은 고령으로 쇠약해졌거나 사고로 모습이 흉하게 변했을 때, 그 사람의 이전 모습을 제대로 기억해내기 어려울 때가 종종 있다. 그 사람이 예전에는 저렇지 않았다는 걸 우리는 알고 있다. 함께한 대부분의 세월 동안 우리가 사랑한 그 활기찬 모습이 병 그리고 흉하게 변한 얼굴과 몸에 가려진 것뿐이다.

기억의 균형을 되찾으려면 시간이 필요하다. 더 행복하고 건강했던 시절의 사진을 보면서 그때의 모습을 떠올려보면 도움이 된다. 예전의 기억들은 없어지지 않는다. 잠깐 흐려지기는 하겠지만, 시간이 좀 지나면 제자리를 찾을 것이다.

내가 사랑하는 사람의 모습은 때가 되면 돌아올 것이다.

사람은 별개의 개인으로 존재하지 않는다.
피부에서 떨어져 나간 세포는 생명이 없듯
인간도 다른 존재와 떨어져서는
생명력을 갖지 못한다. 루이스 토머스

어쩐 일인지 우리는 이 사실을 안다. 내 몸의 일부인 듯 가까웠던 누군가가 떠날 때 가슴을 찌르는 통증을 느끼면서 이 사실을 실감한다. 당연히 그 이별은 마음을 아프게 한다!

하지만 서로의 일부가 된다는 이 개념은 위안을 주기도 한다. 우리는 세상에서 혼자가 아니다. 몸의 세포들이 한데 연결되어 있듯 우리도 다른 창조물에 연결되어 있다.

살아 있는 사람에게뿐만 아니라 죽은 사람에게도 연결되어 있다. 어떻게 알게 되었는지는 모르지만, 아무튼 우리는 이것이 사실이라고 느낀다.

그러니 더 얘기할 필요가 있을까? 절대 혼자가 '아니'라는 걸 알게 되었으니 가벼워진 마음으로, 모든 생명과 함께 나누는 것을 소중히 여기면서, 우리는 우리의 무지 속에서 편히 쉴 수 있다.

나는 모든 생명과 유기적으로 연결되어 있다.
나는 혼자가 아니다!

죽음이 내게 남긴 것은 커다란 상실, 믿을 수 없는 상실이었다.
모든 기대가 사라졌다. 내가 기대한 노년은 그런 게 아니었다. 내 옆
흔들의자에 그녀가 없을 거라는 생각은 한 번도 해보지 않았다…….
내가 다닌 가톨릭 학교의 모토는 '지금 당장'이었다. 그 말의 의미는
'지금 당장' 필요한 일을 하라는 것이었다. 코키 로버츠

코키 로버츠는 여동생의 죽음에 관해 얘기했다.

어느 날 갑자기 사랑하는 사람을 잃은 우리 모두는 그녀의 말에 공감한다. 우리는 앞으로 다가올 노년에 대해 새로 알아가야 한다.

하지만 갑작스러운 죽음(어떤 죽음도 마찬가지다)이 주는 진짜 교훈은 '오늘에 관심을 기울여라'이다. '필요한 일을 하라, 지금 당장.' 칭찬을 해주려고 마음만 먹고 있었다면, 함께 시간을 보내기로 해놓고 계속 연기해왔다면, 오랜 세월 쌓인 고통을 얘기해 풀고 싶었지만 짬을 내지 못했다면, 너무 늦기 전에 해결해야 한다.

이미 떠난 사람에게 미처 하지 못한 얘기가 있다면, 자신을 그 대화의 양쪽 당사자라고 상상하면서 얘기를 이어나가 보라. 깜짝 놀랄 만큼 마음이 치유될 것이다. 그러고 나서, 아직 때가 늦지 않은 사람을 찾아가 하고 싶었던 얘기를 하라.

내게 확실하게 있는 날은 오늘뿐이다.
이날을 후회 없이 보낼 수 있기를.

당신이 죽었다는 걸 믿을 수가 없다. 내가 당신을 아직 느끼고 있는데, 어떻게 당신이 죽을 수 있다는 건가? 아마도 당신은, 말하자면 신처럼, 내가 다른 방식으로 대화를 해야 하는 다른 존재로 변한 걸지도 모른다. 네티, 당신은 죽지 않았다. 그리고 절대 죽지 않을 것이다.
가끔 혼잣말하는 게 싫증날 때 나는 당신에게 이야기한다. 앨리스 워커

사랑하는 사람의 죽음은 좀처럼 믿기 힘들다.

그리고 한동안 우리는 그의 존재를 느낀다. 이것이 그저 우리 자신의 투사만은 아닐 것이다. 사람들은 죽은 사람의 영혼이 방을 떠나는 순간을, 말 없는 대화를, 사랑하는 사람이 떠나고 난 직후에 다시 찾아오는 걸 안다고 말한다.

이런 일이 실제로 일어나든 아니면 그저 상상일 뿐이든, 우리는 분명 죽은 사람에 대해 계속 '생각'하고 그들과 상상의 대화를 한다. 사랑하는 이를 잃고 슬퍼하던 어떤 사람은 묘지에 자주 찾아가 떠난 사람에게 이야기하면서 많이 치유되었다고 한다.

이것은 해결하지 못한 상처와 오해를 치유하는 데도 좋은 방법이다. '당신은 그녀에게 무슨 말을 하고 싶은가?' '당신이 상상할 때 그녀가 당신에게 뭐라고 대답할 것 같은가?'

때로 살아 있는 사람과 죽은 사람 사이에 드리운 장막은
공기보다 얇고 가벼운 듯하다.

그 짧은 순간을 다 써버려라. 그것은 이내 사라진다.
마음 아픈 순간이든 행복한 순간이든 그 순간은 두 번 다시
같은 모습으로 오지 않는다. 궨덜린 브룩스

사랑하는 사람을 잃고 나면 한동안은 상실의 슬픔에 잠겨 다른 생각을 거의 하지 못한다. 모든 게 쓸데없어 보인다. 누군가 다른 문제를 우리 앞에 내밀면 이런 생각이 든다. '지금 그런 생각할 여유가 없다는 거 몰라요?'

하지만 슬퍼하는 것은 습관이 될 수 있다. 얼마간 시간이 지나면 또 앞으로 나가야 한다. 자신만의 작은 세상과 그것이 주는 고통의 안도감 속에 머물러 있다고 해서 더 많은 위험에서 보호를 받는 건 아니다. 또한 그렇게 한다면 세상의 아름다움과 관계를 제대로 즐길 수도 없다. 이것 역시 사라질 것이며, 우리가 사랑한 그 사람은 당신이 그 모든 걸 충만하게 즐기길 바랄 것이다.

언젠가 내가 평소 같았으면 일어났을 시간까지 침대에 있었더니, 어린 아들이 방문 앞에 서서 이런 말을 했다. "엄마가 감기에 걸려 이렇게 누워 있는데 내가 어떻게 신나게 놀 수 있겠어요?" 그렇게 말하는 아이가 귀엽기도 하고 기특하기도 했지만, 그렇다고 아이가 시무룩한 얼굴로 아침을 보내길 바라지는 않았다. 분명 아이도 그랬을 것이다!

준비가 되면, 나를 둘러싼 세상으로 기대감을 품고
용감하게 다시 들어갈 것이다.

조금 바쁜 가운데서
커다란 평화를 찾을 수 있다. 초서

아주 엄청난 일이 일어났다. 그 일로 삶 전체가 흔들렸다. 우리는 완전히 무너졌다.

걷잡을 수 없는 변화와 감정 앞에서 우리는 무엇을 할 수 있을까? 거대한 것이 아니다. 엄청난 것이 아니다.

처음에는 맡은 의무를 해야 할 것이다. 장례식을 계획하고 준비하고, 친구들을 맞고, 멀리에서 오는 사람들을 위해 잠자리와 음식을 준비하는 등이다.

하지만 이 모든 게 다 끝나고 나면 무엇을 해야 할까?

우선, 쉬어라. 그러고 나서 할 일을 찾아라.

할 일을 찾는 건 전혀 문제가 아니다. 그 일을 하는 게 어려운 것이다. 그 일이 아무 쓸모없어 보일 수 있다. 세상이 무너졌는데 뭣 하러 단추를 다는가? 앞날이 캄캄하고 잔디에 아무 관심도 없는데 왜 낙엽을 긁어모아야 하는가?

하지만 이렇게 몸을 바삐 움직이다 보면, 제멋대로 떠도는 혼란과 슬픔 중 일부가 스펀지에 물이 스며들듯 우리가 하고 있는 일에 흡수된다. 우리는 다음에 무엇을 하고 싶은지 생각하게 될 것이며, 그러다가 어쩌면 미래에 대한 새로운 계획을 세우기도 할 것이다. 마음이 더 가벼워질 것이다. 발걸음은 더 빨라질 것이다. 결국, 삶을 받아들일 것이다.

오늘 나는 한 가지 '선택한' 일을 하려 한다.

노인이 된 아버지는, 어머니의 죽음이 내게 어떤 의미인지 알았지만 뭘 어떻게 해야 하는지는 몰랐다고 말해 나를 놀라게 했다. 아버지가 그때 그 얘기를 했더라면 훨씬 나았을 텐데. 윌리엄 맥스웰

사랑하는 사람을 잃은 가족이 겪는 미묘한 문제 하나는 서로에게 얼마나 많이 그리고 무슨 얘기를 하는가다.

마음을 솔직하게 털어놓는 게 좋다. "지금 얘기하고 싶니, 아니면 혼자 있고 싶니?" "_____에 대해 얘기하고 싶지만, 네가 지금 (혹은 계속) 내키지 않는다면, 괜찮아." 우리가 서로의 신호를 제대로 해석하고 있다는 걸 확실하게 할 필요가 있으며, 대개의 경우 물어보지 않으면 그 신호를 알아낼 방법이 없다.

특히 상대가 아이일 때, 우리는 아이를 보호해야 한다는 생각에 아이의 슬픔과 자신의 슬픔을 외면하기도 한다. 아이에게는 침묵이 아닌, 함께 이야기를 나누는 것이 필요하다. 말로 표현하지 않은 고통은 표현하는 고통보다 두렵다. 아이들이라고 눈물과 혼란을 모르지 않는다. 우리에게 그 아이들이 필요한 것처럼, 아이들에게도 우리가 필요하다.

두려움 때문에 말하지 않는 것보다는
너무 많이 말하는 위험을 감수하는 편이 낫다.

한 사람의 인생에서 위대한 사람이 죽었을 때,
그는 어쩔 수 없이 더 자기다워진다는 사실을
존은 깨달았다. 그 사람은 어쩔 수 없이
성장한다. 메이 사턴

아버지의 죽음을 슬퍼하던 어떤 젊은 여성이 말했다. "죽음을 덤덤히 받아들일 수 있게 되었을 때 내면에서 전혀 새로운 에너지의 우물을 발견했고, 그 에너지로 내 삶이 성장할 수 있었어요."

이런 말에 반감이 생길 수도 있다. 상실로 어떤 '이익'을 얻는다는 말은 우리의 상실감뿐만 아니라 사랑하는 그 사람의 중요성도 축소하는 것처럼 들린다. 우리가 그 사람 없이 잘 지낼 수 있다면, 그 사람은 우리가 생각한 것만큼 우리 인생에 중요하지 않았다는 얘기가 아닌가?

절대 그렇지 않다. 우리가 이용할 수 있는 새로운 에너지는 그 사람과 맺은 단단하고 깊은 관계 속에서 형성되고 풍성해졌다. 우리의 자아에는 사랑하는 사람의 흔적이 영원히 남을 것이다. 그 사람이 우리를 버리지 않은 것처럼 우리도 그 사람을 버리지 않았다. 우리 자신이 새롭게 성장했다면, 그것은 그 사람이 남겨준 유산의 일부다. 그 사람도 우리의 성장을 바랄 것이다. 단, 그렇게 되려면 우리의 의지가 필요하다.

사랑하는 사람이 내게 남겨준 그 힘을
영원히 지니고 있을 것이다.

> 형태가 변했다……. 나는 이제 누군가의 아이가 아니다.
> 나는 할머니가 되었다……. 푸가의 리듬이 달라진다.
> 주제가 교차하고 다시 교차한다. 선율이 익숙하지 않지만,
> 나는 배울 것이다. 매들린 렝글

상실로 우리 삶의 전체 체계가 흐트러진다. 강물이 밀려왔다 물러날 때 지류가 새롭게 만들어지듯, 이제 우리는 새로운 형태를 배워야 한다.

이 모든 것에 익숙해지는 데는 시간이 걸린다. 가끔은 깜빡 잊고서 예전처럼 행동하기도 한다. 공연 표를 몇 장 사야 하지? 식당에 몇 사람 자리를 예약해야 하지? 욕실에 새 수건을 몇 장 놓아야 하지? 사소한 것들이지만, 떠난 사람을 순간순간 기억나게 한다.

세상에서 우리의 위치가 크게 바뀔수록 시간은 더 많이 걸린다. 부모를 잃는다면, '나이 든 세대'가 된다는 것과 그것이 의미하는 모든 걸 자연스럽게 받아들이게 해줄 완충재 일부가 사라지는 것이다. 아이를 잃었다면, 모든 미래도 함께 사라진다. 형제자매를 잃는다면, 어린 시절을 함께한 사람이 사라지는 것이다.

한동안 지내기가 힘들다 해도, 결국 우리는 사고와 기대의 형태를 재구성해서 남은 삶과 기억에 감사할 수 있게 될 것이다.

변화의 물결이 내 주위에서 소용돌이친다 해도,
나는 여전히 안전하다.

등불이 꺼지지 않게 하려면
기름을 계속 넣어야 한다. 마더 테레사

처음에는 꼼짝하기도 힘들다. 그래도 슬픔을 겪고 얼마 동안은 관습과 의식에 따라 정해진 일을 하면서 보낼 수 있다. 사랑하는 사람들, 친구들, 믿음의 공동체 구성원들 등 우리를 보살펴주는 사람도 많이 있다.

하지만 곁을 지켜주던 사람들이 모두 떠나면, 그때부터는 스스로 돌보는 법을 배워야 한다.

어떻게 하면 그럴 수 있을까? 새로운 관심사를 만들어볼 수 있다. 그림에 재능이 있는가? 음악에 재능이 있는가? 예술 활동은 뭔가에 몰두하고 자신의 슬픔을 표현하는 아주 좋은 방법이다. 어떤 사람들은 슬픔 회복 모임을 찾기도 하는데, 여기에서는 혹시라도 내 마음을 이해 못 하는 친구들에게 내가 얘기를 하고 또 해서 부담을 주는 건 아닐까 걱정할 필요 없이 마음속에 있는 말을 다 할 수 있다. 호스피스 같은 봉사 단체에 가입해 죽어가는 환자들과 그 가족을 돕는 사람들도 있다.

중요한 사실은, 등불에 계속 기름을 넣어야 하듯 우리의 치유와 에너지의 요소에도 계속 먹이를 주어야 한다는 것이다.

내게는 삶을 계속 움직이게 하는 힘(그리고 책임)이 있다.

우리가 지금은 거울로 보는 것같이 희미하나 그때에는 얼굴과 얼굴을 대하여 볼 것이요 지금은 내가 부분적으로 아나 그때에는 주께서 나를 아신 것같이 내가 온전히 알리라. 그런즉 믿음, 소망, 사랑, 이 세 가지는 항상 있을 것인데 그중의 제일은 사랑이라. 〈고린도전서〉 13장 12~13절

우리는 서로를 알고 싶어 한다.

정말 그럴까? 우리 대부분이 늘 이런 의심을 한다. 당신이 날 제대로 안다면, 날 좋아하지 않을 거야. 그렇지만 전국의 치료 모임과 나눔 모임 사람들의 이야기를 들어보면, '나를 진정으로 안다는 것은 나를 사랑한다는 것이다'라는 놀라운 사실을 알게 된다. 내가 완벽하기 때문이 아니라(그것과는 거리가 멀다) 나의 연약함과 고통과 약점을 알기 때문에 상대는 나를 이해하고 받아들이는 것이다. 그 선물이 주는 힘으로 나는 성장하고 변화한다. 새롭게 경작된 땅처럼 나는 새로운 씨를 받아들여 싹을 틔우고 자라게 할 준비를 갖춘다.

사울이 고린도 교회에 보낸 편지에 적은 "지금은"과 "그때에는"은 우리가 인생에서 경험하는 희미하고 불완전한 지식과 사랑 그리고 우리가 죽음이라는 다른 세상에서 알게 될 온전한 깨달음과 사랑의 상태를 묘사한다.

해결되지 않은 갈등에 대한 염려와 자신에 대한 회의감에 짓눌릴 때, 나는 진정으로 용서하는 세상을 상상해보려 한다.

서두름, 서두름에는
은총이 없다. 스와힐리족 속담

처음에는 정신없이 바쁘다. 할 일이 너무 많고, 얘기를 나눌 사람이 너무 많으며, 결정해야 할 일이 너무 많다.

그런 다음 고요한 시간이 오는데, 여러 가지 이유로 이 시간은 견디기가 더 힘들다. 우리의 외로움이 거울 속에서 우리를 응시한다. 그 사람과 함께 가곤 하던 모든 장소에 혼자서 가본다. 다른 누군가와 함께 간다 해도 그 간격은 여전히 존재한다.

그런 상황을 피하고 싶어 우리는 몸을 바쁘게 움직인다. 그렇게 바쁘게 돌아다니면 내 상처가 얼마나 아픈지 의식하지 못할 거라고 기대하면서.

물론 활동적으로 사는 것은 좋다. 우리에게는 다른 사람들이 필요하고, 해야 할 일들이 필요하다. 하지만 슬픔에서 숨으려고 바쁘게 움직이는 실수는 하지 마라. 슬픔은 결국 우리를 찾아내 자기 얘기를 들으라고 할 것이다.

한동안 슬픔의 영토에 사는 것은 이상하게도 위안을 준다. 얼마간은 그곳이 우리의 집이다. 그곳이 우리가 있는 곳이며, 그 공간과 의미를 이해할 때까지는 고요하고 느긋하게 거기에서 쉴 필요가 있다. 그런 다음 앞으로 나아갈 수 있다.

허둥대거나 서두르지 않고 내 슬픔의 집에 살 것이다.

우리는 끊임없이 바다에 닿으려 하지만
우리가 알고 있는 해변에 머물러 있다. 리처드 윌버

　죽음의 미스터리 가까이에 서 있을 때 좀 더 알고 싶은 마음이 간절해진다. 이 선을 넘는다는 건 어떤 걸까? 이걸 넘으면 다른 세계가 있는 걸까, 아니면 그것으로 끝일까? 우리는 사랑하는 사람이 더 큰 영광의 세상으로 갔다는 믿음과 희망을 가진다.

　그런데 그 세상은 어떤 모습일까? 언젠가 보았던 궁전과 황금 거리의 모습으로는 궁금증이 해결되지 않는다. 그렇다면 어떤 곳일까? 죽은 사람은 우리의 삶을 알고 있을까? 우리가 그들을 얼마나 사랑하고 그리워하는지 알까? 임사 체험을 했다는 사람들은 그들을 소생시키려 애쓰는 사람들을 위에서 맴돌며 지켜보았다고 말한다. 그리고 그들이 가려 한 세상의 빛과 사랑의 형상들이 너무도 황홀해서 돌아오기가 쉽지 않았다고도 말한다. 그들 혹은 우리 가운데 누군가가 죽을 때, 그 영혼은 한동안 머물다가 떠나는 걸까? 우리가 그 세상으로 갈 때 우리가 사랑한 사람들이 나와서 맞아줄까?

　이 질문에 대한 대답을 알 수는 없지만, 때때로 답을 궁리해보기도 하고, 그러다 꼭 알아야 하는 게 있다면, 알아야 할 때 알게 될 것이라고 믿는다. 그렇게 우리는 그 근처에 서서 궁금해한다.

내가 알지 못하는 것은 나의 선과 궁극의 평화와 기쁨을
위해서라는 걸 믿는다.

10

OCTOBER

October · 1

눈물을 흘리며 씨를 뿌리는 자는
기쁨으로 거두리로다.
울며 씨를 뿌리러 나가는 자는 반드시 기쁨으로
그 곡식단을 가지고 돌아오리로다. 〈시편〉 126편 5~6절

이 성경 구절은 집을 멀리 떠난 사람이 돌아오기를 바라는 글이다. 또한 단련과 성장의 시기를 지나 더 강하고 풍족하고 생산적인 사람이 되어 평정의 상태, 심지어 기쁨의 상태로 돌아올 것을 확신하면서 슬픔의 과정을 용감하게 지나는 모습을 은유적으로 표현한 글이기도 하다. 우리가 이 낯설고 새로운 땅으로 가지 않았더라면, 제자리에서 움직이지 않으려 했다면, 아마도 힘든 여정을 지나 풍성한 결실을 거두고 기뻐하며 돌아오지 못했을 것이다. 이제는 자신을 위해서뿐만 아니라 다른 사람들을 위해서도, 회복의 여정으로 들어서기 위해 우리의 도움이 필요한 사람들을 위해서도 이 풍성한 결실을 나눠야 한다.

우리는 길을 나설 만큼, 새롭고 낯선 땅에 이를 때까지 포기하지 않을 만큼, 그곳에서 우리를 도우려 하는 사람들을 믿을 만큼 용감해져야 한다. 그리고 거기에서 돌아와 다른 사람들을 도울 수 있을 만큼 너그러워져야 한다.

나는 희망과 믿음을 가지고 이 여행을 떠나려 한다.
더는 내가 잃을 것이 무엇인가? 그리고 얼마나 많이 얻을 것인가!

경험에서 알게 된 사실은, 상실감이 클수록 내가 잃은 것에 더 많이 감사해야 한다는 것이다. 그게 무엇이든 말이다. 상실감을 느낀다는 건 슬퍼할 가치가 있는 뭔가를 가지고 있었다는 의미이기 때문이다. 내가 딱하게 여기는 사람들은 슬픔이 무엇인지 모르는 채 살아가는 사람이다. 프랭크 오코너

당장은 이런 말이 별 위안이 되지 않는다. 누군가를 이토록 많이 사랑해본 적 없는 불쌍하고 딱한 사람이 아닌 것에 감사해야 한다니. 슬픔에 빠진 우리는 그런 상황에 있는 걸 상상할 수가 없다. 조금 화가 날 수도 있다. 나보다 훨씬 더 불행한 사람들이 있다는 사실에 위로를 받아야 한다는 말인가?

하지만 우리는 알고 있다. 우리는 사랑한 사람을 아예 몰랐던 걸 조건으로 그들과 거래하지 않을 것이다. 사랑하는 사람과 함께 보낸 그 세월을 고통 없는 시간과 절대 바꾸지 않을 것이다. 아니, 우리는 그런 거래를 하고 싶은 게 아니다. 우리가 원하는 건 우리가 사랑한 사람을 건강하고 안전하게 다시 돌려받는 것이다.

하지만 그런 일은 불가능하므로, 그처럼 넘치는 사랑을 누린 것이 얼마나 큰 은총이었는지 인정한다면 슬픔이 조금은 누그러질 것이다. 비록 그 사람은 떠났지만, 우리가 사랑했다는 선물은 언제까지나 없어지지 않는다.

상실감 때문에 슬프긴 하지만, _____(이)가 삶에 선물해준 풍요로움에 대한 감사로 내 마음은 부풀어오른다.

October * 3

달이 지나가고 계절이 변하면서 어떤 평온함이 느껴진다. 또렷하게 기억나는 발소리가 다시 들리지 않는다 해도, 저 건너편 방에서 날 부르는 목소리가 없다고 해도, 공기 속에 사랑의 기운, 살아 있는 존재가 있는 것 같다……. 어떻게 그러는지는 설명할 수 없지만, 그 사람이 더는 고통이 없는 또 다른 세상에서 자유와 평화를, 심지어는 때때로 기쁨까지도 누리는 것 같다……. 그런 느낌이 모든 생각과 모든 행동에 스며든다. "애통하는 자는 복이 있나니, 저희가 위로를 받을 것이요"라는 그리스도의 말씀도 바로 이런 뜻이었을 것이다. 대프니 듀 모리에

슬픔에는 여러 단계가 있고 이 단계들은 시시때때로 오고 간다. 하지만 시간이 지나면, 그래도 여전히 가라앉았다 부풀어 올랐다를 반복하겠지만, 고통과 기쁨의 소용돌이를 헤치고 힘들게 얻은 자신감이 우리 삶에 스며들 것이다. 그것은 철저하게 바닥까지 내려갔다가 서서히 제자리로 돌아왔다는 느낌이며, 앞으로 또 시련을 겪고 의심하게 될지라도(분명 그럴 것이다!) 우리에게는 늘 어느 만큼의 안정감과 자신감이 있을 것이므로 아무리 막막한 때라도 바닥까지 내려가지는 않을 거라는 느낌이다.

영원하신 하나님이 네 처소가 되시니
그의 영원하신 팔이 네 아래에 있도다. _<신명기> 33장 27절

위대한 영혼이여, 이제 당신에게 기도합니다······.
위대한 영혼이여, 제 말을 들어주소서.
내 마음은 지쳤고, 이제 당신의 영혼이
내 안에 머물길 기도합니다. 카이오와족 기도문

가끔은 손가락 하나 까딱 못 할 만큼 지쳐버린다. 슬픔은 우리를 지치게 한다. 슬픔 때문에 모든 힘과 결심이 무너져 내리고, 가슴 저리게 그리운 그 사람(우리에게 늘 힘과 기운을 주던 사람)은 떠났다. 그래서 우리는 상실감에 슬퍼한다. 이럴 때 누가 우리를 도와줄까?

친구들, 남은 가족, 지지 모임의 구성원 등 우리를 도와줄 사람들은 많다. 그렇다 해도, 온몸에 퍼진 피로감과 절망은 우리에게서 쉽게 떠나지 않는다.

이제 믿는 모험을 할 때다. 이 우주 속에서, 우리가 언제든 "내게로 와주소서. 당신의 존재로 나를 채워주소서. 나 혼자서는 이것을 감당할 수 없습니다. 도와주소서. 내 힘이 되고 휴식이 되어 주소서"라고 말해주기를 간절히 기다리는 성령이 있다는 걸 믿는 모험을 할 때다. 그 모험을 했을 때 아마도 놀랄 만큼 기운이 나고 짐이 가벼워지며 내가 혼자가 아니라고 느낄 것이다.

성령이여, 당신이 누구든, 어디에 있든,
지금은 나와 함께 있습니다.

> 나는 비옥하고 촉촉한 땅, 녹색의 땅 위에 무릎을 가슴까지 끌어당기고 앉아 있다. 어떤 것도 그냥 사라지지 않는다. 새들은 끊임없이 움직인다. 그러면서 나도 그렇게 할 수 있다는 용기를 준다. 테리 템페스트 윌리엄스

일 년 중 이맘때가 되면 남은 계절을 보내기 위해 남쪽으로 날아가는 새들이 이곳저곳에서 보인다. 새들은 어떻게 아는 걸까? 돌아와야 한다는 걸 어떻게 아는 걸까?

우리는 그 대답을 알지 못한다. 우리가 알든 모르든 삶의 과정은 계속된다. 우리는 알 필요가 없지만 태양계의 세상을 움직이는 창조자는 다 알고 있다는 사실이 커다란 위안이 된다! 그리고 새들은 돌아온다.

봄이면 돌아올 거라 믿으면서 날아가는 새들을 바라보듯 우리가 겪는 상실과 회복에도 이와 똑같은 믿음을 적용할 수 있지 않을까.

그렇게 할 때, 비록 우리가 사랑한 사람이 봄에 돌아오길 바라진 못한다 해도, 우리가 알 수 없는 방식으로 그가 곁에 계속 머물면서 우리가 그를 사랑하듯 그 또한 우리를 사랑할 거라고 믿으며 작별을 고할 수 있다.

계절이 바뀔 때, 나는 약속과 희망을 발견한다.

그녀가 아이들 방에 들어섰을 때, 마치
용광로의 문을 연 것처럼 방 전체에서 그의 존재가
강하게 느껴졌다. 그의 힘, 활기, 무력함
그리고 순전한 평온이 그대로 느껴졌다. 제임스 에이지

  사랑하는 이가 죽는 순간에 혹은 죽은 직후에 다른 형태로 변한 그의 존재를 느꼈다는 얘기를 사람들은 수많은 방식으로 표현했다. 어떤 사람들은 떠난 사람이 그냥 거기에 있는 느낌이었다고 말한다. 그런가 하면 죽은 사람이 정말 떠나도 괜찮은 건지 물었다고 얘기하는 사람들도 있다. 또 어떤 사람들은 죽어가는 이의 얼굴에서 그가 먼저 떠난 사랑하는 사람들과 다시 만나는 표시 같은 걸 보았다고도 한다.

  이런 경험들을 어떻게 받아들여야 할까? 죽음의 자리에 있었던 사람들은 분명 이런 경험을 각자 심오한 의미로 받아들일 것이다. 하지만 그저 전해 듣기만 하는 우리 역시 그런 경험들을 죽음 이후에도 삶이 계속된다는 암시로 받아들인다. 그래서 언젠가는 사랑하는 사람을 다시 만나게 될 거라는 희망을 품게 된다.

죽음의 미스터리 앞에 마음을 열어보자.

그녀는 자신의 사랑을 한 번도 말하지 않았어요. 하지만 벌레가
꽃봉오리를 좀먹듯 마음속에 묻어둔 말이 장밋빛 두 뺨을 야위게 했죠.
그녀는 상념에 빠져 초록색과 노란색 우울에 사로잡혀
슬픈 미소를 지으면서 인내의 동상처럼 앉아 있었어요. 윌리엄 셰익스피어

《십이야》의 이 장면에서는, 겉으로는 차분하고 고요한 표정을 짓고 있지만 감정이 '꽃봉오리 속의 벌레처럼' 마음을 갉아먹는 여자가 등장한다. 그녀는 슬픈 미소를 지었다. 그리고 돌에 비유되었다.

이 글에서 교훈을 얻어야 한다! 감정을 절대 드러내지 않고 꿋꿋이 견딘다면 세상에 편안한 모습을 보여줄 수 있다. 하지만 그러기 위해 어떤 대가를 치러야 하는가? 돌처럼 굳어버리는 대가를 치러야 하는가?

누구를 위해 그래야 하는가? 우리 자신을 위해서일까? '너무 감정적인' 사람으로 보이지 않기 위해서? 안정감 있고 믿을 수 있는 사람으로 평가받기 위해서? 아니면 우리가 사랑하는 사람을 잃고서 얼마나 슬퍼하는지 다른 사람들에게 굳이 내색하지 않는 식으로 그들을 보호하기 위해서인가?

그들은 다 알고 있고, 우리도 그렇다. 슬픔을 애써 참으려 해봐야 별 소용이 없다. 그보다는 슬픔을 함께 나눌 때 그들과 우리는 훨씬 더 친밀해진다.

고요함이라는 거짓 허울을 쓰지 않을 것이다.
그리고 돌이 되지 않을 것이다.

오로지 믿어야 한다. 무시무시하고 더는 달라질 수 없는 현실일수록
더 확고하고 간절하게 믿어야 한다. 그러다 보면 조금씩 조금씩
그 거대한 공포가 누그러지고, 우리에게 미소를 짓고, 인간보다 높은
존재의 품에 우리를 데려갈 것이다. 테야르 드 샤르댕

우리를 사랑하고 인도하며, 우리와 우리가 사랑하는 사람을 영원한 삶과 가능성 속에 있게 해줄 창조주의 존재를 우리는 너무도 간절히 믿고 싶어 한다! 그런 일은 너무 황홀해 진실이라고 쉽게 믿기지 않는다.

혹시 헛된 희망으로 자신을 속이기 싫어서 이런 믿음을 외면하는가? 자기 생각이 틀릴 수도 있으므로 선뜻 믿기가 두려운가?

모든 과학적 사실은 누군가 직관과 추측으로 가설을 얻은 다음 수많은 실패를 감수하고 실험한 결과 얻어진 것이다.

그렇다면 믿음의 가설은 어떻게 실험해야 할까? 슬픔과 절망 속에 있을 때, 우리의 믿음이 그대로 진실이 될 수 있는 것처럼 생각하고 행동할 수 있는가? 저기 어둠 속에서, 연민과 사랑으로 우리에게 내미는 손이 있는 것처럼 생각하고 행동할 수 있는가?

한번 해볼 가치가 있다.

나는 믿는 모험을 하고,
그 믿음이 나를 어디로 데려가는지 보려 한다.

October * 9

죽은 사람은 살아남은 사람들에게 계속 영향을 주는 방식으로 죽음 이후에도 살아 존재한다. 떠난 사람이 우리에게 해소되지 않은 분노나 죄책감을 남겨놓을 때 특히 그런 것 같다. 부모로서 감당해야 했던 고된 노동이나 그저 지켜볼 수밖에 없었던 상대의 고통스럽고 오랜 병이 그의 죽음으로 마침내 끝났을 때, 살아남은 사람은 안도감을 느끼기도 한다. 사랑하는 사람을 찾는 것이 사별 과정의 일부라면, 떠난 사람이 찾아오게 해서 그의 요구와 하나씩 타협한 뒤 우리가 이대로 살아가게 해달라고 부탁해볼 수도 있다. 메리 제인 모펏

사랑하는 사람들을 잃은 다음 나타나는 심리 상태는 그 모습이 아주 다양하다.

마음 한편으로 안도감이 들 때가 있다. 그들이 우리에게 커다란 위로와 힘을 주는 존재였을 수도 있지만 가족에게 온갖 스트레스를 주면서 인생을 힘들게 했을 수도 있다. 여러 가지 면에서 그들이 없는 것이 더 편하다는 걸 인정해도 괜찮을까?

우리 마음속에서 그들은 원망스러운 눈으로 우리를 본다. "네가 어떻게 그럴 수 있어? 네 잘못도 있었다는 걸 알잖아."

그래서 우리는 혼자서 오래도록 씨름을 하며 완전한 해결책을 찾으려 한다. 하지만 완전한 해결책은 얻을 수 없다. 그러다 결국은 싸움에 지치고 서로를 용서한다는 은총을 믿게 된다. 그쯤에서 멈출 수 있다.

우리가 할 수 있는 최선을 다했음을 알고, 서로를 받아들이자.

잠을 자는 동안, 잊을 수 없는 고통이 마음에
방울방울 떨어지고, 마침내는 절망 한가운데서 우리는
의지와 아무 상관 없이 신의 경이로운 은총으로
지혜를 얻는다. 아이스킬로스

슬픔은 우리를 완전히 에워싸고, 삶을 장악하고, 우리를 무력하게 한다. 이럴 때 어떻게 해야 할까?

기다려라. 하루를 견뎌내라. 그런 다음 또 하루를 견뎌내라. 그리고 또 하루.

그저 '시늉을 하는 것'처럼 느껴질 테지만, 시늉을 하는 것은 중요하다.

이상한 방식으로 우리는 살아 있음을 다시 배우고 있다.

살아 움직이므로 해야 하는 일을 할 수 있다. 그렇지만 가까스로 그렇게 할 수 있을 뿐이다.

그러다 어느 날, 기운이 어느 정도 돌아온 것을 깨닫고는 놀란다.
"어떻게 그럴 수 있지?"

어떻게 그런 일이 일어났을까? 그렇게 될 거라고 기대하지 않았고, 그런 일이 일어나길 특별히 원하지도 않았다. '어떤 일이든' 일어날 거란 기대가 아예 없었기 때문이다. 사랑하는 사람을 잃은 순간, 중요한 것은 모두 사라졌기 때문이다.

하지만 그런 일이 일어났다. 그리고 발걸음이 가벼워진다. 우리는 주위를 둘러보기 시작한다.

죽음을 느낀 곳에서 발견한 모든 삶의 증거에 감사한다.

October * 11

다른 사람을 용서 못 하는 사람은
자신이 건너야 하는 다리를 무너뜨린다. 조지 허버트

죽은 사람들에게서 끔찍하게 부당한 일을 당했을 수도 있다. 그 사람과 온통 나쁜 일만 있었다면, 우리가 가장 먼저 해결해야 할 것은 슬픔이 아닌 다른 감정들이다!

이제 그 사람은 떠났다. 우리 손에는 해결되지 못한 일이 남았고, 우리는 어떻게 해야 할지 모른다.

전문가의 도움이 필요할 수도 있다. 우리가 이 양면적 감정의 늪에서 빠져나올 수 있게 도와줄 상담사나 치료사, 혹은 함께 얘기를 나눌 친구가 필요할 것이다. 우리 역시 완벽하지 않지만, 그렇다고 해서 가치 없거나 매력이 없거나 사랑받을 자격이 없는 사람인 것은 아니다.

하지만 할 수 있는 정도까지는 그 사람이 내게 저지른 잘못을 용서하는 것이 꼭 필요하다. 죽은 사람의 평판보다는 나 자신을 위해서 그렇다.

한 가지 명심해야 할 사실이 있다. 용서한다는 것은 문제를 얼버무리거나 변명하는 것이 아니다. 진짜 상처가 있다면, 그 상처에 제대로 관심을 기울여야 한다. 짐을 덜어낸 듯 마음이 가벼워진다면 용서와 화해가 이루어진 것이다.

용서한다는 것은 짐을 벗는 것이다.

믿을 수 없게도, 오후 내내 그녀 생각을
하지 않았다. 호이트 히크먼

이 상실을 겪기 전 알고 있던 생기 넘치는 삶으로 돌아가는 일, 그것은 절대 불가능할 거라고 생각했다.

물론 예전과 똑같은 삶은 아니다. 등장인물이 한 사람 줄었기도 하거니와 이미 상실을 겪은 우리 또한 예전과 같은 사람이 아니다. 그리고 우리 삶에 남은 중요한 사람들이 떠난 사람과 많이 가까웠다면 그들도 예전과 같지 않을 것이다.

하지만 어느 날 우리는 새로운 인생으로 들어서고 있다는 걸 깨닫는다. 이제는 온종일 슬픔에 짓눌리거나 하지 않는다. 우리 삶에서 빠진 사람 얘기를 하는 일 없이 아이스크림이나 뜨거운 차를 즐기기도 한다. 영화나 연극을 보는 동안 모든 얘기를 슬픈 마음으로 받아들이지도 않는다. 친구와 대화를 끝내면서, 얘기하는 내내 상실이 한 번도 대화 아래 흐르지 않았다는 걸 깨닫는다. 그럴 때 우리는 치유의 여정에서 새로운 길로 들어섰음을 알게 된다.

내가 억지로 할 수 없다는 걸 알지만,
조금씩 조금씩 회복될 것이다.

아 신이여, 내게로 오소서,
내게로 오소서, 모든 곳에서 내게로 오소서!
나무가 당신을 의미하게 하시고,
잔디도, 물과 공기도
당신을 뜻하게 하소서. 조지 맥도널드

　사랑하는 사람을 잃었을 때, 우리는 신이 존재해서 세상을 사랑으로 보살피고 있다는 확신을 간절하게 바란다. 삶은 우리를 거부하지 않으며, 고통을 외면하지 않는다는 걸 알고 싶어 한다. 우리의 더듬이는 모든 신호와 표시와 이적을 향해 뻗어나간다. 삶이 우리를 보살피고 신이 우리를 보살피며 우리는 혼자가 아니라는 어떤 암시라도 얻고 싶어 한다.

　그리고 온갖 것에서 의미를 찾는다. 새 한 마리가 집 창가를 맴돌며 내게 노래를 불러주는 것 같다. 오랫동안 못 보다가 우연히 만난 어떤 사람이 내 얘기를 듣고는 사후 세계에 대해 말해주는데, 내 걱정을 모조리 없애주는 것 같다. 교회나 회당에 가서 예배를 보는데 그 예배가 꼭 나를 위해 준비된 것 같다.

　여기에 우리의 바람이 얼마나 많이 반영된 것인지, 우리의 이해 범위를 넘어서는 긍정적인 힘의 시너지 효과가 얼마나 되는지는 알 수가 없다.

　어쩌면 알 필요가 없을지도 모른다. 그 기원이 무엇이든, 무언가가 우리를 도우러 오고 있다. 신이 수많은 형태로 오는 것일 수도 있다.

이따금, 삶이 내 이름을 부르며 위안을 가져다주는 듯한 느낌이 든다.

슬픔을 극복한 사람들의 작품을 읽는 것은 극복 과정을 중단하지 않는 방법이며, 나를 이해하는 또 한 사람의 친구를 발견하는 방법이기도 하다. 내 감정을 대신 표현해주는 작가는 친구와도 같다. 나는 혼자가 아니다. 어떤 식으로든 그 사람은 고통을 이겨냈고 그것을 글로 쓸 정도로 평화를 얻었다. 어쩌면 나도, 이 고통을 극복하는 방법을 찾을 것이다. M. W. 히크먼

  살아가면서 겪는 대부분 위기에서 그렇듯, 사랑하는 사람을 잃는 위기를 겪을 때도 우리는 같은 경험을 한 사람들에게서 가장 큰 도움을 받는다.

  같은 경험을 한 친구들을 만나거나 슬퍼하는 사람들을 위한 지지 모임에 참가하는 것도 좋지만, 도서관과 서점도 그냥 지나쳐서는 안 된다! 그곳에는 부모나 배우자 혹은 아이 등 특별한 형태의 상실을 다룬 책들이 있다. 개인적인 이야기가 실린 책들도 있고, 상담사의 시각을 넘어 임상적 분석과 도움을 제공하는 책들도 있다. 그런가 하면 특정한 종교적 혹은 철학적 시각을 다룬 책들도 있다.

  서점이나 도서관에서 책을 훑어보다가 자신에게 맞는 얘기를 찾는 것이다. 여기에서 중요한 것은 책의 권수가 아니다. 책은 좋은 친구와 같다. 하나나 둘만으로도 충분하다.

> 내게 딱 맞는 책을 찾아 희망과 지혜를 얻을 수 있으며,
> 캄캄한 밤을 함께 지낼 동반자로 삼을 수도 있다.

> 그는 그녀에게서 새들을 보는 법을 배웠다. 카나리아의 날랜 비행(노란 날개에 내리쬐던 노란색 햇빛), 피리새와 파랑새의 가슴 털 고르기, 아주 선명한 빛깔의 견장을 단 듯 날개 끝이 빨간 검은 새. 테리 케이

세상을 떠난 소중한 사람들에게서 우리는 얼마나 많은 걸 배웠는가! 그리고 그들의 선물은 지금 어떤 모습으로 우리에게 남아 있는가.

예리하고 짧은 구절들이 자꾸만 반복해서 기억의 표면으로 떠오른다. 사랑하는 사람이 살아 있을 때는 별로 생각하지 않았던 장면들이 가족 앨범의 사진처럼 눈앞에 떠오른다. 이제 사랑하는 사람이 떠났으므로 그것들은 두 배로 소중하다.

나는 잡지에서 밝은색 삼각형들을 오려내 밀가루 풀을 바른 다음 거기에 바늘을 대고 종이의 넓은 면부터 둘둘 말던 엄마의 모습을 떠올려본다. 엄마는 어린 두 딸을 위해 이 종이 구슬로 목걸이를 만들었다. 난 이런 식의 공예를 설명해놓은 글을 어디서도 보지 못했고(내 생각에, 엄마는 말하자면 종이 뜯어 붙이기의 선구자라 할만 하다), 그 목걸이들이 지금 어떻게 되었는지도 모른다. 몇십 년 전 일이었고, 엄마가 살아 있을 때 내가 그 목걸이 생각을 해보기나 했는지 모르겠다. 하지만 지금은 온기와 감사로 그 모습을 기억한다. 엄마와 우리 자매가 테이블에 둘러앉아 가위와 풀과 그 신기한 구슬들로 작업하던 모습을!

우리가 사랑한 사람들은 그들이 가르쳐준 것들에 대한 생생한 기억 속에 살아 있다.

어떤 이들은 지나친 애도가 비생산적이라고 말한다. 다른 사람들을 불편하게 하고, 남들 눈에 배려가 전혀 없는 사람으로 비친다고 말한다. 동양학자인 내 친구는 인생이란 한 번 지나가는 통로 같은 거라면서 나더러 병적인 우울함에서 벗어나라고 명령한다. 헛소리! 화가 난다. 토비 탤벗

다른 이들을 배려하지 않고 싶어 하는 사람은 없지만, 바로 이 순간 더 중요한 것은 자신을 배려하는 일이다. 우리는 상처받았다. 보살핌이 필요하다. 다른 사람들의 보살핌이 필요하고, 우리 자신의 보살핌이 필요하다. 우리의 슬픔을 표현하는 가장 좋은 방법이 무엇인지 아는 사람은 우리 말고 없다. 그리고 화가 난다면(이런 충격을 받았을 때는 화를 내는 것이 당연하다) 분노를 표현해야 한다.

그러니 만일 우리가 다른 사람들을 불편하게 한다면, 혹은 남들이 적당하다고 생각하는 기준 이상으로 '화가 난 것'처럼 보인다면, 그건 그들의 문제다. 우리를 더 잘 이해해주는 친구들을 찾아갈 때다.

내 감정이 어때야 하는지에 대해
다른 사람들이 정한 기준 때문에 위축되지는 않으려 한다.
나는 내 머리와 가슴속을 속속들이 안다.

내 모든 슬픔이 사라졌을 때, 나로 하여금 말하게 하라,
"그 사람을 위해 아파할 수 있어서 행복하다!" 새무얼 다니엘

우리가 그들을 사랑하지 않는다면 그처럼 많이 마음을 쓰지 않을 것이다.

처음에는 슬픔이 너무도 강렬하고, 떠난 그 사람과 함께 사는 은총을 누렸음을 기뻐하면서 앞날을 내다보기가 힘이 든다.

그 사람이 너무 일찍 떠났거나 끔찍한 상황에서 죽음을 맞았더라도, 살다 보면 언젠가는, 삶을 온통 차지해버린 것만 같던 끔찍한 슬픔보다는 그 사람이 내 인생에 존재했다는 사실에 대한 감사가 훨씬 더 커질 것이다. 아들이 자살한 어느 친구는 두 가지 목록을 작성해본 것이 치유 과정에서 중요한 이정표가 되었다고 했다. 목록 하나는 아들과 함께한 경험 중 나쁜 것의 목록이었고, 또 하나는 좋은 것의 목록이었다. 말할 필요도 없이 좋은 것의 목록이 훨씬 더 길었다.

처음에 슬픔 쪽으로 기운 저울이 다시 균형을 잡고, 한때나마 그 사람과 살았다는 것에 대한 기쁨 쪽으로 기울기까지는 시간이 걸린다. 하지만 우리와 그 사람이 서로에 대해 기뻐하고 감사하는 관계였다면, 결국에는 그렇게 될 것이다.

사랑하는 사람과 함께 살았다는 사실에 진심으로 감사하다.
그리고 언젠가 세월이 흘러 우리가 함께한 삶을
떠올려볼 때면, 지금 내가 느끼는 슬픔보다 행복이 훨씬 더
무게가 많이 나갈 것이라는 걸 믿는다.

나를 원하는 존재, 그분은 주님이었다. 나는 늘 주님께 말했다.
"주님을 믿습니다. 나는 어디로 가야 하는지 무엇을
해야 하는지 알지 못하지만, 주님이 인도하실 줄 믿습니다."
그리고 주님은 언제나 그렇게 하셨다. 해리엇 터브먼

사람들은 어떻게 역경을 극복하는가?

남부에서 탈출한 흑인 여성 해리엇 터브먼은 자신에게 현상금이 걸려 있는데도 남부로 열아홉 번이나 돌아가 다른 노예들이 자유를 찾아 지하 철로로 탈출할 수 있도록 도왔다. 그녀가 모든 시련을 극복할 수 있었던 것은 주님에 대한 믿음 때문이었다.

모두가 그렇듯 해리엇 터브먼도 '어디로 가야 할지 무엇을 해야 할지' 몰랐지만, 그녀를 견디게 하고 끊임없이 찾아오는 위기를 극복할 용기를 준 힘을 믿었다.

우리 각자는 불확실한 미래에 대한 공포, 물결치는 슬픔의 파도에 맞서기 위한 자신의 방법과 전통을 가지고 있다. 슬픔에 빠져 있을 때, 절대자가 우리에게 위안을 주고 올바른 방향으로 인도해 주며 다가올 삶에 대한 확신을 주기 위해 다가오고 있다고 상상하면서 손을 내밀 수 있다면 힘이 될 것이다.

오, 주여, 당신의 바다는 너무도 거대하고
내 배는 너무도 작습니다. 나와 함께하소서.

> 회복의 과정은 아주 복잡하며
> 개인에 따라 다르다.
> 치유에 필요한 시간은 정해진 일정표로
> 측정할 수 없다. 메리 제인 모펫

슬픔의 가장 힘겨운 단계를 지나는 데 얼마나 오래 걸리는가의 문제에는 모든 종류의 요소가 관련된다. 첫해의 마지막은 중요한 이정표다. 기념일과 특별한 휴일을 모두 지난 다음이기 때문이다.

하지만 어떤 사람들은 그건 단지 시작일 뿐이라고 주장한다. 매번 그 사람이 없다는 사실이 실감 나며, 그런 식으로 앞으로 남은 날들도 살아가야 한다고 말한다.

딸아이가 죽고 사 년이 지난 어느 날, 그런 생각이 퍼뜩 들었다. '이제 기분이 달라지기 시작하는구나.' 강렬한 슬픔이 없어진 건 아니었지만, 그 일이 온 마음을 짓누르지는 않았고 매일 온종일 생각나지도 않았다. 어떤 작가는 가까운 사람을 보낸 충격에서 회복하는 데 칠 년이 걸린다고도 한다.

처음 슬픔을 겪고 나서 어렴풋이 다가오는 암울한 일주일을 바라볼 때라면, 이런 숫자를 생각만 해도 맥이 빠질 것이다. 시간은 저절로 늘어나고 뻗어 간다.

모든 사람이 이 시간만큼 걸리는 건 아닐 것이다. 하지만 예측해 볼 도리가 없다. 회복 과정에서 절로 지혜가 드러날 것이라고 믿고 우리의 길을 더듬어나가야 한다.

우리 인간은 쉽게 상처받는 약한 존재라는 걸 나는 그 어떤 것보다 분명하게 배웠다. 어떤 사람들은 다른 사람들에 비해 좀 더 영리하게 숨길 뿐이다! 그리고 당연히 가장 재미있는 사실은, 모든 것을 초월하는 전능하신 신이 인간을 그렇게 만드셨으므로 우리가 약하고 상처받아도 괜찮다는 것이다. 실라 캐시디

강해야만 한다는 근거 없는 믿음은 어디서 나온 것인가? '꿋꿋하게 버텨야 한다'는 믿음은 또 어떤가? 선택할 수 있는 거라면, 당연히 밝은 분위기에 우울한 먹구름을 드리울 염려가 없는 장소에서 울고 싶다.

하지만 감정을 이기지 못하고 눈물을 흘렸다고 해서 외면당한 적이 있는가? 설명해야 한다면, 설명하라. 만일 사람들이 짜증스러워한다면, 그건 그들 문제다. 지금 우리 삶에는 씨름해야 할 일이 너무도 많다. 거기에 다른 사람들이 불편해하지는 않을지 걱정하는 짐까지 더할 필요는 없다. 상대가 우리와 비슷한 경험을 한 적이 있다면, 그들은 무슨 일이 벌어지고 있는지 금세 알아챌 것이다. 만일 그런 경험을 해보지 않은 사람들이라면, 나중에 슬픈 일을 당했을 때 자신들 앞에서 울어준 당신 덕에 그들도 마음 놓고 울 수 있게 된 것에 고마워할 것이다. 당신은 이상하게 행동하는 이상한 사람이 아니다. 인간답게 행동하는 인간이다.

이 세상의 지도에서, 치유로 가는 길은 슬픔의 가장자리를 빙 돌지 않고 한가운데를 곧장 지난다.

내가 울기를 바란다면 당신 자신이 먼저
슬픔을 느껴야 한다. 호라티우스

왜 어떤 사람들 앞에서는 슬픔을 드러내기가 더 쉬울까?

친구들이 꼭 우리와 함께 울어줘야 하는 건 아니지만(가끔 그렇게 해주는 친구들도 있지만), 그들 앞에서 마음 놓고 울 수 있으려면 그들이 날 이해하고 내 마음에 공감한다는 걸 확신할 수 있어야 한다.

중요한 것은, 그들이 구체적으로 어떤 말로 우리에게 울어도 된다는 허락을 하는지가 아니다. 그들이 온전히 우리 문제에 관심을 기울이면서 얘기를 들어준다는 믿음을 주는가이다. 우리는 슬픔을 내보일 만큼 나약해졌으므로, 그들이 온 마음을 다해 관심을 기울여주길 바란다.

하지만 그들의 관심만을 원하는 것은 아니다. 판단하지 않고 공감해주기도 바란다.

우리가 많은 걸 바라긴 하지만, 우리 역시 가장 깊은 자아를 그들과 나누면서 많은 것을 주기도 한다. 처음 세상 밖으로 나오는 아주 연약한 어린싹처럼, 슬픔이라는 감정(그리고 그 슬픔을 나누려는 믿음)도 쉽게 상처를 받는다.

우리는 지금 슬퍼하는 사람의 경험을 하고 있다. 이 경험은 나중에 우리가 친구를 위로할 차례가 될 때 큰 도움이 된다.

상대가 내 말을 세심하게 들어주길 바라는 마음이
얼마나 간절한지 안다면, 내가 다른 사람의 말을 들어주는
상황이 되었을 때 분명 도움이 된다.

삶 전체를 생각하면서 스스로를 괴롭히지 마라. (…) 그보다는,
지금 어떤 일이 하나하나 생길 때마다 스스로에게 이렇게 물어보라.
'이 일의 어느 부분을 참을 수 없고 견딜 수 없는가?' (…)
그런 다음 과거도 미래도 당신을 짓누를 수 없으며, 오직 현재만
그럴 수 있다는 사실을 기억하라. 현재만 따로 떼어서 경계선을
정해놓은 다음 마음속으로 이것도 감당할 수 없을지 물어본다면,
현재는 아주 작게 줄어들 것이다. 마르쿠스 아우렐리우스

순간의 슬픔만으로도 대개는 감당하기 힘들다. 그런 데다 과거의 일들을 곰곰이 생각하거나 사랑하는 사람을 너무도 애절하게 그리워할 미래까지 생각한다면, 우리는 정말이지 커다란 절망에서 벗어나지 못한다! 다들 알고 있듯 과거는 끝났다. 미래는 알 수 없다. 우리는 매일 거리에서 갈림길을 만나고, 선택하지 않은 길들을 뒤에 남긴다. 미래도 마찬가지다. 미래는 우리가 그 형태를 알지 못하는 미로다.

그러니 할 수 있는 한 오늘에만 관심을 기울이자. 대부분의 날에 우리는 모든 걸 아주 잘해낼 것이다!

오늘의 내 경험 그 자체가 하나의 여정이며, 나는 그 여정을
있는 그대로 소중히 여기려 한다.

'왜 안 되겠어?'는
재미있는 삶을 위한 구호다. 메이슨 쿨리

처음에는 눈앞에 닥친 일들을 하는데 기운을 다 써버린다. 장례식을 준비하고, 우리를 위로하러 오는 사람들과 얘기도 나누어야 한다. 그렇게 한바탕 소란이 끝나면 온몸의 기운이 다 빠진다. 그런 다음 '선택할 수 있는 일들'을 할 힘이 돌아오기 시작하면, 우리는 예전과 같은 생활로 돌아가고 '일상'이 주는 안정감에 감사해한다.

하지만 이제 우리 삶은 상실이라는 사건으로 달라졌다. (오랜 시간 힘들여 돌봐야 했던) 그 사람에게 쏟아부은 기운을 새로운 뭔가로 돌려야 할 때다. 그 생각을 해보자. 마음껏 상상의 나래를 펴보는 거다. 지난날의 꿈들을 숨겨놓은 마음의 다락방을 뒤져보라. 어떤 일들을 새로 시도해보고 싶은가?

그것을 할 용기가 있는가? 왜 안 되겠는가? 사랑하는 그 사람이 당신의 노력을 축복하고, 삶을 죽음과 가르는 베일 저쪽에서 미소를 지으며 당신을 응원하는 생각을 해보라. '자 어서. 해보는 거야. 한번 해봐. 당신이 성공하길 바란다는 거 알잖아. 당신은 할 수 있을 거야. 지금이 그때야!'

사랑하는 사람의 응원과 축복을 받으며
새로운 일에 도전해보려 한다.

슬픔이 너무 엄청나서 견디지 못할 것만 같을 때, 같은 고통을 겪는 거대한 가족을 생각해보자. 우리의 슬픔이 그 안으로 들어가는 입구가 되어주었다. 그리고 반드시, 우리는 그들의 품과 그들의 연민과 그들의 이해를 느끼게 될 것이다. 헬렌 켈러

나와 비슷한 상실을 겪은 사람을 만날 때 어떤지 기억하는가? 상대의 얼굴에서 '그래요, 당신이 무슨 일을 겪고 있는지 알아요'라는 표정을 보며 한눈에 친밀감을 느끼게 된다. 나를 이해하는 누군가가 있다는 생각이 들면서 정말 등에 짊어진 짐이 가벼워지는 것만 같다.

우리는 그처럼 비슷한 사람들을 만날 것이며, 아마도 예상한 것보다 더 자주 만날 것이다. 사람들은 그들을 우리에게 데려올 것이다. "그 사람과 얘기를 해보면 도움이 될 거야." 우리가 속한 여러 모임에서도 어떤 자연선택의 법칙에 의해 서로에게 끌리듯 우리처럼 슬퍼하는 사람들을 우연히 만날 것이다.

직접 만나 그들이 겪은 고통을 듣지 못한다 해도, 책에서 그들의 슬픔을 읽거나 전해 듣기도 할 것이다. 우리의 마음은 그들을 향해 갈 것이며, 함께 퍼 올리는 인간에 대한 연민의 우물은 점점 더 깊어질 것이다.

나처럼 고통받는 사람들(만나든 만나지 않든)에게 나는 마음으로 다가가며, 우리가 서로에게 힘을 주고 있음을 느낀다.

> 여호와여 내 마음이 교만하지 아니하고 내 눈이 오만하지 아니하오며
> 내가 큰일과 감당하지 못할 놀라운 일을 하려고 힘쓰지
> 아니하나이다. 실로 내가 내 영혼으로 고요하고 평온하게 하기를
> 젖 뗀 아이가 그의 어머니 품에 있음 같게 하였나니
> 내 영혼이 젖 뗀 아이와 같도다. 〈시편〉 131편 1~2절

우리 마음은 이리저리로 날아가면서, 운명과 진실, 사랑하는 사람의 상태, 우리가 믿을 수 있는 것, 눈앞에 놓인 모든 일을 어떻게 감당해야 하는지를 추측하고 고민한다. 하지만 어떤 대답도 얻을 수 없다. 그런데도 우리는 뼈다귀를 물고 흔드는 개처럼 계속해서 걱정한다.

어떤 장소와 시간에서는 이 모든 문제에 대해 생각해볼 필요가 있다. 하지만 또 한편으로는 스스로에게 한숨 돌릴 여유를 주고, 거대한 질문에 대답할 책임은 고사하고 나만의 세상에서 일어난 일에 대해서도 책임이 없다는 걸 깨달을 필요도 있다.

아무 힘도 없고 아는 것도 없으며 때때로 몹시 불안해하는 아기가 엄마 품에 있을 때면 얼마나 평화롭고 만족해하는지 생각해보라. 〈시편〉 작가가 묘사하는 이 장면은 삶이 너무 버거워 보이고 어디로 향해야 할지 모를 때 기억하기에 좋다.

내 영혼은 젖 뗀 아이와 같도다.

우리가 극심한 고통과 혼란을 겪을 때 은총이 우리에게 내린다……. 어떤 때는 그 순간에 빛의 물결이 어둠을 가르며 이런 목소리가 들리는 것도 같다. "너는 받아들여졌다." 폴 틸리히

우리는 이렇게 자신을 질책한다. 왜 이것 너머를 보지 못하는가? 왜 의연하게 슬픔을 견디지 못하는가? 신앙인이라면서 왜 그 믿음으로 꿋꿋하게 버티지 못하는가?

이게 다가 아니다. 사랑하는 그 사람에게 잔소리를 하고, 그의 질문이나 기분에 세심하게 마음을 써주지 못하고, 내가 찾아와주길 기다리는 걸 알면서 다른 곳에 갔던 일도 마음에 걸린다. 자책은 끝도 없이 계속된다.

사랑하는 그 사람은 우리가 상실로 슬퍼하는 것도 모자라 이런 괴로움까지 느끼는 걸 바라고 있을까? 그 사람은 완벽했던가? 누구라서 그럴 수 있을까?

우리도 물론 완벽하지 않다. 그리고 그럴 필요도 없다. 어떤 누구도 우리에게 완벽을 기대하지 않고, 우리도 다른 사람에게 기대하지 않는다.

우리 대부분은 할 수 있는 최선을 다한다. 그러니 자책의 음울한 어둠에서 나와서, 심호흡을 하고, 우리 모두를 감싸안는 사랑의 빛을 바라보며, 이 말을 들어보자. "다 놓아버려라. '너는 받아들여졌다.'"

적어도 이 순간만은, 나 자신의 가치에 대한 모든 질문을 내려놓고 내가 있는 그대로의 모습으로 받아들여졌다고 믿으려 한다.

> 내 슬픔과 고통은 나의 것이다. 나는 그것들을 받았다.
> 그것들은 나의 일부다. 그 슬픔과 고통을 느낄 때 비로소
> 그것들이 가르쳐주는 교훈을 받아들일 수 있다. 앤 윌슨 섀프

자신의 모든 감각이 상처받고 약해졌다고 느낄 때, 우리가 세상에서 우리 존재의 정당함을 주장하는 방법 하나는 슬픔의 타당함을 주장하는 것이다. 슬퍼하고 있는 모습이 지금의 나이며, 거기에는 전혀 잘못이 없다. 사랑하는 사람의 죽음이라는 현실에서 도망칠 수 없듯 우리가 슬픔에 빠진 사람이라는 현실에서도 도망칠 수 없다.

조만간 우리는 더 넓은 시각에서 자신을 보게 될 것이다. 하지만 당분간은, 슬퍼하는 것이 우리 존재의 주된 부분이라면 그렇게 두어라. 지금 그 현실을 받아들인다면 거기에서 더 빨리 벗어날 것이다. 누구에게도 사과할 필요 없다. 자신에게도 사과할 필요 없다.

내 슬픔을 있는 그대로 겪어낼 때에만 그 슬픔에서 벗어날 수 있으며, 슬픔이 내게 알려주는 것을 배울 수 있다.

미스터리 속에 살면서
모든 걸 아는 듯
행동해야 할까? **크리스토퍼 프라이**

슬픔에 빠져 있을 때는 주위의 온갖 것이 어떤 의미를 갖는다. 무작위로 일어나는 사건에서도 의미를 찾으면서 무슨 일이 벌어지고 있는 건가 궁금해한다. 우리 집 정원에 제철이 아닌 꽃이 핀다. 적막하고 외롭다고 느끼는 순간 전화벨이 울리고, 수화기 저편에서 친구가 말한다. "여기 앉아서 책을 읽고 있는데 갑자기 네게 전화하고 싶다는 생각이 들었어." 새 한 마리가 내 방 창가 나뭇가지에 앉아서 고개를 까딱거리며 한참 동안 짹짹 노래한다.

이 모든 것이 그저 우연의 일치일까? 창조의 미스터리 속에서, 세상(그리고 이제는 세상을 떠난 사랑하는 사람)을 움직이는 힘, 신, 에너지가 우리를 보호한다는 것이 가능한 일일까? 우리는 그렇게 믿고 싶어 한다. 그리고 슬픔을 겪고 있는 다른 사람들을 만나 이야기를 나눌 때(처음에는 수줍게) 살갗이 따끔거리고 기분이 좋아지면서 이런 생각이 든다. '그래, 그럴지도 몰라.'

의심의 여지는 늘 있다. 또한 믿음과 희망의 여지도 있다. 그것이 미스터리의 본성이다.

사랑과 돌봄의 모든 암시를 나는 선물로 받아들이려 한다.

내 마음이 평온해지길.
이 거대한 나무들이
나의 기도가 된다. 라빈드라나드 타고르

슬퍼하고 있을 때는, 어느 모로 봐도 나 혼자 다른 사람들과 모든 생명체에서 뚝 떨어져 있는 것만 같다.

이럴 때 밖으로 나가 나무 옆에 서 있어보면 도움이 된다. 거대한 나무 옆에 서 있으면 자연과 하나가 되는 느낌, 창조된 세상 전체와 내가 하나로 이어지는 느낌이 든다.

이번에는 좀 더 가까이 가서 두 손을 나무껍질에 대보라. 손가락으로 껍질을 느껴보라. 나무의 나이를 생각해보라. 얼마나 오랜 세월 이곳에 서서 여름과 겨울을 지나왔는지. 어떻게 아래로는 땅에서 위로는 햇살과 비에서 에너지를 얻는지.

그런 다음 더 가까이 다가가서 나무에 기대고 두 팔로 나무를 감싸안아보라(이웃사람들이 보지 않으면 좋겠지만, 보면 또 어떤가?). 나무와 내가 연결되어 있음을 느껴보라. 그리고 더 나아가, 사랑하는 그 사람이 지금 내가 그를 기억하면서 소중하게 안고 있는 이 나무를 비롯한 모든 생명체와 연결되어 있음을 느껴보라.

웃음이 날 수도 있고 눈물이 날 수도 있다. 어쩌면 자신이 바보처럼 느껴질 수도 있다. 그렇다 해도 기분이 나아지지 않는가?

창조된 이 세상은 하나이며,
살아 있고 죽은 우리 모두를 끌어안는다.

친구들이 없다면 이 세상은 황무지에 지나지 않는다…….
친구와 기쁨을 나누면 기쁨이 더 커지고, 친구와 슬픔을
같이하면 슬픔이 줄어든다. 프랜시스 베이컨

우리도 그걸 알지만, 가끔은 스스로에게 다시 한번 증명하기 위해 노력해야 한다.

슬픔을 겪고 있을 때는, 친구라 해도 보고 싶지 않다. 또 보고 싶다고 해도, 내가 겪은 상실이 얼마나 끔찍한지 계속 말해 친구에게 부담을 주고 싶지 않다. 내 슬픔을 또 맞닥뜨리고 싶지 않다.

이 모든 감정은 당연하며, 그런 감정을 존중해야 한다. 나의 슬픔을 나누는 것이 늘 옳은 건 아니다.

하지만 때때로 우리는 친구와 슬픔을 나누기도 한다. 그래, 그렇게 해서 또 울음을 터뜨릴 수도 있고 다시 슬픔에 빠지는 고통을 느낄 수도 있지만, 그래도 그렇게 한다는 것은 우리에게 풀어내야 할 슬픔이 있다는 걸 의미한다. 그렇게 하기에 믿을 만한 친구보다 더 좋은 사람이 어디 있겠는가? 그렇게 하고 나면 마음이 더 평화로워짐을 느낄 것이다.

친구들은 사랑하고 이해하는 마음으로
내 말을 들어줄 거라 믿는다.

다 괜찮아질 것이다, 다 괜찮아질 것이다,
모두 다 괜찮아질 것이다. 노리치의 줄리안

　내 세상은 이제 끝난 거나 다름없다고 생각했을 때, 딸아이의 죽음은 내가 벗어날 수 있는 악몽이 아니라 영원한 것이라는 깨달음이 마음을 때릴 때, 친구 하나가 방에 들어와 내 목을 끌어안고 말했다.
　"다 괜찮아질 거야."
　나는 그 친구가 제정신이 아니라고 생각했다. 그렇지만…… 그렇다 해도…… 그 친구의 말이 맞을 수도 있지 않을까?
　몇 년 뒤, 아들이 혼수상태에 빠져 깨어나지 못하고 있던 어떤 젊은 여성을 상담하게 되었다. 그녀에게 내가 한 말도 똑같았다. "다 괜찮아질 거예요." 그 순간, 아까 그 친구가 내 옆에 서서 고개를 끄덕이며 말하는 걸 느꼈다. "봐, 내가 그렇다고 했잖아."
　처음 슬픔이 휘몰아칠 때는 그런 일이 절대 없을 것 같겠지만, 앞으로 삶의 표면이 혼란에 흔들리는 일이 자주 있을 거라 해도 다 괜찮다는 굳은 확신이 우리 의식 깊숙이 자리 잡게 된다는 걸 깨닫게 된다.
　그렇게 되기까지는 다른 사람들의 증언에 매달리며 희망을 품는다. '그들이 그렇게 되었다면, 나도 그렇게 되지 않을까?'

다 괜찮아질 것이다, 다 괜찮아질 것이다,
모두 다 괜찮아질 것이다.

11
NOVEMBER

우리는 마법의 물고기가 헤엄치는 기억의 바다 속에서 이야기를 나누며 부모님과 조이의 여동생들을 불러냈다. 지금은 모두 저세상에 있는 그들이지만, 그 한 시간 동안은 과거의 시간과 현재의 시간이 함께 흐르는 아주 아름다운 방에서 우리와 함께 있었다. 메이 사턴

우리는 '성도의 교제'에 대해 종종 얘기한다.

하지만 사랑하는 사람을 잃고서 우리가 특별히 갈망하는 것은 우리만의 특별한 '성도'와 함께 있는 것이다. 우리가 그들과 함께 있으며 그들이 우리와 함께 있다는 걸 느끼고 싶어 한다.

목소리를 듣고 영혼의 존재를 보는 것에서부터 사랑하는 사람을 마치 옆에 불러내듯 생생히 기억해내는 것에 이르기까지 사람들은 여러 형태로 이런 경험을 한다. 그 형태가 어떻든, 이런 경험을 하는 것은 축복이다.

하지만 이 경험을 가장 충만하게 하는 것은, 사랑하는 사람에 대한 기억을 다른 사람들과 이야기하며 추억에 젖고 수시로 행복한 웃음을 터뜨리는 때이다. 그의 존재를 따뜻하고 분명하게 느끼는 것은 그와 함께 살았던 삶을 사랑으로 기억할 때이다.

추억을 함께 이야기할 때 위안과 기쁨이 시작된다.

유품과 사진에 매달린 채 옛 기억 속에 사는 것은
환상 속에 사는 것이다. 꿈에서 먹는 음식에
아무 영양분이 없듯 그런 삶에는 성장도 새로운
인생도 없다. 앤 모로 린드버그

　사랑하는 사람이 죽고 나서 몇 해가 지나도록 방을 '예전 그대로' 두고 몇십 년 된 옷을 옷장에 걸어두고 오래된 안경을 탁자 위 펼쳐진 책 옆에 두는 사람들이 있다.

　우리는 사랑하는 사람을 떠올릴 수 있는 물건 몇 가지를 곁에 두고 싶어 한다. 지금도 쓸 수 있는 물건이면 더 좋다. 어머니가 좋아하던 찻주전자를 지금도 차를 끓일 때 쓰고, 아버지 책상에 놓여 있던 펜이나 편지 개봉용 칼을 지금도 사용하고, 맨 처음 주인이 누구인지도 모르는 인형을 소중히 간직했다가 아이에게 물려주려 한다.

　그리고 물론 사진도 있다. 하지만 이제는 떠나고 없는 사랑하는 사람의 사진들로만 온 사방을 장식해서는 안 된다. 그들 사진을 주위에 그득히 쌓아놓아 가족의 삶이 잃어버린 세월 속에 머물게 해서는 안 된다. 성지는 그 자리가 있어야 하지만, 현재 삶의 중심을 차지해서는 안 된다.

신이여, 제게 바꿀 수 있는 것을 바꿀 힘과
바꿀 수 없는 것을 받아들이는 품위,
그리고 이 둘을 구분할 수 있는 지혜를 주소서.

윌버의 마음은 행복으로 가득했다……. "헛간의 지하 저장고로 온 걸 환영한다. 너희는 거미줄을 칠 장소로 성스러운 문간을 선택했구나. 내가 너희 어머니와 우정이 깊었다는 얘기를 꼭 해줘야 할 것 같아. (…) 난 언제나 너희 어머니에 대한 기억을 소중히 간직할 거란다. 너희, 샬롯의 딸들에게 나는 영원히, 언제까지나 우정을 맹세할게."
"저도 맹세해요." 조이가 말했다. "저도요." 에이라니아가 말했다.
"저도요." 넬리가 말했다……. 그날은 윌버에게 행복한 날이었다. 그리고 그 이후의 날들은 훨씬 더 행복하고 평화로웠다. E. B. 화이트

많은 이의 사랑을 받는 동화 《샬롯의 거미줄》을 보면, 슬픔을 치유하는 비밀 하나가 나온다. 떠난 사람에 대한 사랑을 뒤에 오는 다른 사람에게 전하는 것이다. 이 책에서 윌버의 사랑은 샬롯의 딸들에게 전달된다. 그 대상은 사랑이 필요한 어떤 사람이든 될 수 있다.

세상이 관심과 보살핌, 사랑이 필요한 사람들로 가득하다는 걸 우리는 너무도 잘 알고 있지 않은가! 우리가 떠난 사람과 감사하게도 아주 좋은 관계를 맺고 있었고 이제 죽음으로 헤어졌다면, 우리의 사랑을 다른 이에게 전하는 것은 그 관계가 남긴 멋지고 가치 있는 유산이다. 그렇다고 해서 떠난 사람을 그만 사랑하는 건 절대 아니며, 어떤 식으로든 우리가 사랑이 필요한 사람에게 두 팔을 벌린다면 우리 자신도 치유될 뿐 아니라 다른 사람들의 삶도 풍요로워진다.

다른 이들에게 나누어줄 사랑이 내게 있음을 안다.
이제 그 사랑을 전할 대상이 있는지 찾아보려 한다.

내면에 있는 빛을 느끼며
나는 걷는다. 나바호족 기도문

우리 모두 내면에 빛을 지니고 있지만, 그 빛은 어둠에 가려진 것처럼 보일 때가 많다. 하지만 빛은 그곳에 있다. 그 불꽃이 있기에 우리는 슬플 때라 해도 세상의 사랑과 배려, 아름다움, 어려움에 반응한다. 사실 슬픔 속에 있을 때 삶이 주는 선물과 기회에 훨씬 더 강렬하게 반응할지도 모른다.

그런데 그 내면의 빛으로 우리가 앞으로 나아갈 용기를 낼 수도 있을까? 특히 슬픔에 빠져 있을 때는 누구나 겁을 내며 주저한다. 꼼짝도 할 수 없다고 느끼면서 누군가 다른 사람이 앞장서 주길 바란다.

우리는 스스로 인정하는 것보다 더 큰 힘을 가지고 있다. 그 힘을 발휘하며 앞으로 나아가야만 우리가 가진 힘이 어느 정도인지 알 수 있다. 실패가 두려운가? 이미 잃은 것보다 더 두려운 것이 있을까?

그러니 크게 숨을 한번 쉬고 쉼 없이 타고 있는 그 빛을 느껴보자. 그런 다음, 떠난 그 사람이 불길이 더 활활 타오르도록 돕고 우리를 응원하고 있다고 상상하면서 삶 속으로 들어가 보자.

내 안에 있는 빛과 힘을 의식하면서 삶 속으로 들어간다.

아직 슬픔이 생생할 때, 다른 생각을 하라는 그 모든
말은 마음을 상하게 할 뿐이다. 제임스 보즈웰

"다른 생각을 해봐." "마음을 딴 데로 돌려봐." 사람들은 슬퍼하는 우리를 돕고 싶다는 뜻으로 이런 말을 한다. 아직 슬픔이 생생한데도 다른 일을 생각할 수 있는 양 그들은 말한다. 어쩌면 무슨 말로 위로를 해야 할지 몰라 불편한 마음에 그러는 걸 수도 있다. 비록 상대가 '올바른 말'을 해주지 않더라도, 내 편에서 내 말을 들어주는 사람들이 있다는 사실이 더 중요하므로 크게 신경 쓸 것 없다.

그렇다 해도 우리가 슬픔에 빠져 있을 때 누군가 자꾸 다른 생각을 하라고 하면 기분이 상하기도 한다. 나와 얘기를 나누는 그 사람이 진정으로 교감하지 않으며, 중요한 사건은 무시한 채 쓸데없는 곳만 보고 있다는 생각에 몹시 당황스럽다. 하지만 그 사람이 도움을 주려고 애쓰고 있다는 걸 알기 때문에 무례하게 굴고 싶지 않다. 그래서 속으로는 공허함을 느끼면서도 고개를 끄덕이며 미소를 짓는다. 이런 연극을 하느라 귀중한 에너지를 허비한다.

어떻게 해야 할까? 상대와 내가 정말로 관심을 두는 화제를 중심으로 대화를 바꿔볼 수 있다. 그렇게 할 수 없다면, 상황이 자연스럽게 흘러가도록 놔두는 편이 낫다. 우리를 좀 더 잘 이해하는 사람이 곧 나타날 수도 있다. 그리고 적어도 나중에 우리 자신이 위로하는 사람이 될 때 어떻게 해야 하는지는 알게 될 것이다.

사람들이 나를 위한다며 하는 적절치 못한 말들을
가볍게 받아들이려 한다. 그들은 최선을 다하고 있다.

이 추수감사절의 달에, 우리는 과거의 시련과 현재의 축복에
감사할 수 있으며 동시에 미래가 가져올지도 모르는 어떤 어려움도
기쁨으로 맞이할 준비를 할 수 있다. 도로시 데이

그래, 아마도 그럴 것이다. 분명 우리는 현재의 축복에 감사한다. 그리고 과거의 시련과 화해했다. 아니면 적어도 그러려고 노력하고 있다.

하지만 미래의 어려움을 '기쁨으로 맞이한다'고?

우리가 슬픔과 고통에서 배우는 사실이 있다면, 견뎌낼 수 있다는 것이다. 견뎌낼 뿐만 아니라 그 경험으로 더 강해져서, 다음에 또 슬픔과 고통이 닥칠 때 더욱 용감하고 당당하게 맞설 것이며, 거기에 더해 인간 공동체의 일원으로 그 시련을 이겨낼 수 있다는 기쁨 또한 느낄 것이다. 그 기쁨이야말로 힘겨운 과정을 통해서만 얻을 수 있는 감정이다.

다시 또 슬픔이 닥치면 아마도 우리는 이렇게 반응할 것이다. "무슨 상관이야?" 이런 지혜를 사려면 아주 비싼 값을 치러야 한다. 사실 우리는 그런 지혜를 바라지 않는다. 더욱이 감사까지 한다는 건 상상도 할 수 없다. 이런 지혜에 감사하라고?

지금은 그럴 수 없을 것이다. 하지만 고통으로 얻은 생존의 힘이 나중에 크게 도움이 될 때, 그때는 기대해볼 수 있다.

현재의 축복에 감사한다. 미래에 어떨지는, 지켜봐야겠다.

**눈을 뜨고 지금 이 순간
주위에 있는 것들을 보라.** 리처드 제프리스

삶이 슬픔으로 흔들릴 때 누구나 과거에 살려는(향수에 젖거나 후회하면서) 유혹을 느낀다.

아니면 미래에 살려는(슬픔으로 물든 앞날을 바라보면서) 유혹을 느낀다.

'발길질하고 소리 지르면서' 현재의 순간에 끌려와야 하는 사람들을 흔히 '감정형'('이성형'의 반대말로)이라고 한다.

사랑하는 사람을 잃고 슬퍼할 때, 누구든 '감정형'이 되기 쉽다. 스스로를 단속할 필요가 있다. 마음속 눈에 눈가리개를 하고 바로 지금 앞에 있는 것만 보는 것이다. 그런다고 해서 과거에 대한 기억이나 미래에 대한 감각을 잃을 염려는 없다. 그 둘은 늘 거기에 있으면서 언제든 우리가 후회하고 갈망하고 그 주위를 맴돌길 기다린다.

그러니 지금, 이 순간만은, 적어도 십오 분만이라도, 눈을 뜨고, 그곳이 어디든 내가 있는 곳에서 완전한 원을 '아주' 천천히 그리면서, 거기에서 보이는 것을 보자!

이 순간은, 내가 있는 이곳이 내 세상이다.

거센 폭풍에 정신이 아득해질 때라도 절대 두려워 마라.
숨을 크게 쉬고, 다시 가는 거다. 프랜시스 드 살레

   슬퍼하는 일은 롤러코스터를 타는 것과 같다. 어느 날, 이제 최악은 지나갔으며 정말로 다시 인생을 살게 되었다고 생각한다. 그리고 다음 날(아니면 다음 순간!) 슬픔은 다시 생생해지며, 우리는 거기에서 한 발자국도 벗어나지 못한 것 같다.

   슬픔에서 회복하는 것은 완만한 오르막길을 오르는 것이 아님을 기억해야 한다. 슬픔의 계곡에서 벗어나 여행을 계속하고 목적지에 도착하기 전까지 수많은 걸림돌과 곁길이 있다.

   '좀 더 잘하지' 못한다고 스스로를 책망하면서 에너지를 낭비하는 건 바람직하지 않다. 우리는 할 수 있는 만큼 잘하고 있고, '거센 폭풍'과 걸림돌들은 모두 그 과정의 일부다. 그러니 모든 걸 예상하고, 그것들이 올 때 받아들이고, 숨을 크게 한번 쉬고 계속 가는 거다.

슬픔의 감정에 기복이 있다고 해서 위축되지 않으려 한다.
그 감정들 모두 건강한 삶으로 가는 과정의 일부다.

살면서 거대한 슬픔을 당할 때 용기를 가지고, 작은 슬픔을 당할 때 인내심을 가져라. 그리고 매일의 임무를 애써 완수하고 나면 평화롭게 잠자리에 들라. 신은 깨어 계신다. 빅토르 위고

슬픔의 무게가 너무 힘겹게 느껴진다. 해야만 하는 일들이 있다. 감정적으로 짓눌리고 또 짓눌리는 건 말할 것도 없다. 마음을 가라앉히고 평정을 찾고 잠이 들기가 어렵다. 이렇게 불안정한 정신 상태로 얻을 수 있는 게 아무것도 없다는 걸 잘 알고 있다.

찰스 카터라는 남자는 좋은 일을 많이 하는 사람이다. 어느 날 몸이 아프자 그는 몹시 괴로워하며 생각했다. '지금 아프면 안 되는데. 할 일이 너무 많고, 내게 의지하는 사람들도 너무 많아.' 그러다가 잠이 들었다. 꿈속에서 그는 두 손을 꽉 움켜쥐고 하늘나라의 바닥을 왔다 갔다 하며 "어떻게 하지? 어떻게 하지? 찰스 카터가 병이 날 텐데"라고 중얼거리는 전능하신 신을 보았다.

세상은 내 마음대로 되지 않는다. 온갖 괴로움에 짓눌린다면 모든 걸 그냥 놓아버리자. 그리고 그 괴로움을 모든 힘과 사랑의 근원, 절대 잠들지 않는 존재의 손에 맡겨보자.

나는 마음속의 이 혼란을 넘겨주고, 평화로워질 것이다.

죽음이 우리와 함께하지 않은 때가 있었던가? (…)
살아 있는 것과 죽은 것이 같고, 깨어 있는 것과 잠든 것이
같으며, 젊은 것과 늙은 것이 같다. 헤라클레이토스

사랑하는 사람을 잃고 나면 내 삶이 완전히 무너져버린 듯한 절망감을 느낀다. 사랑하는 사람과 나는 분리되었으며 이제부터 영원히 우리의 경험은 달라질 거라는 생각이 든다.

우리 모두 같은 길을 가며, 사랑하는 그 사람은 훗날 내가 따라갈 길을 앞서 간 거라는 사실을 기억한다면 신기하게도 위로가 된다.

하지만 이 사실은 불안과 두려움의 원인이 되기도 한다. 우리는 죽을 수밖에 없는 운명임을 떠올린다. 우리에게 죽음은 어떤 모습일까? 우리는 사후 세계가 상상할 수 없을 만큼 아름답다고 분명하게 말하는 사람들의 증언을 들으면서, 목마른 사람이 애타게 물을 찾듯 이런 이야기에 매달린다.

그리고…… 지금의 이 삶이 힘들 때도 있지만 경이롭기도 하다. 내 곁에는 아직 사랑하는 사람들이 있다. 그러니 급할 것 없다.

사랑하는 사람의 죽음으로 우리는 죽음 너머의 삶을 바라기도 하고 불안해하기도 한다. 가까운 사람의 죽음을 지켜보면서 삶과 죽음에 대한 우리의 시야는 확대되며, 다행스럽게도 죽음을 마지막 벽이 아닌 통과하는 문으로 여기게 된다.

사랑하는 사람을 생각할 때, 우리 모두 같은
창조의 흐름 속에 있다는 걸 알게 된다.

> 그것은 회색이었으며, 그가 깊이 들어갈수록 회색빛은 더 진해졌다. 생각보다 더 깊으면 어떻게 해야 할까? 하지만 이내 빛이 달라졌다. 흙의 빛이 환해졌다. 그는 맑은 하늘과 태양을 향해 다시 밖으로 나왔다. 그는 세상에서 제일 멋진 광경, 그것이 바로 세상이라고 말했다. 조지핀 험프리스

우리는 슬픔 속으로 더 깊이, 더 깊이 파고들어간다. 적막감이 겹겹이 쌓인다. 이 우울함과 슬픔 말고는 지평선 위에서 그 무엇도 다시 볼 수 없을 것만 같다.

그러다 어느 날, 혼자서 가만히 사색에 빠져 있다가, 내가 뭔가 다른 걸 생각하고 있었다는 걸 알게 된다! 그게 가능한 일인가?

우리는 수도 없이 물러났다 나섰다 한다. 어두운 숲속으로 물러났다가 다시 빛으로 나선다. 시간이 흐르고 나면, 그것 모두가 하나의 세상이며, 기쁨과 슬픔의 감정이 서로를 풍성하게 한다는 사실을 깨닫는다. 죽을 만큼 아팠던 사람이 별빛의 아름다움, 오렌지 주스의 맛, 사랑의 애무를 예전과는 다르게 느끼듯 말이다.

그래도 괜찮은 걸까? 삶의 경이로움을 다시 느끼는 건 곁을 떠난 사랑하는 사람을 배신하는 것이 아닐까? 그러다 그 사람을 잊는 것은 아닐까? 그런 걱정은 할 필요가 없다. 숨 쉬는 법을 잊어버리는 편이 빠를 것이다.

내 삶에서 누릴 수 있는 기쁨에 마음을 열려 한다.
그리고 두려워하지 않을 것이다.

슬퍼하는 자들에게 화관을 주어 그 재를 대신하며, 기쁨의 기름으로
그 슬픔을 대신하며 찬송의 옷으로 그 근심을 대신하시고. 〈이사야〉 61장 3절

선지자 이사야는 주님의 구원이라는 복음을 기대하고 있다. 우리를 위한 구원은 어떻게 이루어질까?

상황이 변해 사랑하는 그 사람이 돌아오는 것은 아니다. 우리는 그런 걸 바랄 만큼 어리석지 않다.

하지만 이 고통에서 조금이라도 구원받는다면, 우리의 존재가 더는 상실 때문에 그늘지지 않을 것이며, 세상의 아름다움을 봐도 그것을 함께 누린 사람이 떠나버렸다는 사실만 기억나는 일도 더는 없을 것이다. 그래, 그런 구원은 바랄 수 있다.

주위를 둘러보면서, 상실을 겪은 수많은 사람을 보기만 하면 된다. 그런 사람들은 아주 많다. 그들은 우리와 함께 거리를 걸어가고, 버스를 타고 내리며, 상점에서 우리와 함께 물건을 산다. 그들은 견뎌냈다. 그리고 그중 일부는 더 강해져서 이제 다른 사람들에게 힘이 되어준다.

친구나 신앙의 힘으로, 혹은 시간의 힘으로, 혹은 더 단단해진 감성을 가지고 되돌아갈 수 있는 일 덕분에 깊은 슬픔에서 구원받는다면 그때 우리도 "슬퍼하는 자들에게 화관을 주어 그 재를 대신하며 기쁨의 기름으로 그 슬픔을 대신하며 찬송의 옷으로 그 근심을 대신하는" 경험을 할 것이다. 그리고 우리가 필요한 사람들에게 축복이 되어줄 것이다.

나는 다시 한번 햇빛 속으로 걸어 들어갈 것이다.

> 슬픔을 그대로 맞아 견뎌내면서 계속 앞으로 나아가는 것이 중요하다. 하지만 끔찍한 충격 앞에서는 언제까지나 움츠린 채 꼼짝하지 않으려는 유혹을 느끼기 쉽다. M. W. 히크먼

 어느 날 갑자기 생각지도 않은 때에 죽음을 맞았다면, 정말로 온몸을 세게 얻어맞은 느낌이 든다. 그리고 오랜 시간 죽음을 준비해왔다 해도, 막상 죽음의 순간을 맞으면 꼼짝하고 싶지 않다는 충동을 느낀다. 죽음의 순간은 사랑하는 사람과 마지막으로 한 경험이므로 놓치고 싶지 않고, 생생한 기억이 희미해지는 걸 막고 싶다.

 잠시 동안은 그래도 괜찮다. 하지만 언제까지나 그렇게 있는 것은 위험하다. 다들 알겠지만, 사랑하는 사람이 쓰던 방을 그가 살아 있을 때 그대로 두는(좋아하는 의자 옆에 기대 놓은 슬리퍼의 위치와 옷장에 걸어놓은 옷까지) 사람들이 있다. 이것은 진실을 존중하지 않는 행동이다. 자신의 삶의 진실도, 사랑하는 사람의 삶의 진실도 존중하지 않는 것이다. 그가 어디에 있는지는 모르지만 '다시 거기에' 있는 것은 분명 아니다. 계속 쥐고 있을 수 없는 과거를 조금씩 조금씩 놓아주고 이제 자신의 삶을 살아가야 한다.

내가 새로운 삶으로 들어갈 때, 내가 사랑하는 사람도 그와 똑같이 할 거라고 생각할 수 있는가?

당신은 어둠 속에서도
휘파람을 불 힘을
지니고 있다. 프레드릭 비크너

휘파람을 불 힘을 내는 것 정도는 간단한 일 같아 보인다.

하지만 슬픔에 잠겨 있을 때는, 노랫소리나 휘파람 소리를 내는 게 어려울 때가 많다. 먼저 나서서 뭘 하는 것 자체가 어렵다. 시작하기보다는 반응하는 편이 쉽다. 그러니 힘을 모아 발휘하는 것은 하나의 승리이며, 휘파람 불기처럼 느긋한 마음이 되어야 할 수 있는 뭔가를 하는 것은 특히 중요한 승리다. 그것은 우리가 이제까지와는 전혀 다른 기분을 경험하려 한다는 걸 의미한다. 비통해하고 상처받은 지금까지의 모습을 기꺼이 포기하고, 이 순간만큼은 다시 한번 적극적으로 삶에 뛰어들려고 하는 것이다.

그러므로 지금 휘파람을 불 수 있다면(혹은 온 마음을 짓누르는 슬픔에서 벗어나게 해주는 어떤 일이라도 할 수 있다면) 그것은 그냥 노래가 아니라 중대한 사건이다. 지금까지 몸에 두르고 있던 '나는 상처받은 사람이다'라는 망토를 내려놓고, 거기에서 벗어나 앞으로 나아가는 것이다. 그것은 승리다. 휘파람을 불 만한 일이다!

나는 조금씩 조금씩 어둠 속에서 걸어 나온다.

내 삶의 손님들
당신은 이른 새벽에 왔고, 당신은 밤에도 있다.
당신의 이름을 봄의 꽃들이 불러주었고 당신의 이름을
소나기가 불러주었다. 당신은 하프를 내 집에 가져왔고
당신은 등불을 내 집에 가져왔다. 당신이 떠나고 난 뒤에 나는
내 집 마루에서 신의 발자국을 보았다. 라빈드라나드 타고르

우리가 잠시나마 함께 인생을 사는(그들은 우리와 함께 있었고 우리는 그들과 함께 있었다) 특권을 누렸다고 생각하기보다, 사랑하는 그 사람은 언제까지나 내 것이라고 생각하기 쉽다.

부모가 우리에게 유전자를 물려주었듯 우리도 우리의 유전자를 후손에게 물려준다. 우리는 기억을 말로 전하고, 사랑하는 사람들과 나눈 시간을 뒤에 남긴다.

하지만 그 본질의 중심에는 언제나 미스터리가 존재한다. 그것이 어디에서 왔고 어디로 가는지 우리는 모른다. 하지만 각자에게는 신의 자취가 있을 것이며, 그것은 신 안에 있는 집에서 나와 그 집으로 돌아간다.

삶의 미스터리 앞에서 나는 침묵하고, 기뻐한다.

그리고 나는 알았다…….
바다가 밀려올 때, 당신은 더는
좋은 이웃이 되지 않는다,
멀리에 사는 친하고 다정한 이웃이 되지 않는다,
당신은 당신의 집을 내주고 산호 성을 얻어
바다 밑에서 숨 쉬는 법을 배운다. 캐럴 비아록

우리는 죽음이 삶의 일부라는 걸 알고 있다. 슬퍼하는 친구들 곁을 지켜주기도 했고, 우리 자신도 이런저런 슬픔을 겪었다. 하지만 슬픔은 겪을 때마다 새롭고, 매번 다른 의문이 생기며, 그 의문에 답을 해야 한다. 사랑하는 사람이 죽으면 우리는 새로운 나라로 들어선다. 마음의 준비가 전혀 없이 갑작스레 죽음을 맞았을 때는 말할 것도 없고, 그가 오랫동안 아파서 나름대로 마음의 '준비를 하고' 있었을 때도 마찬가지다. 이제 세상의 색은 달라졌고, 공기는 다르게 느껴지며, 소리도 예전과 다른 울림을 가진다.

죽음은 학문적이거나 철학적이지 않으며 절대 편해지지 않는다. '사람은 누구나 죽는다는 걸 물론 알고 있지'라고 생각하면서도 죽음은 갑작스럽고, '이제 난 뭘 해야 하지? 다음에는 뭘 해야 하지?'라는 생각을 하며 해답을 찾으려 한다. 그러면서 이 새로운 세상의 색과 소리를 익힌다. 시간이 지나면 그것은 우리의 세상이 된다.

내 존재의 깊은 곳 어딘가에 평화의 씨가 있다.

우리가 진정으로 받아들이는 삶의 모든 것이 달라진다.
그래서 고통은 사랑이 된다. 그것은 미스터리다. 캐서린 맨스필드

물론 당장 그렇게 되지는 않는다. 한동안은 박탈감과 슬픔 말고는 다른 걸 생각할 여유가 없다. 삶에 대해 곰곰이 생각해보고, 내가 잃은 것과 해야 할 일 그리고 미래에 일어날지도 모를 일을 거듭 생각해보려면 시간이 필요하다.

그리고 고통이 사랑이 되는 것은 우리가 바란다고 해서 되는 게 아니다.

하지만 슬픔과 슬픔의 의미와 씨름하는 내내, 새로운 연민의 씨앗이 마음에 싹튼다. 고통을 겪어봤으므로 다른 사람들의 마음을 헤아릴 줄 알게 된다. 상처를 그대로 내보여봤기 때문에 약해진다는 것이 어떤 의미인지를 다시 생각할 수 있게 되고 다른 사람의 나약함도 인정할 수 있게 된다. 모두가 아주 가깝게 연결되어 있다는 걸 알기 때문에, 어떤 면에서 우리는 구멍이 많고 투명해서 온몸으로 빛을 뿜어내는 사람이 된다.

그 빛은 사랑의 빛이며, 이 사랑의 빛이 주위 사람들을 비추면 그들 역시 사랑이라는 모험을 기꺼이 받아들일 것이다. 우리 모두는 '어떤 사람도 하나의 섬이 아니다'라는 사실을 깨닫는다. 여전히 슬프긴 하지만 그래도 우리는 혼자가 아니며, 슬픔으로 이루어지는 사랑은 삶이 모두에게 주는 가장 큰 선물이라는 사실을 깨닫는다.

사랑은, 내가 두려운 마음 없이
오직 감사하는 마음으로 머무는 미스터리다.

모든 것이 완전히 사라지지는 않았다는 걸 처음 느낀 날이 언제였는지 기억이 잘 나지 않는다. 나를 일깨운 것은 어린아이의 웃음이었는가, 아니면 원치 않았지만 어딘가에서 발견한 슬픔의 표시였는가? 아니면 책임감이었는가? 아니면 마침내 내가 절망하기를 포기한 것인가? 어쩌면 나는 인생이라는 게임에 다시 한번 휩쓸린 건지도 모른다. 앤 필립

    그저 놀랍기만 하다. 그런 일은 절대 일어나지 않을 거라고 생각했는데, 어느 날 보니 내가 또다시 세상의 즐거움을 느끼고 있다. 이렇게 삶의 기쁨을 다시 느끼는 건 두 배의 선물이라 할 수 있는데, 그런 기쁨을 다시는 느끼지 못할 거라고 생각했기 때문이다.

    하지만 아직은 이른 봄인 삼월에 눈을 뚫고 나오는 꽃들처럼 삶의 기쁨이 또 한 번 우리 눈앞에 나타난다. 그것은 뜻밖의 선물이며, 그 아름다움 때문에 우리는 주위의 모든 새 생명에 관심을 갖는다.

놀랍게도 세상에 다시 돌아온 아름다움에 대한 감사로
내 발걸음은 빨라지고 심장은 두근거린다.

인간은 아마도 세상의 창조물 가운데 유일하게 걱정을 하는
동물일 것이다. 우리는 걱정으로 삶을 허비한다. 미래를 두려워하고,
현재에 만족하지 못하며, 죽는다는 생각을 받아들이지 못하고,
가만히 앉아 있지 못한다. 루이스 토머스

불필요한 걱정은 모두 떨어내버리기. 말처럼 쉽진 않다.

하지만 그렇게 하는 것이 현명하다는 건 우리도 인정한다. 걱정해봐야 아무 소용없으며, 잠시도 가만히 있지 못할 정도로 불안해하며 사느라 순간의 경이로움을 놓치는 것은 위험하다는 걸 인정한다!

프레드릭 비크너는 '가족의 걱정을 해주는 사람'에 관한 글을 썼는데, 다른 사람들이 하고 싶은 일을 즐겁게 할 수 있도록 돈과 건강과 일정과 자동차의 내구성에 대한 걱정을 맡아 해주는 사람을 말한다.

예전 신자들도 말했듯, 마음의 평안함을 얻기 위해 우리는 '걱정을 넘겨주겠다'는 결정을 의식적으로 할 수 있다. 언제든 그럴 수 있지만, 특히 무거운 슬픔에 짓눌릴 때 그렇다. 정신없이 소용돌이치는 슬픔, 삶과 죽음의 의미에 대한 고뇌를 신(혹은 허공, 혹은 어떤 강하고 튼튼한 나무)에게 넘기고 순간을 만끽하라!

걱정은 가장 나쁜 방종이라고 했다.
그런 걱정은 내게 필요치 않다!

시간을 들여 미래를 계획하라. (…) 재정적으로 가능하다면, 집에서
익숙한 물건들에 둘러싸여 있어보라. 나중에 집을 나서거나 혹은
여행을 떠나면, 심지어 다른 곳으로 이사를 한다 해도, 사랑과 다정함의
기운이 늘 당신과 함께 있을 것이다. 그것이 당신 내면에서 일어나
일부가 되었다는 걸 알게 될 것이다. 그리고 그 기운 덕에 이제
외로움과 어둠을 두려워하지 않을 텐데, 마지막 적인 죽음을 극복했기
때문이다. 대프니 듀 모리에

   화가 앤드루 와이어스는 왜 더는 여행을 하지 않느냐는 질문을 받았을 때, "익숙한 것이 나를 자유롭게 한다"고 대답했다.
   익숙한 것은 추억과 위안으로 우리를 감싸주면서 우리가 마음 놓고 슬퍼할 수 있게 해준다.
   또한, 익숙한 것은 우리를 구속하기도 한다. 남편을 잃은 친구 하나는, 남편이 늘 앉아 있곤 하던 낡은 갈색 의자를 그가 떠난 직후에 없애버렸다. 남편은 떠났으며, 이제 새로운 인생을 시작해야 한다는 걸 인정하는 하나의 방법이었다. 어떤 사람은 그 의자에 앉아 위로를 받을 수도 있다. 각자에게 맞는 방식을 찾아야 한다.

익숙한 것이 나를 자유롭게 할 수도 있고
구속할 수도 있다는 걸 알기에 신중하려 한다.

> 진정한 기도로 우리는 거대한 미스터리에 가까이 가며, 거기에서 우리는 말을 잃고, 우리의 지식은 아무 소용이 없다. 파커 파머

내가 사랑하는 사람은 더 멋진 존재가 되어 있을까? 어떤 모습일까? 아직 나를 알고 있을까? 나중에 우리는 서로를 알아볼까? 이 모든 걸 알고 싶은 마음이 간절하다.

기도를 해보면 알게 될까? 하지만 답을 할 수 없는 질문에서는 기도를 계속할 힘을 찾을 수 없다.

몇 년 전에 남편과 알래스카에 간 적이 있다. 그 여행의 하이라이트는 버스를 타고 데날리산(매킨리산)에 오르는 것이었다. 그 산의 높고 장엄한 경관에 대해서는 내내 들어오던 차였다. 사람들은 산의 모습을 보기가 힘들 거라고들 했다. 대개는 구름이 잔뜩 낀 하늘에 휘감겨 있어 시계가 낮다고 했다.

몇 시간 뒤 버스가 산기슭을 돌았다. 길게 늘어선 구경꾼들이 어깨를 맞대고 알래스카 땅 저쪽을 응시하고 있었다. 몇 킬로미터 떨어진 곳에서, 흰색의 거대한 산봉우리가 하늘에서 어렴풋이 모습을 드러냈다.

우리도 다른 구경꾼들 틈에 섰다. 구경꾼들은 백 명쯤 되었던 것 같다. 얘기를 나누는 사람은 거의 없었다. 모두 그 산만 바라보았다. 어떤 사전 정보로도, 어떤 여행 책자의 사진으로도, 어떤 통계로도 그 감동에 마음의 준비를 할 수 없었을 것이다. 우리는 아무 말도 하지 못했다.

기도의 미스터리 안에 그냥 머물러야 한다.

나의 영예와 권력은 빼앗아갈 수 있어도 이 슬픔만은 아니 되오.
아직도 슬픔에는 내가 왕이로소이다. 윌리엄 셰익스피어

슬픔은 개인적인 문제이기도 하지만, 내가 친구와 가족, 세상과 맺은 모든 관계에 영향을 미치므로 공공의 문제이기도 하다.

하지만 우리가 상실에 가장 많이 휘둘릴 때는 혼자 있을 때다. 그리고 추억을 소중히 여기고 자신의 에너지와 시간을 어떻게 사용할지 결정할 때 슬픔의 과정에 어느 정도 통제력을 가진다.

하지만 때때로 우리는 그래야 하는 책임을 잊고 쉽게 틀에 빠진다. 슬픔의 틀이라 해도 마찬가지다. 이런 기분으로 사는 것에 익숙해졌고, 삶의 중심을 차지한 슬픔에서 벗어나려고 노력하기보다는 그 슬픔과 함께 지내는 것이 더 편할지도 모른다. 슬픔을 놓아버리고 싶지 않은 마음이 들 수도 있다. 슬픔에서 벗어나려는 노력이 혹은 우리를 생각해서 슬픔에서 벗어나라고 하는 친구들의 말이 상실의 중요성이나 사랑하는 그 사람의 중요성을 감소시키기라도 하는 것처럼 말이다.

언제 슬픔 속에 빠져 있을 것이며 언제 거기에서 벗어나 다른 곳으로 옮겨갈지를 가장 잘 판단할 수 있는 사람은 우리 자신이다. 중요한 것은, 그 선택에 대한 책임감을 마음으로 받아들이는 것이다. 그리고 사랑하는 사람의 상실을 슬퍼하는 것과 그 사람을 여전히 소중히 간직하는 것의 차이를 인식하는 것이다.

슬픔 속에 빠져 있는 것이 가장 좋은 선택일 때가 있고
그렇지 않을 때가 있다.

> 육신이 죽은 뒤에도 인간성은 계속 살아 있는 것인지
> 나는 모른다. 어떤 가능성에든 마음을 열고,
> 죽음 이후에 오는 것을 기꺼이 기다리며 볼 것이다.
> 만약 죽음이 영원한 잠이라면, 그것 역시
> 충만한 삶을 끝내고 받는 선물이다. 엘리자베스 왓슨

사랑하는 사람을 잃고 슬픔에 빠져 있을 때, 이 말은 조금쯤 위안이 되는 듯하다. 삶의 일부가 잘려나갔고, 우리는 그 관계가 다시 시작되기를 간절히 바란다.

죽음 이후에 그 관계가 어떤 식으로 계속될지 우리로서는 알 도리가 없다. 하지만 시간이 흘러가면서, 사랑하는 사람의 육신은 곁에 없다 해도 어떤 식으로든 그가 우리 곁에 있으면서 삶 전반에 영향을 미친다는 걸 느낀다. 그리고 관계가 다시 시작되었음을 알게 된다.

죽음은 영원한 잠일지도 모른다는 가능성에 대해 말하자면, 몸이 지칠 대로 지쳤을 때 잠이 얼마나 달콤한 유혹이었는지 생각해 보자. 그것이 뭐 그렇게 나쁜가? 특히 우리 존재의 본질이 사랑하는 사람들의 여생 동안 그들과 함께 있을 것임을 알 때 그렇다.

대안이 없으므로…… 내가 알 수 없는 것은 삶에 맡기려 한다.

마음이 아프면서도 또한 놀라운 사실은, 이 박탈이 우리에게
고통을 주는 동시에 치유를 해준다는 것이다. 일단 상실이라는 현실을
받아들이고 나면, 우리는 비에 씻긴 하늘처럼 순수하고 새로운
가능성의 한 부분을 사랑하는 그 사람이 이제까지 막고 있었다는 사실을
깨닫게 된다……. 우리는 고통으로 풍부해진 자유를 새롭게 찾는다.
앞으로 나가려는 끊임없는 충동은 다시 물러나며 새로운 힘을 모은다.
그 물러남이 잔혹하긴 하지만, 우리는 다시 시작한다. 알베르 카뮈

고통을 인정하고 자유를 얻고 싶은 마음 같은 건 전혀 없다. 한동안은 그저 슬퍼만 할 수 있을 뿐이다. 새로운 일을 하고 싶은 충동은 일지 않는다.

하지만 어느 정도 시간이 지나고 조금은 슬픔에서 물러나 삶을 볼 수 있게 되면, 나와 사랑하는 사람의 관계가 있던 곳이 빈자리로 드러난다.

거기에 쏟던 시간과 에너지를 이제 어떻게 해야 할까? 예전부터 하던 일에 그 에너지와 시간을 쓸 수 있을 것이다. 아니면 새로운 일을 생각해봐야 할 때일지도 모른다. 이제는 곁을 떠난 사람과의 관계에 쓰던 에너지를 다른 데로 돌릴 때, 사랑하는 사람에 대한 살아 있는 기념비를 보게 될 것이다. 그 기념비를 가치 있는 것으로 만들자!

내 삶의 새로운 장이 시작되고 있다.
어떤 새로운 내용을 넣어야 할까?

> 내 안의 무언가가 오랜 잠에서 깨어나고 있고, 나는 다시 살아 움직이기를 원한다. 어떤 열정이 내게 돌아오고 있으며, 나를 사랑하는 사람들에 대한 강렬한 감사, 나 역시 그들을 사랑하고 싶은 강한 바람이 내게 돌아오고 있다. 내 마음은 삶에 대한 감사로 가득하다. 나는 나 자신에게 감사하라고 말하지 않았다. 그냥 감사한 것이다. 앨런 페이턴

아마 죽을 만큼 아팠다가 다시 건강해졌을 때와 비슷한 느낌일 것이다. 매일이 선물 같다. 태양은 더 밝아 보이고, 공기는 더 깨끗하게 느껴지며, 혀끝에 느껴지는 음식의 맛은 신비롭기까지 하다.

이처럼 삶에 대한 깊은 만족감과 행복을 되찾는 것을 '부활'이라는 말로 표현한다 해도 그리 지나칠 게 없다. 단, 그것은 어떻게 보면 다른 세상에 다시 태어나는 것이다. 예전 세상에서 보고 알던 것들도 있지만(가구도 같고 도시도 같으며 사람들 대부분도 같다) 모든 것은 새롭게 총천연색을 띠고 있다. 그 세상의 기초가 기우뚱해지는 바람에 우리는 깊은 구렁으로 빠질 위험에 처하기도 했지만, 결국 다시 바로 섰다.

눈앞의 세상은 이제 새로운 세상이므로, 시간은 우리가 어릴 때 그랬던 것과 비슷하게 느려진다. 그리고 이 세상의 경이로움에 대한 우리의 감사는 아이가 느끼는 감사만큼이나 심오하고 단순하다. 그것은 우리의 눈물에 씻겨 비 온 뒤의 풍경처럼 새로워진 세상에 대한 감사다.

극심한 슬픔을 극복한다는 건
새로운 세상에 다시 태어나는 것이다.

그가 강을 건너자 강 건너편에서 그를 위해
모든 나팔소리가 울려 퍼졌다. 존 버니언

사후 세계를 믿는다면, 그 세계가 어떤 모습이라고 생각하는가? 빅토리아 시대의 이미지는 별로 그럴듯하지(혹은 매력적이지) 않아 보인다. 마크 트웨인은 '천상의 합창곡'에 반감을 느꼈다. 어째서 이승에서라면 질색했을 특징들이 있는 곳으로 하늘나라를 그리는지 의아해했다. 섹스가 없다. 게다가 천상의 합창곡이라니!

《천로역정》에서 존 버니언이 그리는 모습은 여러 면에서 구식처럼 보인다.

하지만 유행이 무슨 상관있겠는가? 그것은 모두 추측, 그러니까 미지의 세상을 표현하려는 노력일 뿐이다.

오늘날 그리는 사후 세상의 모습에는 빛이 있다. 터널 끝에 빛이 보이는 식이다. 그리고 언제나 따뜻하다. 언제나 상상도 할 수 없을 만큼 놀라운 사랑이 있다. 많은 사람이 생각하는 사후 세상의 모습에는 사랑하는 사람의 얼굴이 있다. 아니면 신의 모습이 있거나 혹은 다른 종교적 상징이 있다.

진짜 모습이 어떤지 누가 알 수 있겠는가? 그렇지만 승리를 거둔 영적 전사를 나팔소리로 맞이하는 모습은 나쁘지 않다. 그들은 어떤 곡을 연주하고 있을까? 모두 기다려봐야 할 것이다.

상상 속에서, 날 맞아주는
사랑하는 사람의 품으로 손을 뻗는다.

어머니의 정원을 찾으면서
나의 정원을 발견했다. 앨리스 워커

사랑하는 사람을 잃고 나면, 그에게서 받은 유산(물려받은 유전자와 환경)이 우리 마음속에서 훨씬 더 중요해진다. 아니 어쩌면, 상실 때문에 감정이 격렬해져서 모든 것이 더 중요해지는 걸지도 모른다.

우리는 조상들의 소중함을 새삼 느끼면서, 그들의 됨됨이 그리고 그들이 우리에게 물려준 것, 말하자면 눈동자 색이나 체형 같은 신체적 특징뿐만 아니라 수학에 대한 재능, 정원 가꾸기에 대한 사랑, 심지어 좋아하는 음식들까지 감사하게 받아들인다. 어린 시절 엄마에게서 "넌 네 외할머니를 닮았어. 외할머니도 배를 좋아하셨지"라는 말을 들을 때면 외할머니에게 헤아릴 수 없을 만큼 깊은 애착이 느껴지곤 했다. 외할머니의 이름을 따서 내 이름을 지었다는 사실도 그 애착에 한몫했다. 할머니는 내가 두 살 때 돌아가셨지만, 할머니에게서 물려받은 이 모든 것 때문에 늘 할머니와 같이 있는 것만 같았다. 그렇게 우리는 사랑하는 사람과 함께 엮어온 역사로 사랑이라는 끈을 더 튼튼하게 하고 위안도 얻는다.

이런 때에, 감사하게도 가족과 친구들이 서로 얽혀 이루어진 풍성한 관계가 있어서 나를 안전하게 지켜준다.

> 그 빛은 낮은 구름들 속에서 사그라졌다. 내리는 눈은
> 먼지를 빨아들였다. 침묵에 뒤덮인 나뭇가지들은 평화로 나를
> 감쌌다. 경계가 사라졌을 때, 다시 한번 그 경이로움을
> 생각했다. 나는 존재한다는 경이로움을. 다그 함마르셸드

커다란 슬픔을 겪고 나면 온갖 경험의 미묘한 변화와 상징, 삶의 경계에 존재하는 미스터리에 민감해지므로 존재하는 모든 것과 연결되는 느낌 또한 다른 때에 비해 더 강렬해진다.

아주 힘겹게 슬픔을 겪고 난 뒤, 어느 청명한 여름밤에 전망대에 서서 맞은편 산꼭대기 위에 떠 있는 별을 보던 때가 기억난다. 그때 나는 그 별들과 금방이라도 닿을 듯 연결된 것만 같았다.

창조물을 향한 이런 애정은 값비싼 대가를 치르고 얻는 선물이며, 아마도 곁을 떠난 사람을 찾고 싶어 우주로 손을 내밀면서 의식이 확대되는 것일지도 모른다. "너는 어디 있니? 내 말 들려? 내가 여기에 서서 네 생각하고 있는 것 보여? 널 사랑해. 너도 알고 있지?"

떠난 이와 나누는 이 상상 속 대화는 끝도 없이 계속될 수 있다. 그리고, 하나의 삶에서 누가 말하고 있고 누가 듣고 있는지 어떻게 알겠는가?

나는 여전히 내 영혼 속에 살면서 내 사랑을 생각하려 한다.

신은 우리에게 오고 있다. 하지만 신과 내가 정말로
만나려면 우리도 신에게 가야 한다. 그 도로는
양쪽으로 뻗어 있다. 신과 인간이 중간에서 만나려면
양쪽 모두 움직여야 한다. 웬디 M. 라이트

모든 관계가 그렇듯, 이 관계 역시 양쪽 모두 얼마간 흥미와 의지가 있어야 이루어진다. 우리가 신을 주저하고 수줍어하거나 혹은 심통을 부리면서 상대가 발견해주기를 기다리는 모습으로 상상한다는 것은 아니다.

하지만 혹시라도 우리가 다른 쪽으로 돌아서 있어 보지 못한다면, 귀가 막혀 듣지 못한다면, 우리를 위로하고 안심시키려고 간절히 기다리는 신을 알아보지 못할 것이다.

그러니 슬픔에 빠진 우리를 사랑하고 보살피려는 신이 있음을 느끼고 의지하고 싶다면 어떻게 해야 할까?

신이 그곳에서 기다리고 있을 거라는 가능성을 받아들여야 한다.

그리고 오기로 한 손님들을 기다리다 자동차가 문 앞에 도착하는 소리가 들리면 달려나가 맞이하듯, 혹시 어떤 기대감과 믿음이 생긴다면 그 느낌을 그대로 받아들이자. 그리고 어떻게 대화가 이루어지는지 지켜보자!

어떤 관계든 양쪽 모두 참가해야 한다.

내가 믿지 않은 천사들이 당신을 낙원으로 인도할 것이다.
오래전에 부패된 순교자들이 당신을 영원한 휴식으로 데려가며,
천사들의 합창이 당신을 존재하지 않는 곳, 신성한 도시,
영원히 꺼지지 않는 빛으로 인도할 것이다. 윌리엄 깁슨

우리의 이성은 사후 세계가 있을 가능성을 부정하려 한다. 죽음의 순간, 그 사람의 몸에서 생명, 그러니까 영혼이 없어진다. 그것은 어디로 갔는가? 설령 위로를 얻을 수 있다 해도 속고 싶진 않다. 평생의 옷 없이 영혼이 어떻게 살 수 있을까?

그렇다 해도…… 뭔가가 더 있을 것임을, 우리가 다시 서로를 알아볼 것임을 믿고 싶은 마음이 간절하다. 여러 종교에서는 우리가 믿음을 버리지 않아도 되는 근거를 마련해주었다. 우리에게는 이야기와 예감과 희망이 있다. 영혼이 찾아오는 느낌과 꿈이 있다. 그리고 그 사람이 볼 수 없고 측정할 수 없는 힘의 품으로 갔음을 알게 된다.

그렇게 처음에는 신중을 기하면서 의심하다가, 왠지 모르게 믿어야 함을 직감하고, 이야기를 듣고, 날개 위에 올라타고…… 날아간다!

믿음은 선물이다. 나는 그 믿음을 받기 위해 두 손을 벌린다.

12
DECEMBER

December * 1

동트는 하루 앞에서 경배하라. 일 년 뒤에 혹은
십 년 뒤에 어떤 일이 일어날지 생각하지 마라.
오늘만 생각하라. 로맹 롤랑

앞으로 어떤 일이 일어날지에 대해 지나친 관심을 두지 않기란 삶의 어느 시점에서든 어려운 일이다. 그리고 사랑하는 사람을 잃었을 때는 그렇게 하기가 두 배로 힘들다. 우리가 바라고 계획한 미래에는 그 사람이 중요한 부분을 차지했다. 하지만 이제 그 사람이 없으니 모든 걸 재구성해야 한다. 사랑하는 사람이 고령으로 세상을 떠났다 해도 마찬가지다. 떠난 사람이 부모라면, 나와 죽음 사이의 완충재가 없어졌다는 것이 심각한 문제가 된다. 나는 어떤 모습으로 나이가 들어갈까? 십 년 뒤 혹은 이십 년 뒤에 '나이 든 사람'이 되면 어떻게 될까? 다른 사람들이 내 곁에 있을까? 만일 아이가 죽었다면, 인간 드라마에서 그 순서가 뒤바뀐 탓에 원래 생각과 달라진 미래를 상상하며 온갖 고통을 느낄 것이다.

그러는 동안, 그러니까 걱정하고 조바심치고 자신에게 연민을 느끼는 동안, 인생은 서서히 사라진다.

실천하기 어렵겠지만(그리고 항상 실천할 수는 없다) 매일을 하나의 선물(유달리 힘겨운 날이라면 하나의 시련)로 맞으려고 노력해보자. 이날의 햇살과 아름다움을 마음 아픈 미래(미래가 어떨지는 그저 추측만 할 수 있을 뿐이다)의 그림자 밑에 묻지 말자.

지금, 이 순간, 주위를 둘러보면서 내 인생에
무엇이 있는지 보려 한다.

우리를 모든 사물과 사람에게서 끌어내고 동시에 그들 속으로
더 깊고 자유롭게 들어가도록 하는 중력, 우리가 알지 못하는
끝없는 흐름이 존재한다. 에드워드 J. 패럴

고통이 우리에게 주는 모호한 선물 하나(선물이긴 한데, 우리에게 선택권이 있었다면 절대 고르지 않았을 것이므로)는 시야를 넓혀준다는 것이다. 이전에 했던 불평들이 이제는 사소해 보인다. 공통점이 전혀 없다고 생각한 사람들이 특별한 친구가 된다. 직업 능력은 삶의 우선순위 목록에서 아래로 내려간다. 대신 사람들과의 관계가 중요해진다.

감사하게도 가족이나 친구들과 더 단단히 연결된다고 느끼는 동시에, 우리는 어떤 미스터리가 나를 감싼다고, 어떻게 그러는지는 모르겠지만 땅과 하늘, 우주의 변화, 모든 살아 있는 것들과 연결된다고 느낀다.

'있는 힘을 다해' 삶을 움켜쥔 손을 풀고,
다 잘될 거라고 믿을 수 있을 것 같다.

나는 점점 잘해나가고 있었다. 그렇다고 생각했는데,
며칠 전 그 휴일에 또 무너졌다.
남편을 잃은 어느 여성 (처음으로 혼자 보낸 크리스마스를 생각하며)

기억은 언제나 그 자리에 있다가, 사랑하는 사람 없이 '처음으로 보내는' 특별한 날(생일이나 기념일, 여름휴가)이 되면 우리의 목을 획 감으면서 또다시 슬픔에 빠지게 한다. 그중에서도 온 세상이 떠들썩하게 준비하는 크리스마스 휴일, 하누카 축제는 사랑하는 사람을 잃은 사람들에게 가장 견디기 힘든 시간이다. 이런 날이면 모두 예전부터 '늘 하던' 일들이 있다. 예배에 참석하기, 양말 걸어놓기, 촛불 켜기, 전통 음식 나눠 먹기 등이다. 우리는 함께 세상을 살면서 이런 것들에서 존재의 이유와 기쁨을 느꼈다. 그리고 이제 그 기쁨을 함께 누리던 중요한 사람 하나가 사라졌다. 그 기념일들을 생각하고 싶지 않은 것이 당연하지 않겠는가?

하지만 우리는 아픔을 극복할 것이며, 같은 상실감을 느끼고 있는 사람들과 그 얘기를 할 수 있다면 아마도 더 잘 극복할 것이다. 역시 어려운 시간을 보내고 있는 사람들(가난한 사람들, 외로운 사람들, 집이 없는 사람들)에게 손을 내민다면 도움이 될 것이며, 그럴 때 이 힘든 시간이 갖는 깊은 의미가 더 잘 드러날 것이다.

내게 어려운 시간이 될 거라는 걸 안다. 나는 한 번에 하루만 감당하려 한다. 슬픔이 가까이에서 맴돈다면 받아들일 것이다. 그리고 기쁨이 나를 놀라게 할 때에도 마음을 열려 노력할 것이다.

비록 산만하고 따분하게 보내긴 했지만, 그 의도가
좋았기에 마음에 유익하고 어떤 유혹에도 마음을 강하게 해주는
기도의 시기가 있다. 프랑수아 페넬롱

사랑하는 사람을 잃고 슬퍼하는 사람들이 빠지기 쉬운 유혹은 절망이다. 다른 유혹들도 있다. 몇 가지만 말하자면, 부인하고, 이상화하고, 도움을 거절하는 것이다. 하지만 절망에는 언제든 빠질 수 있고, 모두가 공휴일을 기념하고 가족 모임을 준비하는 이 시기에는 특히 그렇다. 그리고 치유로 가는 '궤도'에서 벗어나지 않으려 노력하고 있다면, 즐길 거리가 많고 할 일도 너무 많은 이맘때 특히 힘들다. 온몸의 힘이 빠지고, 슬픔이 곳곳에 스며들어 등을 짓누르는 짐이 더 무겁게 느껴진다.

바로 이럴 때 17세기의 문학자이자 성직자인 페넬롱의 말을 마음에 새겨볼 만하다. 우리는 이 시기가 힘들 때라는 걸 인정할 수 있고, 마음의 평화를 이루기 위해 할 수 있는 일을 할 수 있으며, 때로 기쁘고 때로 슬픈 몇 주가 지나고 주위가 고요해질 때까지 절대 길을 잃지 않을 것이라고 믿을 수 있다.

이제 또 떠들썩한 몇 주가 시작되면
정신적, 신체적으로 들썩이는 일이 없도록
매일 몇 분씩 고요하게 기도하려 한다.

우리가 죽은 사람을 위한 애도라고 부르는 것은,
아마도 그 사람을 다시 데려올 수 없는 데 대한
슬픔이라기보다 그렇게 하길 원할 수 없는 데 대한
슬픔일 것이다. 토마스 만

사랑하는 사람을 잃고 난 뒤 생기는 모든 감정과 싸우고 있을 때 이런 말은 받아들이기 힘들다. 그 사람이 사라져서 좋은 점이 있다는 말이 몹시 불쾌하게 들릴 수도 있다. 하지만 토마스 만이 얘기하는 것은 어떤 관계에든 수반되는 양가감정이다. 아주 소중하고 사랑이 깃든 관계라 해도 마찬가지다.

우리가 그 사람을 사랑하지 않았다는 의미일까? 그렇지 않다! 아니면, 그가 잘 지내고 능력 있다고 판단된다면 그 사람을 데려오고 싶어 하지 않을 거라는 의미일까? 대부분의 경우에는, 아니다. 인간관계의 등식은 놀라우리만치 복잡하다는 의미다. 우리가 거울을 정직하게 볼 때 알 수 있는 것처럼 말이다.

누군가를 깊이 사랑한다는 것은
그 사람의 약점과 강점 모두를 함께 안다는 것이다.

조금씩 나는 세상으로 다시 들어간다. 새로운 단계로 들어간다. 새로운 몸과 새로운 목소리를 가진다. 새들은 날아다니는 것으로, 나무는 자라는 것으로, 개들은 소파에 남겨놓은 온기로 나를 위로한다. 모르는 사람들은 그저 움직이는 것만으로도 그렇게 한다. 그것은 병에서 서서히 회복하는 것, 자신에게서 회복하는 것과 같다. 토비 탤벗

슬픔이 아직 생생할 때는, 인생의 작고 평범한 사건들을 보며 기뻐하는 일은 절대 없을 거라고 생각했다. 가슴이 무너질 듯한 이 커다란 상실감에서 영영 벗어나지 못하는 채 세상을 바라볼 거라고 생각했다. 그래서, 한 번에 조금씩, 삶이 매일매일 고요하지만 끊임없이 발전하는 아름다운 과정을 다시 느끼게 될 때, 우리가 받는 축복은 두 배가 된다. 상실의 날카로운 이빨이 더는 우리의 의식을 종일 물고 있지 않기 때문에, 그리고 삶을 지탱하는 경이로운 것들(겨울의 눈을 배경으로 서 있는 붉은색 홍관조, 추운 겨울날 밖에 있다가 집에 돌아왔을 때 느끼는 불의 따뜻한 온기 등)이 주위에 여전히 존재하고 있음을 의식하기 때문에, 우리는 두 배로 축복을 받는 것이다. 예전에는 이런 것들을 당연하게 여겼지만 이제는 어떤 것도 당연하게 생각하지 않는다. 이제 우리는(우리마저도) 매일을 편안히 받아들이고 삶을 다시 믿게 된다.

두 눈을 뜨고 세상의 아름다움과 경이로움을 향해
두 팔을 벌릴 것이다.

지난 일은 어쩔 수 없는바
슬퍼한들 이미
엎질러진 물입니다. 윌리엄 셰익스피어

아, 하지만 그렇지 않다! 일어난 일을 절대 바꿀 수 없고 어떻게 해도 사라진 걸 되찾을 수 없기에 슬퍼하는 것이다.

셰익스피어의 《겨울 이야기》에 등장하는 파울리나처럼, 사람들은 듣기에 껄끄러운 말로 우리에게 훈계한다. "기운 내. 다 끝난 일이잖아. 그걸 바꿀 방법은 없어. 그냥 받아들이고 남은 인생을 살아가야지."

우리를 생각해준다는 친구에게서 이런 충고를 듣는다면, 그것만으로도 별로 좋을 게 없다. 하지만 그런 충고를 선선히 받아들인다면, 그리고 그 충고대로 행동하지 못한다고 해서 죄책감을 느낀다면 그건 더 나쁘다.

물론 언제까지나 슬퍼하면서 힘없이 살아가는 걸 바라지는 않는다. 하지만 그러지 않기 위한 가장 확실한 방법은 슬픔의 우물에 뚜껑을 덮고 떠나버리는 것이 아니라, 정직하게 슬픔에 맞서면서 필요한 만큼 충분한 시간을 들여 고통과 분노를 느끼는 것이다. 그렇게 해야만 상실의 의미를 삶의 일부로 받아들이고 계속 앞으로 나아갈 수 있다.

이 상실을 내 삶의 일부로 받아들이는 것은 오랜 시간이 걸리는 과정이다. 그 과정에 필요한 시간만큼 주려 한다.

나를 치료해준 정형외과 의사에게 사람들이 사별을 겪고 나서
뼈가 부러지는 경우가 흔히 있는지 물었더니, 그는 내 아픈 발에서 눈을
들지도 않고 말했다. "당연히 그렇죠, 균형 감각을 잃거든요." 릴리 핑커스

   마음의 상처가 몸에 영향을 미친다는 건 몸의 상처가 마음과 영혼도 다치게 한다는 것만큼 확실하지는 않다. 하지만 상실을 겪고 나면 우리 몸이 상처와 질병에 더 취약해진다는 것은 잘 알려진 사실이다. 그러므로 특별히 조심해야 한다. 식습관에 신경 쓰고 피곤할 때는 가능한 한 운전대를 잡지 말고 평소보다 더 충분히 휴식을 취하도록 노력해야 한다.

   우리가 사고를 더 많이 당하는 건 절망감에 빠져 자신의 건강에 (심지어 목숨을 부지하는데) 신경을 쓰지 않기 때문일까? 슬픔에 사로잡혀 부주의해진 것일까? 아니면 슬픔의 화학적 성질에 우리의 면역 체계에 영향을 미치는 뭔가가 있어서 감염에 취약해지는 것일까? 마음과 몸의 관계는 일찍이 그 예를 찾아볼 수 없을 만큼 폭넓게 연구되고 있으며, 우리가 알지 못하는 부분이 많이 있다.

   하지만 우리가 특히 위험한 상황에 있으며, 자기 자신과 사랑하는 사람들을 위해 가능한 한 최선을 다해 조심하는 게 좋다는 사실만은 잘 알고 있다.

나는 살아야 할 이유가 많이 있다.
건강하다면 그 이유들 때문에 더 잘 살아갈 것이다!

사방이 캄캄할 때, 주위에 온통 절망하는 목소리만 들릴 때, 어떤 출구도 찾을 수 없을 때, 그럴 때 우리는 사랑을 기억하면서, 그저 지나간 추억 속 사랑이 아닌 바로 지금 우리를 지탱해주는 살아 있는 힘인 사랑을 기억하면서 구원을 찾을 수 있다. 기억을 통해, 사랑은 시간의 한계를 초월해 내 삶의 어느 순간에서든 희망을 준다. 헨리 나우웬

청소년 시절, 가톨릭교도인 친구 하나가 묵주에 대고 '말하는' 것을 본 기억이 난다. 정확히 말하면, 묵주 알을 한 번에 한 알씩 만지면서 기도문을 읊는 모습이었다. 그 모습이 굉장히 흥미롭고 신기했다. 그런 식의 신앙 표현은 자유로운 개신교 분위기 속에서 매주 일요일 주기도문을 중얼거리는 것 빼고는 암기하는 게 하나도 없던 나의 모습과 거리가 멀었다.

하지만 끈에 매달린 구슬들의 영상은 계속 내 뇌리에 남아 있었고, 때때로 나는 이런 식으로 소중한 기억들을 떠올린다. 남편과 막 데이트를 시작했을 때, 내가 멀리 떨어진 도시로 가게 되었다고 말하니까 남편이 마치 영원히 떠난다는 말이라도 들은 듯한 표정을 지으며 "정말 섭섭해요"라고 말하던 모습을 나는 사십 년 넘게 소중한 기억으로 간직하고 있다. 또 있다. 딸아이가 내가 쓴 시를 자랑스러워하면서 "학교에 가져가서 선생님께 보여줘도 돼요?"라고 묻던 그때도 소중한 기억으로 남아 있다.

내 기억에서 나오는 사랑은 영원하다.

그곳에 서서 눈물로 얼굴을 흠뻑 적시면서도, 나는 그를 위해 어떤 기쁨, 그가 곧 자유로워질 거라는 이상한 즐거움 비슷한 감정을 느꼈고, 그가 이제 어떤 위대한 모험 앞에 있는 것만 같았다……. 그래서 그에게 작별 인사를 하던 그때는, 참 이상하게도 끔찍한 슬픔의 시간이었을 뿐 아니라 빛이 환하게 비치던 순간이기도 했다. M. W. 히크먼

침대에 누워 죽어가던 사람은 내 아버지였다. 나는 당연히 슬플 거라고 생각했다. 죽음 너머 또 다른 세상이 있다고 믿긴 하지만, 알 수 없는 행복감이 밀려들고 모험과 즐거움을 기대하게 되리라고는 전혀 예상하지 못했다. 그 순간 그런 감정이 들리라고는 절대 예상하지 못했다. 그래서 순식간에 지나가긴 했어도, 그런 느낌은 내게 더더욱 값진 선물이었다.

어떤 사람도 죽음 저편에 무엇이 있는지 알지 못한다. 하지만 전해 내려오는 이야기를 듣거나 직접 경험을 하거나 임사 체험을 상세히 다룬 책을 읽으면서, 우리는 분명 그곳에는 환한 빛이 비추며 곁을 떠난 사람을 누군가 따뜻이 맞아주고 상상할 수도 없을 만큼 평화와 기쁨이 그득할 거라는 단서를 얻는다. 그리고 그 가능성을 믿으며 희망에 부푼다. 이런 단서들은 막막한 시간 속에 있을 때 큰 위로가 되어준다. 우리는 묵주를 들여다보듯 그 단서들을 들여다보며 생각한다. 그래, 맞을 거야. 희망을 품는 것은 정당하다. 모든 것이 다 잘될 것이다.

어둠의 시간 속에서, 나를 빛으로 인도하라.

저녁에는 울음이 깃들일지라도
아침에는 기쁨이 오리로다. 〈시편〉 30편 5절

머릿속은 이런저런 문제들로 뒤죽박죽되고 마음은 스트레스에 짓눌린 채 뜬눈으로 밤을 지새우며, 이것도 모자라 해야 할 일(잠을 자는 것)을 못 하고 있다는 초조함 때문에 더 괴로웠던 날이 얼마나 많았던가! 그러다 아침이 되면, 몸은 피곤할지라도 눈앞의 세상은 좀 나아진 것처럼 보인다.

깊은 슬픔에 빠져 있는 것이 밤에 조금 뒤척이는 것보다 훨씬 더 근본적인 고통이지만, 그 슬픔은 모든 것이 고요하고 캄캄할 때 마음을 더 무겁게 짓누르는 듯하다. 그때는 울기에 좋은 시간이다. 울지 않을 수가 없는 시간이기도 하다.

그러다 아침이 온다. 슬픔이 여전히 남아 있다 해도, 햇살의 모습, 커피 향, 처리해야 하는 익숙한 일들 때문에 조금은 마음이 가벼워진다.

밤과 낮이 상징하는 의미는 분명하다. 지금은 슬픔 때문에 사방이 캄캄해 보인다 해도 시간이 지나면 분명 밝은 날이 온다!

햇살의 온기와 빛을 희망의 전달자로 내 삶에 맞아들일 것이다.

그들이 죽어 사라진다 해도, 우리가 그들을 새로운 방식으로 이해하게 되듯 그들도 우리를 새로운 방식으로 이해하는 것 같다. 그리고 우리는 그들을 통해 우리 자신을 이해한다. 프레드릭 비크너

죽은 사람의 영혼과 추는 이 미묘한 춤을 이해하기까지는 얼마간 시간이 걸린다. 우리는 그 사람과의 직접적인 관계가 끝났다고 생각하면서도, 언제까지나 그를 기억하고 슬퍼할 거라는 것을 안다.

하지만 우리가 육신이 떠난 그 사람과 나눈 기억 속에 머물 때, 그의 심령은 우리가 알고 사랑한 육체에 갇혀 있기보다는 어떤 식으로든 확장되어 너그러운 이해심과 연민과 사랑으로 우리를 감싸는 것 같다.

그래서 그와 우리는 다른 종류의 대화를 시작하는데, 대개는 말이 없는 대화다. 그 대화로 우리는 서로를 이해하며, 서로의 삶에서 우리가 선이었을 때와 어려움이었을 때를 알게 되는 듯하다. 이제 어떤 돌풍이 휘몰아쳐도 너그럽게 미소 지으면서 깊은 사랑과 평화를 즐길 수 있다.

세상을 떠난 사랑이여, 내가 언제까지나 당신과 있듯
당신도 나와 함께 있어주길.

나는 영원히 사라지지 않을 강렬한 희망을 느끼고
그 희망으로 슬픔에 빠진 영혼은
산더미 같은 짐을 견딘다.
죽음과 슬픔, 고통에서 구원받는다.
신의 품 안에 있는
친구를 곧 다시 만날 것이기에. 찰스 웨슬리

우리는 각자 경험에 따라 다른 모습을 떠올린다. 신의 품에 안겨 있는 모습은 아기를 안고 있는 부모의 사랑처럼 필연적인 태고의 사랑을 비유하는 것으로 오래전부터 많이 사용되었다. 그보다 더 큰 안정감을 상상할 수 있을까?

부모인 사람이라면 그것이 어떤 느낌인지 알고, 아무 힘도 없는 갓난아기를 품에 안고 싶은 부모의 바람이 부모 품에 안기려는 아기의 바람만큼 강하다는 것도 안다. 부모가 아닌 사람이라 해도, 온전히 서로에게만 관심을 기울이는 이런 애정을 부모와 친구에게서 분명 보았을 것이다. 사랑하는 사람이 죽었을 때, 사랑으로 보살피고 모든 걸 포용하는 존재, 때가 되어 우리가 그 세상으로 갔을 때 우리 역시 사랑으로 보살필 존재가 그를 맞아주는 만큼 더 좋은 게 있을까?

모든 걸 포용하고 사랑하는 존재의 품에
내 소중한 사람을 맡긴다.

나는 황금 덮개 같은 당신의 저녁 하늘 아래 서서 간절한 눈을 들어 당신의 얼굴을 본다. 나는 영원의 경계까지 갔으며, 그 영원에서는 아무것도, 희망도, 행복도, 눈물을 통해 보이는 얼굴도 사라지지 않는다. 아, 내 텅 빈 삶을 그 바다에 담그고 가장 깊은 충만함 속으로 빠져들게 하라. 이번에는 내가 잃어버린 달콤한 접촉을 우주 전체에서 느끼게 하라. 라빈드라나드 타고르

아무것도 사라지지 않는 영원의 모습은 우리에게 커다란 위안이 된다. 사랑하는 그 사람과 당분간 떨어져 있다 해도, 그와 우리는 모든 것을 아우르는 완전한 창조물의 일부이며, 우리도 때가 되어 영원의 경계를 넘어갈 때, 사랑하는 사람이 머물고 있는 완전한 세계를 경험하고 우리 또한 그곳에 있을 것이라고 느끼기 때문이다.

우주의 빛과 사랑의 한가운데서 잃어버린 사랑을 되찾는다는 희망, 수많은 개인과 공동체가 이런 세계관을 갖고 있다. 그러니 분명 그 세계관에는 뭔가가 있을 것이다!

모든 걸 아우르는 창조물 안에서 내 사랑을 되찾을 거라는 희망을 갖는다.

당신이 내 눈이 되어주길
내 눈에 보이는 모든 걸 축복하길 바랍니다.
내 이웃을 축복하려 하며
내 이웃도 나를
축복하길 바랍니다. 켈트족의 기도문

우리는 모두 한데 얽혀 있으며, 모두가 서로의 축복을 간절히 필요로 한다!

이날을 헤쳐 나가면서, 만나는 모든 사람에게 소리 없는 축복을 전하려 의식적으로 노력해보자. 그렇게 할 때 그들에게 어떤 해도 미치지 않으며, 우리도 한껏 넓어진 이해심과 선의로 무장하고 그들에게 다가갈 수 있다.

그리고 그들이 우리가 보내는 생각의 에너지를 받고서 특별한 감성과 감사로 답할지도 모르는 일이다. (반드시 그렇게 된다고는 말할 수 없고, 혹여 그렇게 되지 않는다 해도 그들을 위한 우리 마음이 가치 없어지는 것은 아니다. 적어도 이 세상에 선의가 조금은 더 쌓일 테니까!)

내 이웃을 축복하려 한다. 내 이웃도 나를 축복해주길.

그가 말했다. "두 사람은 이제 넓은 바다로 나설 것이다. 날씨가 잔잔할 때도 있겠지만, 항상 그렇지는 않을 것이다. 폭풍우를 헤쳐 나가야 할 때도 있을 것이다. 두 사람은 잔잔한 날씨와 사나운 날씨를 번갈아 헤쳐가면서 배를 조종해야 한다. 하지만 절대 용기를 잃지 마라. 그 바다의 끝에서 안전한 항구가 두 사람을 기다리고 있다." 대프니 듀 모리에

여기에서는 오래도록 행복한 결혼이라는 관계를 얘기하고 있지만, 서로 사랑하는 사람들 간의 관계라면 모두 이 말에 해당한다. 오랜 세월 변덕스러운 온갖 날씨, '잔잔한 날씨와 사나운 날씨'를 헤치고 굳건한 관계를 이어오고 나서 돌아볼 때, 폭풍우를 만나서도 정복당하지 않고 이겨냈으며 이제 안전한 항구가 우리를 기다리고 있다는 것보다 더 좋은 걸 바랄 수 있을까?

사랑하는 두 사람이 함께 항구에 닿는 일은 거의 없다. 한 사람이 먼저 도착한다. 우리 경우에, 우리는 두 번째로 도착할 것이다. 사랑하는 그 사람(그리고 우리보다 먼저 떠난 모든 사랑하는 사람들)이 항구에 서서 우리를 기다리고 있다는 희망은 그리 지나친 것이 아니다.

나를 인도하는 별들과 나를 싣고 가는 파도를 믿으며,
내 사랑하는 사람이 기다리고 있는 항구를 향해 간다.

최고의 가치는
미래가 아닌 현재다. **옥타비오 파스**

다시 슬픔이 밀려들 때, 현재를 사는 것만으로도 충분히 버겁다. 그런데도 우리는 사랑하는 사람을 몹시 그리워하게 될 앞으로의 세월을 생각하고 생각하면서 슬픔을 더 견디기 힘들게 만든다.

어느 정도 미래를 생각하는 것은 어쩔 수 없을 뿐만 아니라 도움이 되기도 한다. 다가올 세월을 위한 일종의 예행연습, 그리고 그 사람이 없을 때의 모든 결과를 예상하면서 상실에 익숙해지는 방법이 되기도 한다.

하지만 얼마간 시간이 지나면, 인생은 한 번에 하루씩 살아야 하며, 이날, 이 순간이 우리에게 있는 모든 것, 우리가 정확히 알 수 있는 모든 것이라는 사실을 명심할 필요가 있다. 영국의 의학자 윌리엄 오슬러는 선장이 단추를 눌러 배를 여러 개의 방수 격실로 분리하듯 '하루 치 격실'에서 사는 것에 관해 이야기한다.

우리의 집착과 근심의 단추를 조종하는 사람은 우리 자신이며, 바로 앞에 있는 시간과 순간에 관심을 집중할 수 있다면 훨씬 더 잘해나갈 수 있다.

나는 우아하면서도 생산적으로 이날과 씨름할 것이다.

그러므로 우리가 고통을 느낄 때 슬퍼하고 마음 아파하면서
그것을 놓지 않으려 하는 건 신의 뜻이 아니다.
어서 고통을 넘겨주고 신 그 자체인 끝없는 기쁨 속에
머무는 것이 바로 신의 뜻이다. 노리치의 줄리안

말로 하기는 쉽다, 그렇지 않은가?

내가 더는 슬퍼하지 않는다면, 슬퍼하는 그 일을 하찮게 여기는 것이며, 사랑하는 사람을 덜 존중하는 것이고, 내 슬픔에 합당한 대우를 하지 않는 것이라는 생각이 들 때가 있다.

하지만 적어도 당분간은, 자신의 슬픔에서 한 발짝 물러나 어떤 식으로든 '우주가 그 슬픔을 맡아줄' 거라고 믿어도 된다. 모두가 하나의 창조물이라면, 어떤 슬픔도 그리고 어떤 기쁨도 사라지지 않는다. 우리는 슬퍼할 필요가 있다 해도, 사랑하는 그 사람에겐 우리의 슬픔이 필요하지 않다. 신도 우리가 우주의 작은 귀퉁이에서 상실의 크기에 슬픔을 맞춰 세상의 균형을 이루는 걸 원치 않는다.

전통 민속신앙에 나오는 한 구절을 기억해보자. "그것을 신에게 넘겨주라." 그렇게 해서 우리의 짐을 가볍게 하자. 신은 그걸 어떻게 처리해야 하는지 우리보다 더 잘 알고 있으며, 아마도 벌써 처리했을 거라는 걸 믿어보자.

신을 믿을 수 있다면, 그렇다면, 슬픔을 끝내고
확신과 기쁨을 느끼며 삶으로 돌아갈 수 있다.

> 아주 사랑스럽고 소중한 사람들이 죽었을 때, 그들을 기억함으로써 다시 데려오는 것 말고 또 무엇을 해야 하는가? 메이 사턴

요즘 추도식을 비롯한 여러 애도 장소에서 사람들이 모여 죽은 이에 대한 추억을 서로 얘기하는 관습은 정말로 유익하다. 그 자리에는 눈물이 있다. 웃음도 있다. 그 사람을 기억하고, 그의 본성과 그가 살아온 세월을 기념할 때 마음이 풍요로워짐을 분명 느낄 것이다.

이런 과정은 그 이후에도 계속된다. 가족과 친구 모임에서 문득 그가 떠오르면 함께 얘기를 나누는 것이다. 그러면 언제나 기분이 좋아질 것이다. 꼭 그에 대한 칭찬이 아니라 해도, 얘기하는 동안은 그리운 사람의 복잡하면서도 사랑스러운 성격과 삶을 다시 곁으로 데려올 수 있다.

반면 살아남은 사람들이 흔히 하는 안타까운 실수 하나는, 고통스럽다는 이유로 사랑하는 사람 얘기를 절대 하지 않는 것이다. 그렇게 하면 고통이 줄어들기는커녕 더 커지면서 결국은 삶 전반이 힘들어진다.

그러니 얘기를 하자. 기억하자. 물론 가족과 친구와 있을 때마다 그를 기억해야 하는 건 아니다. 하지만 우리는 지나치다 싶을 정도로 침묵하곤 한다.

사랑하는 사람에 관해 이야기하는 것은 좋은 약이라는 사실을 나는 알고 있다.

내가 "두렵다"고 말할 때, 그 말 때문에 내 사랑스럽고 소중한 당신이
불안해하지 않기를 바라요. 대기실에 있을 때 우리 모두는 두려워해요.
하지만 언젠가는 그곳을 벗어나야 하죠……. 이 모든 게 몹시 힘들고
고통스러운 것 같겠지만, 나는 그것과 싸워왔으므로 더는 그렇지 않아요.
마음속 깊이 행복하고, 모든 게 다 좋아요. 캐서린 맨스필드

캐서린 맨스필드는 남편에게 이런 편지를 썼다. 그녀는 눈앞에 다가온 죽음, 그 죽음에 대한 두려움을 이야기했다.

사랑하는 사람의 죽음을 슬퍼하는 우리는, 어떻게 보면 대기실에 남아 있는 사람들이다. 그곳을 벗어나는 게 어떤 것인지 모르는 채 말이다. 하지만 그곳을 막 떠나려 하는 사람이 모든 두려움에서 벗어났고 고통과의 오랜 싸움 끝에 이제 다 괜찮아졌다는 확신을 갖게 되었음을 알게 된다면, 분명 우리의 두려움 또한 줄어들 것이다. 그리고 우리 차례가 되어 죽음의 미스터리 앞에 불려 나갈 때, 그 문 뒤편으로 가길 기쁜 마음으로 기대할 것이다.

그 싸움과 두려움을 지나고 나면…… 평화가 온다.

December * 21

나는 작은 문을 지나 무시무시한 지하로 떨어지는 꿈을 꾸었다. 호이트 히크먼

내게 일어난 상실, 상실의 시작과 고통에 대한 기억은 늘 그 자리에 있을 것이다. 어느 때든 다시 상실감에 빠져들 가능성도 차츰 줄어들지언정 사라지지는 않을 것이다

어떻게 보면 우리가 그걸 원하는 건지도 모른다. 상실의 아픔이 없어진다면 그건 곧 사랑하는 사람과의 단단한 관계가 사라지는 거라고 생각한다.

그래서 처음 얼마간 우리는 그 작은 문으로 계속 떨어진다. 딸아이의 죽음 때문에 아파하던 처음 몇 년 동안 이 영상은 끊임없이 내 마음 속에 떠올랐다. 남편도 마찬가지였다.

하지만 다시 빠져나오는 것, 그러니까 그 작은 문으로 떨어지고 나서 다시 일어서는 것은 가능하다. 그리고 때가 되면, 감정적인 혼란에 다가갈 것인가 말 것인가를 어느 정도 선택할 수도 있게 된다. 혼란에 다가간다고 해서 꼭 나쁜 선택인 것은 아니다. 어쨌든 우리에게 선택권이 있음을 알게 된다는 건 좋은 소식이다.

이 고통을 겪으면서도, 곁을 떠난 사람을 향한 내 강렬한 사랑에 감사한다.

오랜 시간 고통에 지쳐 이제 몸의 뼈 하나하나가 다 아프고, 모든 관절이 따뜻한 연고를 발라달라고 아우성친다. 녹슨 구멍 속에 빠져버린 내가 완전히 잠기도록 달콤한 기름을 부어달라고 아우성친다. 수면제, 마약, 과일즙, 묘약 등, 내겐 이 모든 것이 필요하다. 나를 다른 사람으로 바꾸어줄 어떤 것, 잠시만이라도 나 자신을 잊게 해줄 뭔가가 필요하다. 케이틀린 토머스

내 얘기처럼 들리는가? 내게서 벗어나 다른 사람의 의식 속으로 들어갈 수 있다면. 잠시만이라도 이 끔찍한 상실을 잊을 수 있다면.

하지만 잠을 자거나 잠시 다른 데 신경을 쓰느라 잊고 있다가 다시 기억이 떠오르면, 그 고통이 너무 커서 잠깐의 유예도 별 가치가 없다.

어떻게 해야 할까?

술이나 안정제를 과하게 먹는 등 자신을 파괴하는 일을 하지 않도록 조심해야 한다. 몸과 마음을 건강하고 안전하게 지키는 데 신경을 써야 한다.

그런 다음, 지금 당장은 도저히 그럴 수 없을 것 같다 해도, 결국 고통은 누그러질 거라는 사실을 믿고 견뎌야 한다.

언젠가 아들아이가 한 말이 생각난다. 제 누나가 사고로 죽고 얼마 안 되어 가족 모두 끔찍하게 괴로워하고 있을 때였다. 아이는 몹시 슬퍼하면서도 알고 있던 지혜를 떠올리며 차분하게 말했다. "시간이 걸리겠지만, 우리는 다시 좋아질 거예요."

시간이 걸리겠지만, 나는 다시 좋아질 것이다.

추억은 마음을 성장하게 하고
슬픔은 마음을 약하게 한다. 마르셀 프루스트

수많은 추억이 있고 사람들이 가족 행사로 들뜨는 이맘때가 되면 슬픔이 걷잡을 수 없이 밀려든다. 특히 명절이 다가오면 슬픔은 더 격렬해진다.

하지만 시간이 지나면, 모두 함께 모여 그날의 의미를 기념하고 서로를 아껴주던 날들을 소중한 기억으로 떠올리게 된다. 사랑하는 그 사람이 이맘때의 축제일에 특별한 역할을 했다면, 이제 우리가 그 역할을 대신하면서 그 사람과 특별한 유대감을 느낄 수도 있다.

추억은 '마음을 성장하게 하고' 슬픔의 날카로운 모서리를 무디게 한다. 그리고 우리가 서로에게 얘기하든 아니든 그 추억은 두 팔을 벌려 우리를 위로하고 삶의 거대한 흐름 속에 하나의 가족으로 모은다.

추억 속에서 나는 사랑하는 그 사람과
다시 살 수 있고 기뻐할 수 있다.

크리스마스가 왔고, 우리는 또다시 난로 주변에
호랑가시나무를 엮어놓았다. 눈은 소리 없이 땅에 내려앉았고
가만히 우리의 크리스마스 이브에 찾아왔다.

크리스마스 장작이 서리로 뒤덮여 반짝였고
바람 한 점 불지 않았으며
모든 것 위에 음울함이 잠들어 있었고
뭔가를 잃었다는 느낌이 고요하게 내려앉았다. 앨프리드 테니슨

December * 24

사랑하는 이를 잃은 사람들에게 명절은 특히 힘든 시간이다. 그들은 가족 행사를 치르면서, 오랜 세월 쌓인 추억들을 떠올리면서 몹시도 괴로워한다.

이따금 우리는 그 슬픔을 마음껏 얘기한다. 다시 슬픔이 생생하게 밀려들면 얘기하지 않을 도리가 없다.

하지만 얼마간 시간이 지나 슬픔이 삶에 섞이지 않고 배경으로 물러나면 더 힘들어질 수 있다. 즐거운 분위기를 만들려고 애쓰는 남은 식구들을 보며 그의 부재가 묵직한 아픔으로 느껴진다.

예전의 크리스마스 광경으로 돌아가려고 애쓰던 어느 해, 농담을 주고받으며 즐거우려고 애쓰는 우리 뒤에 소리 없는 우울함이 맴돌았다. 그 순간, 누군가 말없이 지시를 내리기라도 한 것처럼 우리는 동그랗게 모여 서로를 안았고 슬픔을 인정했다. 그러고 나서 크리스마스 의식을 계속할 수 있었다.

이때에 나는 희망을 발견하고 슬픔 또한 발견한다.

위대한 사랑이 있는 곳에 언제나 기적이 있다. 윌라 캐더

어떤 종교에든 기적이 있다. 기독교인에게는 그리스도의 삶과 죽음 그리고 부활의 기적이 있다. 유대인에게는 이집트에서의 탈출과 사막에 내리던 만나가 있다. 이슬람교도에게는 예루살렘에서 하늘로 올라간 모하메드가 있다.

우리 또한 각자 사랑의 기적을 가지고 있다. 가족이 화해한 이야기, 의학적 치료를 거부하고 누군가의 믿음에 매달려 병이 나은 이야기 등이 다 하나의 기적이다. 믿음의 공동체에서도 우리는 여러 사랑의 기적을 본다. 모든 걸 빼앗긴 사람을 위로하고, 배고픈 사람에게 음식을 먹이며, 문화와 인종이 다른데도 서로 이해하고 서로에게서 기쁨을 얻는 기적이 일어난다. 우리 사회에서 누군가 재난을 당하면 얼굴 한 번 본 적 없는 사람들이 쉼터를 제공하고 음식과 옷을 보내는 광경을 보았을 것이다.

물론 다른 사람들이 우리에게 무엇이 필요한지 늘 세심하게 마음을 쓰는 것은 아니며 우리 역시 그렇다. 각자가 서로 다른 자신만의 세상에 사는 걸 생각해본다면, 이처럼 잘 어울려 사는 것은 어쩌면 기적일지도 모른다. 그러므로 기념해야 할 날들과 떠난 사람을 향한 그리움이 있는 이때에, 비록 슬픔이 밀려든다 해도, 낯선 사람들 속에서든 사랑하는 사람들 속에서든 아니면 우리 가슴속에서든 사랑이라는 선물을 발견하는 어디에서든 그것을 위해 건배를 하거나 마음속으로 만세를 외쳐보자.

내 주변에 있는 사랑을 향해 마음을 열 것이다.

시간이 지나면, 사랑하는 이의 영혼이 곁에 있다는 믿음이 들면서
다시 평온한 기쁨을 느끼고, 그래서 그를 고통 없이 기억하고 눈물로
목이 메지 않고 말하는 법을 배우게 된다. 하지만 살다 보면 문득
추억을 떠올리는 소소한 일들을 만나고 그럴 때마다 오래된 상실의
아픔이 다시 살아나 마음을 짓누른다. 엘리자베스 왓슨

   식구들이 모여 명절을 치르는 이맘때가 되면, 문득문득 '추억을 떠올리는 소소한 일들'(큰일들도 마찬가지다) 때문에 마음이 괴로워진다. 이제까지 잘해왔다고 생각했다가, 마치 어제 상실의 아픔을 겪은 듯 울음을 터뜨린다.
   힘을 내야 한다. 상실을 최근에 겪었다면 슬픔에 짓눌리는 게 당연하다. 하지만 상실을 겪은 지 꽤 오래되었고 가장 힘든 고비는 지났다고 생각한다면, 이번에는 '평온한 기쁨'을 되찾고 사랑하는 사람의 영혼이 소리 없이 내 곁으로 다시 돌아왔다는 그 소중한 느낌을 갖기까지 오랜 시간이 걸리지 않을 것이다.
   우리 삶에 계절이 있듯 슬픔에도 그렇다. 어떤 계절은 길고 어떤 계절은 짧다. 이 순간이 지나고 또 다른 순간이 온다는 걸 알면서도 순간순간에 온전히 충실하려고 노력한다면, 지금 또다시 고통이 생생하게 밀려든다 해도 머지않아 다 좋아질 거라는 걸 의심 없이 믿을 수 있다.

견디기 힘들 만큼 슬플 때, 내가 다시 좋아질 거라는 약속을
마음속 어딘가에 간직할 수 있기를.

사랑은 모든 삶의
심장 박동이다. 파라마한사 요가난다

가까이 있으면서 삶을 풍요롭게 해주는 사람들뿐만 아니라 어려움에 처한 낯선 이들에게도 손을 내밀게 하는 알 수 없는 동력을 우리는 내면에서 느낀다. 심장이 쉬지 않고 뛰듯 다른 사람을 사랑하려는 욕구 또한 쉬지 않고 샘솟는다. 그래서 우리는 서로의 삶을 지지하고 풍성하게 하는 관계를 만들고 그 안에서 삶의 의미를 찾곤 한다.

그러다 관계의 주요 요소 하나가 사라진다. 우리 삶은 완전히 무너진다. 체계 전체가 엉망이 된다.

하지만 에너지는 여전히 그곳에 있다. 사랑은 유한하고 한정된 성질을 띠지 않으며, 창조물에서 나오는 에너지도 완전히 누르거나 봉하거나 흘려버릴 수 없다.

우리가 떠난 사람에게 아낌없이 준 사랑은 여전히 그 사람을 향해 움직인다. 슬픔 속에서 그 사랑의 폭은 더 커진 듯하며, 연민과 애정으로 우리는 서로의 삶과 삶이, 서로의 일부와 일부가, 사랑과 사랑이 서로 연결되어 있음을 알게 된다.

떠난 사람에게 나를 묶어놓은 그 사랑이 우리 모두를 한데 묶는다.

"그런데 그랬, 정말 다 괜찮은 거야? 정말 그런 거야?"
하얀 잠옷을 입고 손에는 칫솔을 들고서 주변의 익숙한 것들에서
낯선 분위기를 느끼는 작은 소녀의 입에서 나온 그 질문은
우주만큼이나 거대하다……. 심각한 표정으로 나를 올려다보는
그 아이에게 대답을 해주어야 한다……. "그래, 레나, 다 괜찮아."
그리고 나는 그 어린 두 소녀를 데리고 기둥이 네 개 달린 침대로
올라가 노래를 부르고 이야기를 한다. 매들린 렝글

"다 괜찮은 거야? 정말 그런 거야?" 이 질문은 때에 따라 다른 성격을 띠지만, 우리에게 가장 근본적인 질문이다. 그 질문 때문에 우리는 신학과 윤리학에 도전하며, 사랑하는 사람의 침대 옆에 서 있을 때나 죽음의 미스터리와 마주할 때처럼 고뇌에 찬 꿈과 두려움과 희망을 갖는다.

모든 것이 얼마나 '괜찮은지'에 대해 자세한 내용을 다 알 방법은 없다. 하지만 삶의 미스터리와 딜레마 뒤에 창조주가 있어서 무슨 일이 벌어지고 있는지 알고 있고 우리가 잘 지내기를 바란다는 걸 믿을 수 있다면, 그것은 아주 좋은 시작이다.

그다음에는 어떻게 할까? 노래하고 이야기하는 것보다 더 좋은 게 있을까?

내가 견뎌낼 수 있도록 보호하고 지지해주는 삶을 나는 믿는다.

어두울 때,
눈은 보기 시작한다. 시어도어 로스케

어둠 속에 들어가면 처음에는 사물이 잘 보이지 않는다. 시간이 지나고 눈이 어둠에 적응하면서 조금씩 조금씩 주변이 보이기 시작한다. 처음부터 환한 곳으로 들어갔더라면 그냥 지나쳤을 것들도 시야에 들어온다.

고통을 겪을 때도 이와 같은 일이 일어난다. 우리가 고통을 선택했을 거라는 얘기는 아니다. 고통을 반긴다는 얘기도 아니다. 하지만 시간이 지나고 나서 보면, 우리 뜻과 상관없이 이 모든 고통을 통해 지혜를 얻었음을 깨닫는다. 무엇이 중요한가에 대한 인식이 달라진다. 예전처럼 사소한 일에 쉽게 흔들리지 않는다. 시간을 좀 더 가치 있게 보낸다. 의무라고 여긴 일들도 다시 평가해보면서 아마도 몇 가지는 의무 목록에서 삭제할 것이다. 딸아이가 죽고 나서, 사람들과 함께 있을 때 내가 꼭 분위기를 편하게 만들어야 하는 건 아니라는 사실을 마치 어떤 계시를 받듯 깨달았다. 어색한 침묵보다 나쁜 것들도 있다.

무엇보다도, 우리는 슬픔을 겪고 있는 사람들에게 이끌린다. 어두울 때 그들이 다시 주변을 볼 수 있도록 우리가 늘 곁에 있어줄 수 있다.

어둠 속에 서 있다 보면 앞이 보이기 시작한다.

> 아이들이 날 걱정한다는 걸 알지만 나는 괜찮다. 그리고
> 아이들이 이따금 내가 며칠씩 혼자 보낼 수 있게 해줘서 기쁘다.
> 아이들의 엄마가 배려하는 법을 가르쳐주었고, 나는 이 모든
> 것에서 아내의 손길을 느낀다. 그걸 아내가 내 곁에 머물면서
> 나를 보살피는 표시로 생각해야 할 것 같다. 테리 케이

가족 가운데 한 사람이 떠나고 나면, 남은 사람들은 서로를 보살피고 사랑하는 사람이 떠난 빈자리를 채워야 하는 까다로운 임무를 안게 된다.

서류를 작성하고 재정 문제를 처리하는 등의 일은 따로 설명할 필요가 없다. 사별한 사람을 어느 정도나 위로하고 그 곁에 있어야 하는지는 판단하기 어렵고, 제대로 균형을 잡으려면 시간이 걸린다. 그 균형이 어느 한쪽으로 지나치게 기울 때, 상대가 좋은 마음으로 그러는 거라는 걸 알고 친절하게 소리 내어 말해주는 것 역시 중요하다.

이런 식으로 누가 누구에게 제일 잘하고 제일 지혜롭게 행동했는지 따지고 생각할 때, 사랑하는 사람의 빈자리를 생생히 느끼게 된다. 그렇지만 사랑하는 그 사람은 아마도 이곳에 있을 것이다. 우리가 서로에게 전하는 보살핌 속에, 비어 있는 신발을 채우려고 애쓰는 다정함 속에 있을 것이다.

내 상실감에 대한 다른 사람들의 반응에 정직하고 친절하게 답하려 한다.

이제 어두워졌다.
눈은 질푸르고 바다는 검은색에 가깝다.
음악이 필요한 시간이다. 메이 사턴

가장 깊은 겨울, 가장 어두운 밤에, 우리는 무엇을 해야 할까?

추위와 어둠, 끝도 없이 펼쳐진 것만 같은 검은 바다의 미스터리를 받아들이고…… 노래를 부르자!

다른 말로 해보면, '어둠을 저주하기보다 촛불을 켜자!'

인간이 지닌 능력 중에는 모험하는 능력, 눈앞의 광경 너머를 보는 능력, 때로 불길해 보이는 세상 속에서도 희망을 키우고 위험을 감당하는 능력도 있다.

그러므로 한 해의 마지막 이날, 새로운 해로 넘어가는 이날, 사랑하는 사람 없이 또 한 해를 시작해야 하기에 세상이 슬픔으로 물드는 이날, 새해를 하루 앞둔 이날이 내가 음악을 찾는 날이 되길 바란다. 그리고 꼭 지금이 아니라 나중에라도 그럴 수만 있다면, 예전에 함께 나누었고 지금도 함께하는 경험을 위해, 시간과 죽음을 초월해 우리가 감사와 사랑 속에서 하나가 되는 방식을 위해, 삶을 찬양하고 삶을 소망하며 이 세상에서 함께 '할렐루야'를 외치는 내 사랑의 목소리와 나의 목소리를 마음속에서 함께 들을 수 있기를 바란다.

해피 뉴 이어. 할렐루야. 아멘.

옮긴이 이순영

고려대학교 노어노문학과와 성균관대 대학원 번역학과를 졸업했으며, 현재 전문 번역가로 일하고 있다. 옮긴 책으로 《고독의 위로》《남자다움이 만드는 이상한 거리감》《이반 일리치의 죽음》《나는 더 이상 너의 배신에 눈감지 않기로 했다》《사람은 무엇으로 사는가》《집으로 가는 먼 길》《도리스의 빨간 수첩》《이상한 나라의 앨리스》등이 있다.

상실 그리고 치유
— 슬픔을 건너는 매일 명상

1판 1쇄 발행 2015년 1월 30일
2판 1쇄 발행 2025년 6월 30일

지은이	M. W. 히크먼
옮긴이	이순영
펴낸곳	(주)문예출판사
펴낸이	전준배
편집	박해민 백수미 이효미
디자인	서혜진
영업·마케팅	하지승
경영관리	강단아 김영순
출판등록	2004. 02. 11. 제 2013-000357호 (1966. 12. 2. 제 1-134호)
주소	04001 서울시 마포구 월드컵북로 21
전화	02-393-5681
팩스	02-393-5685
홈페이지	www.moonye.com
블로그	blog.naver.com/imoonye
페이스북	www.facebook.com/moonyepublishing
이메일	info@moonye.com
ISBN	978-89-310-2521-7 03840

잘못 만든 책은 구입하신 서점에서 바꿔드립니다.

문예출판사® 상표등록 제 40-0833187호, 제 41-0200044호